-人口发展与公共政策丛书-

丛书主编：杨云彦

超低生育率与未来生育政策导向

石智雷 著

WUHAN UNIVERSITY PRESS
武汉大学出版社

图书在版编目(CIP)数据

超低生育率与未来生育政策导向/石智雷著．—武汉:武汉大学出版社，2016.11

人口发展与公共政策丛书/杨云彦主编

ISBN 978-7-307-18576-0

Ⅰ.超… Ⅱ.石… Ⅲ.①生育率—研究—中国 ②计划生育—人口政策—研究—中国 Ⅳ.C924.2

中国版本图书馆 CIP 数据核字(2016)第 203372 号

责任编辑:聂勇军　　责任校对:李孟潇　　版式设计:马　佳

出版发行:**武汉大学出版社**　(430072　武昌　珞珈山)

(电子邮件:cbs22@whu.edu.cn 网址:www.wdp.com.cn)

印刷:武汉中科兴业印务有限公司

开本:787×1092　1/16　印张:16.5　字数:304 千字　插页:1

版次:2016 年 11 月第 1 版　2016 年 11 月第 1 次印刷

ISBN 978-7-307-18576-0　定价:36.00 元

本书研究工作和出版得到以下课题资助：

国家社会科学基金重大项目“完善人口与计划生育利益导向政策体系研究”（项目编号：11&ZD038）子课题二“计划生育利益导向政策与生育意愿、生育行为的关系研究”；

湖北省社科基金项目“二孩政策实施与低生育地区生育政策响应”（项目编号：2015188）；

宜昌市卫生计生委重点项目“生育政策调整与低生育水平地区生育意愿和生育行为”。

总　　序

35 年，在人类发展的历史长河中只是白驹过隙的一瞬间，但在人口发展的历史上，却注定留下浓墨重彩的一笔。1980 年中共中央发表《关于控制我国人口增长问题致全体共产党员、共青团员的公开信》，标志着“独生子女”政策的启动，其主要特征就是通过强大的政策力量，干预大众生育行为，促进人口的转变。随着 2015 年十八届五中全会宣布全面实施一对夫妇可生育两个孩子的政策出台，既表明独生子女政策完成其历史性使命，又标志着计划生育政策进入一个新的时期。35 年的人口发展和政策实践，给我们留下了大量值得理性思考和科学研究的课题。

从政策层面看，我国的计划生育工作取得的成效值得充分肯定。计划生育工作加快实现了人口再生产类型由传统型到现代型的历史性转变，有效地缓解了人口对资源、环境的压力，有力地推动了经济发展和社会进步。但是，在控制人口增长、实现低生育水平的同时，也带来诸多不利的社会后果和潜在风险，包括家庭抵御风险的能力受到减弱，人口老龄化步伐加快加重等。因此适时调整完善生育政策非常有必要。

中央启动“单独二孩”政策后，激发了学界和社会各方的高度关注，有观点认为政策“遇冷”，有观点认为基本符合预期，在这些不同观点的背后，一个基本的判断是，我国的人口转变已经从外生主导型阶段进入到内生主导型阶段。在这样一个判断之下，怎样看待当前的人口形势和生育行为的走向，怎样完善政策促进人口长期均衡发展，成为新时期非常迫切的研究课题。

着力创新理论和分析框架，阐释人口转变从外生型到内生型的变化机制，对准确定性当前人口生育行为的变化情况以及发展趋势，判定低生育水平地区是否面临低生育水平陷阱的风险，避免人云亦云、就事论事，是非常有必要的。关于人口红利的系统、深入研究，将有助于我们更全面、准确地理解人口、劳动力供给、人力资本与经济增长的关系，丰富宏观人口经济学的理论。人口长期均衡发展和提升家庭发展能力，包括当下广泛见诸新媒体的有关二孩生育“生不起”的说法，是简单的抚养成本问题，还是深层的社会行为变化问题，我们是否应该有利益导向机制上的新应对，这既是政策问题，在很大程度上更是理论问题，它为我们超越传统的生育理论提供了新的探索空间。我们需要对既有政策进行系统梳理，科学评估，既要解决“怎么看”的问题，又要解决“怎么办”的问题。

计划生育利益导向政策是新形势下实现政策目标的重要政策措施。早在1980年《公开信》中就指出，“为了控制人口增长，党和政府已经决定采取一系列具体政策。在入托儿所、入学、就医、招工、招生、城市住房和农村住宅基地分配等方面，要照顾独生子女及其家庭”，明确了对计划生育家庭的优惠帮扶政策。在新形势下，这一政策不断充实完善。在我们承担国家社会科学基金重大项目“完善人口与计划生育利益导向政策体系研究”期间，经历了从“单独二孩”到“全面二孩”的重大政策调整，为我们研究人口转变新阶段的公共政策响应提供了难得的机遇。我们从利益导向政策的评价、人口转变和生育行为变化、家庭发展能力、人口长期均衡发展、三维人口红利等专题开展研究，取得了一系列的理论与政策成果，结集出版的六部专著，正是这些成果的展现。希望这些成果的出版，能为我国计划生育利益导向政策体系的进一步完善，为人口科学的理论创新提供一些新的视角和新的积累。

杨云彦

2016年5月12日

题　　记

自从点点在两岁多那年发明出“为什么”这个词语之后
我已记不清这是她第几次运用这个词语来发布一些新的疑问了
但我记得她在上幼儿园的第一个学期，一次次在深夜哭醒
并向我们发出质问
爸爸妈妈，你们为什么要把我生下来
我真的不想上幼儿园
记忆中这些艰难而心烦意乱的时辰
我们夹杂着爱抚与呵斥的语无伦次的喃喃自语
一次次凸显着生命深处那共同的沮丧
我又能从这密密的钢筋水泥丛林中的
一个在深夜依然亮着灯光的窗台之上
发明出怎样的答案
是一次尘世欢娱的残余
是将从远古迢递而来的，此刻在我们身体中流淌的血液
引向时间另一侧的至深处的隐秘的欲望吗
还是仅仅是爱，那完全的爱
但并非全部的
并附赠这尘世如此坚固的虚无

——泉子

《诗刊》，2016

前言：中国的超低生育率及其解释

人们为什么要生孩子？

作为一项人类最基本的生物学和社会学行为，或许只有小孩和哲学家才会提及此问题。但是随着现代化的来临，人类生育水平的快速下降，该问题直白地呈现在所有人面前。在死亡对生命体的普遍胁迫下，生育繁衍是物种存在的基本条件，物竞天择，适者生存。即使对于具有社会属性的人类，生育也是抗拒死亡、繁衍家族的基本力量，并且发展成不同文化风格的生殖崇拜。但是对于个体来说，影响人们生育的原因相对复杂得多，并且随着社会经济的发展处于不断变化之中。这种复杂因素作用下人们生育行为的群体性结果与历史上任何阶段都完全不同，且有愈演愈烈之势，这就是本书关注的主题——现代社会的超低生育率。

尽管人类发展是个连续的过程，但是借用阶段论的方法仍然有助于我们理清思路。人类生育行为的变化，一方面是社会经济发展的结果，另一方面也在很大程度上影响着人类社会的变迁。结合社会的变迁，人类的生育转变大体可以划分为两个阶段①，第一阶段是生存推动生育阶段，时间上处于工业革命之前。在很长一段时间人类都处于生存推动生育阶段：只要有粮食剩余，人们就会尽量多地生育子女，直到不具备下一个子女生存的条件，生育才会停止。从生物进化的角度来讲，这种特质是进化中的优势。但生产力的发展以及生产剩余总是被新增加的人口消费掉，社会发展处于低水平均衡，也被称为“马尔萨斯陷阱”。这时，作为个体没有谁会考虑人类种族的繁衍，也很少会想到自己对于后代基因传递的责任。但是在这一时期，种族繁衍通过影响国家军事力量和经济发展，进而影响国家的制度和文化环境，并以家族和传统观念的方式约束着家庭的婚育决策，最后达成人口与生产力发展之间的均衡。在物种匮乏、战争频繁的年代，毕竟只有更努力地繁衍后代，才能够保证种族能够优胜，保持国家或群体的竞争力。可见，个体不理性导致了群体理

① 在不同国家或者文化中，这两个阶段有不同的时间长度和不同的表现形式，但是基本趋势是一致的。

性结果。

第二阶段是成本—收益推动生育阶段，也可以称为理性生育期。在工业革命之后，人类社会的生产力水平得到极大提高，物质性消费已经不是人类和个体发展需要考虑的主要问题。现代化和市场化也冲击了家族影响和传统观念，生活有了更多的选择，结婚和生育不再是人们生命历程的必然和固定选择。人们在充分考虑生育孩子的收益和成本之后，再做出决定是否、何时以及生育几个孩子。

第二阶段还可以进一步划分为第一次人口转变期和第二次人口转变期。第一次人口转变期，人们考虑的重心在于家庭和孩子，父母的主要时间、经历和物质集中投资于孩子。在理性决策下，生育子女存在数量—质量替代规律，人们为了提高子女的素质而选择少生孩子。第二次人口转变期，人们考虑的重心从家庭和孩子转移到个人发展。人们的行为选择更加体现个人主义和理性主义，生育孩子和个人发展之间存在替代关系，人们为了提高个人生活质量和实现个人发展而选择少生孩子，很多发达国家的生育率下降到 1.0 左右。生育水平的持续降低，导致人口结构失衡、老龄化严重、劳动力供给不足等诸多社会问题。可以说，这是个人理性和群体理性的背离，个体理性导致了群体不理性的结果。

人口转变不是某一个国家、民族，或者某一种文化所特有的规律，而是全世界性的人口生育革命。在快速的经济发展过程中，不同国家的总和生育率不约而同地快速下降。比如二战后的发达国家，从 1960 年到 1980 年，英国每个妇女生育子女数从 2.72 个下降到 1.90 个；德国从 2.73 个下降到 1.56 个；法国从 2.74 个下降到 1.95 个；荷兰从 3.12 个下降到 1.60 个；美国从 3.65 个下降到 1.84 个。后起的亚洲发达国家，日本从 2.0 个下降到 1.75 个；韩国从 6.0 个下降到 2.82 个，之后一直保持持续下降的趋势。近些年，随着发展中国家社会经济的快速发展，生育率也在降低。从 1980 年到 2014 年，印度妇女人均生育子女数从 4.68 个下降到 2.48 个；南非从 4.79 个下降到 2.23 个；巴西从 4.07 个下降到 1.74 个。绝大多数已完成人口转变的国家（包括中国）并没有达成经典人口转变理论所预期的均衡，而是越过了更替水平均衡点，走向更低的水平，很多国家已经长期处于超低生育水平。如德国、奥地利、意大利和日本等国家从 1990 年代开始总和生育率就下降到 1.5 以下；西班牙、波兰、希腊、韩国、新加坡等国家在 2014 年已经低于 1.3①。

目前来看，越是富裕的国家，生育率越低。同样在一个国家内，农村地区生育

① Economic O. *Environmental and Social Statistics* [J]. France: OECD Publication Service, 2015.

率高于城市地区；越是富裕的家庭，一般孩子数量越少。为什么会这样呢？根据生物学原理，随着一个物种生存环境的改善，该物种的生育率只会提高而不会降低。站在物种金字塔顶端的人类，拥有不同于其他物种的社会属性。现代性是对人类社会属性的不断完善和发展，现代化发展到一定程度，无一例外，都会面临生育率过低的困境。但是现代化带来的人们对生育决策的选择性自由，本质上是一种发展。从传统到现代，从欠发展到发展，对于个体最为重要的判断标准是，之前的行为都是被动的、无可选择的，而现在人们有了更多的选择性自由，生命历程从单向度变成多维度。在中国传统的农业社会中，人们就处于一种欠发展的状态，他们不能选择自己的生活方式，生命历程仅仅是延续一种设定好的模式在行进。到了生命的一定时期需要根据父母的安排结婚，甚至都不可以选择自己钟情的对象，之后开始生育孩子，赡养父母。而现在，无论城市地区还是农村地区，无论是男性还是女性，婚姻和生育只是人们的一种选择方式，他们可以在适宜生育的年龄，选择去读书接受教育，也可以选择去工作，发展个人事业。

生育率的持续降低，这是大势所趋，是现代化发展的必然结果。逐渐进入世界分工体系的中国也不会例外。从 20 世纪 80 年代初开始，随着改革开放的顺利推进，加上计划生育政策的严格实施，中国在短短 30 年内就完成了欧洲国家超过 100 年时间才完成的人口转变。在 1970 年中国妇女平均生育子女数为 5.51，到 2000 年就下降到 1.74。改革开放从两个维度使得中国社会的现代性和流动性不断增强，一是对外开放，不再采取封锁国内市场和国内投资场所的保护政策，发展开放型经济，以生产和交换的国际化取代闭关自守和自给自足，大力发展和不断加强对外经济、技术和文化的交流。二是对内改革，通过对经济体制、政治体制、教育体制和科技体制等进行全方面的改革，给予公民更多的自由选择权，最为重要的是自由流动空间的开放，让人们的生活有了更多的选择。另外，中国特色的计划生育政策的实施加速了人们生育行为和生育观念的转变。在计划生育推行以前，中国人普遍认为“多子多福”、“养儿防老”，但长期严格执行的计划生育政策，加上全社会的宣传引导，少生孩子更是深入人心，使得独生子女成为今天人口的主要成分，并且目前育龄人口主力已经是独生子女。

中国地域辽阔，婚姻和生育文化存在明显的地区差异和城乡差异，第二次人口转变的发生不可能是全国普遍性、统一推进的，它会在大城市和部分农村地区先发生，然后逐步蔓延到其他区域，尤其是在农村地区的显现更具有代表性意义。但是目前在中国并没有关于第二次人口转变的实证性的研究。本书以湖北省宜昌市为例，刻画人口转变背景下中国的超低生育水平特征，并以二孩政策的实施作为自然实验，描述政策调整过程中人们的生育行为变动特征及未来走势，进一步从成本—收益失衡的视角解释在持续低生育水平下生育率继续下降的自我强化机制。

本书研究发现，作为第二次人口转变的核心特征，生育率持续下降到超低生育率水平，不仅仅在现代化程度和经济发展水平较高的中国城市地区表现明显，在宜昌市农村地区也已显现。进入21世纪，宜昌市总和生育率一直处于1.0以下的水平，并表现出持续下降趋势。其中，初婚和初育时间推迟是导致总和生育率下降的主要原因。以往研究都认为农村地区生育率普遍高于城市地区，但我们通过多种方法计算总和生育率皆显示，2014年宜昌市农村地区的总和生育率开始低于城市地区。

如果将二孩政策的逐步实施作为一项政策限制下人们生育行为的自然实验，那么实验结果显示，人们的实际生育水平已经低于政策限制水平，二孩政策实施并不能带来明显的生育反弹。也就是说，低生育率是人们自愿选择的结果，而不是政策限制的结果。二孩生育政策逐步实施形成了释放效应、示范效应和扩散效应，这三种政策响应效应叠加在一起，但对总和生育率回升影响并不大。随着二孩生育政策的逐步放开，对符合政策人群形成了释放效应。2003年“双独二孩”政策放开后，在2004年宜昌市二孩孩次生育率有所上升；2014年“单独二孩”政策实施后，符合政策人群二孩生育数量有所增加。二孩政策的实施由于宣传力度和社会影响大，对原有符合政策人群产生了示范效应。另外，政策外人群“超生”的比重也有小幅上升，尤其表现在29~40岁之间的育龄妇女群体。

生育子女的成本—收益失衡是导致我国低生育率地区生育率下降的根本因素，该因素在当下的社会经济环境中具有较大的自我强化机制，在宜昌地区表现尤为明显。从成本角度来考虑，生育孩子的成本很高，并且随着社会经济发展还在快速上升。哺乳动物一生下来，大部分都很快就有行为能力了（除了像大熊猫这种快要灭绝的物种）。而人类刚出生除了哭，什么都不会，要等到1岁才会走路，5岁以前没有任何自我生存能力。到了现代社会，孩子要接受基本的教育，有条件的家庭还会将孩子送往大学，然后才会参加工作，在此之前20多年时间里都需要父母来照顾和供养。在中国，到这时父母的工作并没有结束，他们还需要继续挣钱帮助儿子买房或建房，准备婚嫁彩礼，甚至是继续照顾子女的子女。随着现代化和市场化的发展，家庭呈现核心化趋势，养老变得社会化，人们更为注重当下和个人发展，生育孩子的诸多效用都在弱化。生育成本—收益的失衡使得人们不愿意多生孩子，甚至是自愿放弃生育孩子。另外在中国，第一次和第二次人口转变几乎同时发生，影响生育行为的作用机制叠加在了一起，由此导致生育子女的成本—收益失衡进一步恶化。而大多数西方发达国家，是首先面对第一次人口转变，接着面对第二次人口转变。

快速的社会变迁和严格执行的生育政策带来的生育率快速下降，使得中国的人口转变有着不同于西方发达国家的特征。首先，第一次人口转变和第二次人口转变在中国几乎同时发生，家庭重心下移和个人自我意识的觉醒共同影响着人们的生育行为。家庭重心从大家庭转移到核心家庭，进一步下移到子女身上，而同时人们越来越重视个人意识和自我的发展。其次，中国的人口转变存在明显的地区差异。中国城市居民的生育模式越来越接近西方发达国家生育模式，而偏远落后的农村地区其生育观念依然保持着中国传统的生育模式。中国的人口转变在城市和农村并不同步，城市和部分超低生育率地区已经进入第二次人口转变阶段，而大部分农村地区还处于第一次人口转变的阶段，甚至是处于人口转变早期阶段。来自宜昌农村地区的研究显示农村生育观正在逐渐被城市生育文化渗透和改变。

第一次人口转变的影响在持续发生作用。生育率的降低和独子化，改变了孩子自身的概念和意义。孩子数量的减少，让父母对孩子重视度更高。父母寄予孩子更多的期望，他们的主要时间、经历等都用于培育子女，“望子成龙”或“望女成凤”。他们用家庭支付能力的上限来养育第一个孩子，或者说这唯一的孩子。中国仓促地进入“孩子王时代”。独生子女群体加速了中国个人主义观念的发展。独生子女一代成长为父母，对于生育率的降低很关键。他们一直是家庭的核心，自我意识强，更为注重自我的发展和成长。独生子女的增加还导致两性之间的竞争加剧，这种竞争不仅表现在家庭分工中，也体现在职场上。

第二次人口转变的影响效应已经在中国大地蔓延开来。由于社会经济发展程度差异和传统文化的影响，中国实现第二次人口转变的程度和形式都不会类同于欧洲。首先是城市地区。市场化、国际化和现代化发展程度较高的一线城市表现出较强的第二次人口转变特征：其一是超低的生育率；其二是生育推迟，年轻人结婚越来越晚，初育年龄也随之推迟；其三是快速上升的离婚率，单亲家庭数量上升；其四是婚姻家庭的多样性，同居增加，非婚生育数量也在增加。推动中国城市第二次人口转变的核心因素是现代化带来的人们思想观念的变化，从家庭中心走向个人中心，尤其是女性个人意识和女权意识的上升。城市女性希望摆脱对家庭，尤其是对丈夫的依附关系，强调男女关系平等，和男性一样去追求个人独立的生命历程。为了达到这一目的，女性会选择推迟进入婚姻时间，以延长个人知识积累和能力增长的时间。女性的职业发展和社会地位提高对生育水平产生双重效应：收入效应和挤出效应。收入效应提升了家庭的经济水平，但是子女养育成本也会随之升高，不能显著提高人们的多孩生育意愿。挤出效应是指女性的职业发展会提升其社会地位，同时减少她们在家庭劳务分工中的分配时间，会显著降低女性的多孩生育意愿。另外，家庭地位较高的女性，议价能力更强，减少了非意愿生育的可能。

第二次人口转变的思潮对中国农村社会带来极大的冲击。农村地区的经济发展远没到欧洲国家发生第二次人口转变时的发展水平。从父母那里继承财富的作用越来越小，人们的生活水平更多取决于自身受教育水平和个人的努力。他们没有必要等到从父母那里继承财产才能结婚，传统大家庭对婚姻和生育行为的影响越来越小。中国农村社会的家庭重心从原来的“父母取向”转向“子女取向”。在这种模式下，父母依然全力养育子女，有能力的父母还要为他们建房或者购置房屋，筹备婚礼。但是等子女成家立业，独立门户，他们依然是“子女取向”。城市化的发展导致大量农村青壮年劳动力外出务工，子女对老年父母的反哺更是被空间距离割裂。资源都往下一代转移，养育子女的收益在快速下降。

另外，农村女性的家庭地位也有了显著提升。在人口转变和劳动力外流等因素的推动下，过去以儿子为核心的传统养老模式正在转变为儿女共同养老的新模式；在当代中国家庭中，女儿和儿子一样发挥着重要的养老功能，甚至比儿子养老效用更大，并且这种家庭养老模式变迁在将来是一种趋势。女儿赡养的出现或者说养老功能的提升，一方面是在家庭养老资源匮乏的情况下，家庭进行适应性调整、开发新资源的一种家庭策略；同时也说明了女性社会经济地位的提高，折射出当代中国性别趋于平等的社会进步性。但是低生育水平下又将产生新的独生子女家庭，儿女共同养老模式会显著弱化人们对男孩的偏好，减少人们对生育子女数量的需求，由此降低人们的多孩生育意愿，这在一定程度上会形成低生育水平的自我强化过程。

目前，像宜昌市这样的低生育率水平在全国尽管不多见，但如果未来这种现象蔓延到其他城市甚至全国，会给社会造成十分严重的危害，最直接后果就是人口结构老龄化和劳动力自愿的短缺，进而影响到全社会劳动生产率与国家竞争力。针对目前部分地区生育水平长期低迷现象，政府及相关部门应该意识到长期的累积效应必将对人口长期均衡发展构成巨大的潜在威胁。

中国人口及其生育命题迫切需要从全局和长期视角下进行深刻剖析，严峻的现实和未来趋势呼唤新的研究方法和理论成果以指导大众的生育观念和政府的政策实践，此为本书写作和出版的初衷。

目　　录

引　言

超低生育率现象的出现掀起了学术界的讨论热潮，包括对去进度效应的总和生育率研究，对低生育率的模式和原因探索等。低生育率引起了人口学家、政府及公众的深深担忧，因为总和生育率长期维持在 1.3 或以下，那么不到 45 年总人口将减少一半，有学者称之为“人口内爆”，人口老龄化也会加速发展。在这样的背景下，“低生育率陷阱”的概念和理论应运而生。有学者认为，当总和生育率降到 1.5 以下后，低生育率会自我强化，如同掉入陷阱，扭转生育率下降趋势将会变得很困难甚至不可能。

伴随着生育水平的下降，出生性别比长期失衡、老龄化加速推进、劳动力短缺等一系列人口问题逐渐成为困扰我国目前及未来社会经济发展的制约因素。首先，持续的低生育率在生育供给上带来了少儿人口供应萎缩、人口少子化和年轻人口亏损问题，将引发经济、社会和国防三重危机。其次，持续的低生育率在家庭结构上带来了巨大的人口风险问题。更多的独生子女家庭成为养老不堪重负的脆弱家庭、空巢家庭和痛苦家庭。最后，持续的低生育率在养老结构上带来了少子老龄化、独子空巢化、无后高龄化等多重挑战。生育率下降越多，偏离更替水平越远，对人口的结构性破坏也越大，对未来国家或地区长期可持续发展威胁也就越大。

如果真的进入了低生育率陷阱，其对地区社会、经济发展的负面影响将是巨大、长远的，甚至超过高出生率导致的人口爆炸带来的危害。至少到现在，没有哪个国家能够在持续的低生育率水平下，长期维持高速的经济增长。中国的生育政策也正处在一个十字路口。与中国历史文化传统极为相似的新加坡、日本、韩国，在经过长时间的控制人口政策后，都选择了鼓励生育的政策，效果却不尽如人意。但在生育政策调整过程中，宜昌市的人口转变过程，却可以为中国人口政策的选择提供参考与借鉴。

低生育水平已经成为中国人口的基本国情之一。近年来我国已经稳定在一个较低的生育水平。中国社会科学院发布的《经济蓝皮书：2015 年中国经济形势分析与预测》指出，我国的总和生育率已经下降到 1.4 左右；而根据国家统计局公布的数据测算结果显示，2000 年之后总和生育率就已经进入 1.3 以下，近年来更是表现为持续走低之势。虽然不同的学者对我国的生育水平有不同的认识①，但总和生育率低于人口更替水平已经是不争的事实。

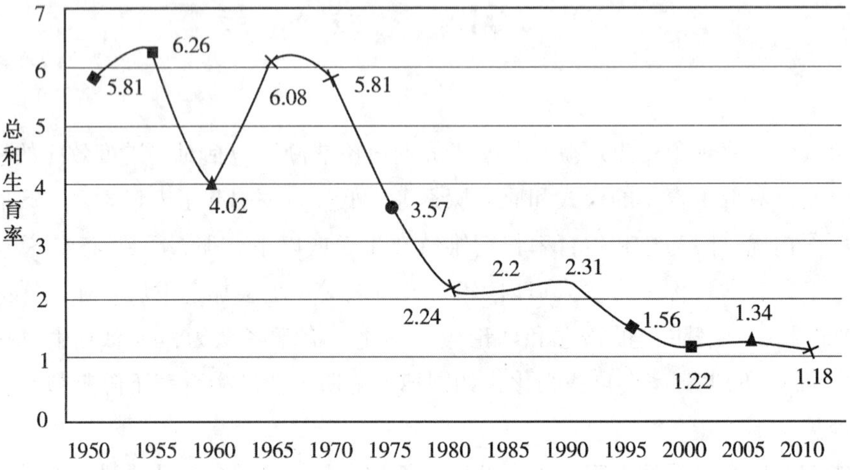

图 0-1　中国历年总和生育率变化

数据来源说明：本表中所列数据为国家统计局公布的历年人口普查数据。

就不同地区的生育水平来看，根据对 2010 年第六次全国人口普查数据的测算，总和生育率最低的五省市分别为北京（0.71）、上海（0.74）、辽宁（0.74）、黑龙江（0.75）和吉林（0.76），湖北省作为中部省份，其总和生育率为 1.34，略高于全国平均水平，但其中宜昌市的总和生育率仍然较低，因此，我们以宜昌地区为样本，分析低生育水平地区的生育意愿和生育行为将有着重要的意义。

超低生育水平地区一个典型特征是，人们的实际生育水平比政策限定的水平还要低，也就是说很多家庭并没有将符合生育政策的指标用完，比如很多农村独女户，双独夫妻只要一个孩子等。如果人们的意愿生育子女数量是 1 个，那么二孩生育政策的实施又会产生怎样的效果呢？随着计划生育政策的严格实施，以及城市化、工业化的快速发展，进入 21 世纪，我国城乡居民的生育水平持续降低，国家采取逐步放开二孩生育政策的战略，首先是 2003 年实施“双独”二孩（以下简称

① 如对 2010 年总和生育率的测算，我们选择了国家统计局公布的全国第六次人口普查数据，虽然很多学者认为由于漏报和生育年龄推迟等原因使该数据失真，但总和生育率低于人口更替水平是确定的。

双独、双独二孩）政策，十年后于2013年实施“单独”二孩政策（以下简称单独、单独二孩），然后于2015年实施“普遍二孩”政策（以下简称普遍二孩）。随着二孩生育政策的放开，在低生育水平地区人们的生育响应及其生育率演变趋势，是本研究关注的重点。

进入超低生育率的地区，人们的生育水平在较长的时期内存在怎样的变动趋势？

中国超低生育率地区的城乡居民有着怎样的婚育模式和生育特征？

在未来，超低生育率地区的生育水平，是持续缓慢下行，还是会有所波动，抑或缓慢上升？

在宏观或中观层面影响生育率变动的因素有哪些？二孩政策效果如何？

在微观层面，又是什么原因使人们开始倾向于少生孩子？

从政府工作角度看，计生部门怎样的工作或政策，或者其他部门的公共政策，能够有效地促进人们生育子女？

为回答以上问题，本书具体研究思路和分析框架如下：首先在湖北省抽取40万个家庭样本，分析湖北省不同区域的生育水平和生育意愿。然后在湖北省宜昌市再抽取40万个样本，分析超低生育水平地区城乡居民的婚姻状况、生育行为特征和生育率变动趋势。在此基础上，进一步抽取1000户进行深度访谈，重点研究不同类型家庭育龄妇女的生育史和生育意愿。以二孩政策的逐步实施为契机，分析符合“一孩半”政策（以下简称一孩半）、双独二孩政策、单独二孩政策、普遍二孩政策目标人群的人口学特征及政策实施后的生育意愿和生育行为，进一步模拟补贴性政策下人们的二孩生育意愿以及普遍二孩实施后低生育地区未来生育水平变动趋势。另外，超低生育水平地区生育率下降的自我强化机制也是本书的重点内容，我们从成本—收益失衡的视角探讨在持续低生育水平下生育率继续下降的自我强化机制。

第一章　中国的低生育率与生育政策调整

中国人口的迅速转变发轫于20世纪后半期，但缓慢的人口转变在1949年前已经发生。出生率由20世纪30年代以前的40‰以上下降到1949年的36‰，死亡率由30‰以上下降到20‰。中华人民共和国成立后，人口政策作为社会经济政策的重要组成部分日益凸显。自20世纪70年代末起，计划生育政策的严格执行，实现了中国人口增长模式的迅速转变，总和生育率从1970年代末开始急剧地下降，在1992年降至更替水平以下①。按照第六次全国人口普查数据推算，2000—2010年间中国的总和生育率在1.45左右②，属于超低生育水平。从发达国家的人口发展趋势来看，当生育率降到更替水平后，并没有保持在这个"理想"水平，而是出现了后果极其严重的持续向下③。这种逆经济增长的生育率趋势并未显示出回归其初始均衡的迹象。生育率的下降不仅仅是家庭决策的结果，反过来还在很大程度上影响着家庭自身的发展，以及整个国家或地区社会经济的发展④。

第一节　中国的人口转变与生育政策调整

计划生育政策是在控制人口实践中逐渐产生和完善起来的，每一时期的具体政策都与当时的人口、经济、社会以及资源环境相适应。相比计划生育政策推行之初，当前的人口、经济、社会以及资源环境已经发生了极大的改变，因此其政策治

---

① 通常以时期总和生育率（TFR）为2.1的参照值来判断生育率是否低于更替水平，而更严谨的统计参照值则应当为妇女净再生产率等于1。理论和经验研究显示，生育率长期低于更替水平必定导致人口负增长。

② 郭志刚．六普结果表明以往人口估计和预测严重失误［J］．中国人口科学，2011（6）：2-13.

③ 根据联合国人口司的统计数据显示，20世纪70年代以来，全球总和生育率从1970—1975年每位妇女平均生育4.5个孩子跌至2000—2005年每位妇女平均生育2.6个孩子。

④ 欧洲、北美以及亚洲的日本、新加坡等国，在人口再生产方面的急剧缩减趋势乃至由其引起的诸多社会经济问题可看做对我国的警示。

理理念也发生了一次重大的改变，其演变历程也就可以分为三个阶段，分别是主要控制人口数量阶段、四位一体综合治理阶段、政策放松阶段。具体来说，在过去，我国生育率的下降基本属于外生性的生育转变，因此计划生育政策的主要目的就是降低生育率。然而，历次全国1‰生育率抽样调查以及历年《中国人口统计年鉴》表明：我国总和生育率已经从20世纪初均大于6.0的极高生育水平稳定至当前年均接近1.3的极低生育水平。因而，计划生育政策的治理目标也开始由降低生育率向稳定低生育水平的转变，那么相应地其政策措施也逐步由过去的单一目的控制人口向四位一体综合治理人口问题转变，然后开始调整和放松，转向目前的普遍二孩生育政策。值得注意的是，由于稳定低生育水平仍是当前计划生育政策治理目标之一，因此部分产生于早期也就是主要控制人口数量阶段的计划生育政策措施并未废止，一直实施至今。

一、计划生育思想形成与生育政策反复时期

新中国成立初期，我国社会、经济、政治等方面都逐渐趋于稳定，此时正需要迅速发展工业与农业，也许是出于为大规模的经济建设作好准备，1949年至1953年，各级政府对人口增长及生育完全采取放任态度。另外，土改后农村社会逐步安定，国民经济得到了逐步恢复和发展，“国泰民安”必然导致“生齿日繁”，这是中国历史上一再出现的人口规律。中国乡村人口在50年代的猛增，更与集体化的生产和分配制度有关，尤其与以“人头”为基准的粮食分配制度有关。1949—1957年，我国人口出生率年均35.56‰，其中5年在37‰以上，死亡率由20‰下降到10.80‰，净增人口1.05亿，超过20世纪前50年的增加量。

1950年，国家卫生部和军事委员会卫生部联合发布了《机关部队妇女干部打胎限制的办法》，规定除该办法中规定的六种情况，任何情况的打胎一律属于违法行为。1952年，卫生部颁布了面向全体公民的《限制节育及人工流产暂行办法》，补充了可以实施绝育手术的条件——已婚妇女年龄超过35岁，有6个以上且其中至少有1个年龄超过10岁的亲生子女，该办法还将绝育手术和人工流产这两种情形上升到犯罪的程度，并对避孕药具的出售实行严格批准审核制。

在此背景下，我国人口迅速增长。1949年全国人口为5.4亿人，1958年超过6.5亿人，1963年已接近7亿人。人口迅速增长给社会经济带来的严重后果逐步显现，节制生育的思想开始形成。但由于“大跃进”和三年自然灾害的冲击，1962年以后，计划生育才开始试行。1954年，卫生部基于第一次人口普查结果发出通知，取消避孕节育的一切限制，并不对避孕药具的销售进行限制。1955年3月中

央在卫生部党组关于节制生育问题报告上指示："节制生育是关系广大人民生活的一项重大政策性的问题。"

在1957年的八届三中全会上，毛泽东具体指出对计划生育问题开展十年规划，即三年试点、三年推广、四年普遍施行。同时他还要求，要在人口稠密地区先试点、后推广，逐步实现普遍计划生育；在少数民族地区、人口稀少地区暂不推广计划生育。

但是"大跃进"及随后的大饥荒，改变了中国人口转变的方向。1957年，控制人口、开展节育受到了反右运动的阻挠和打击，因政治运动压力而产生的理论界倾向于宣传节育的活动从1959年开始被冷落，人口政策的制定与施行进入了一段空白期。

"大跃进"失败的反思和三年困难时期结束后现实人口增长的压力，使控制人口和节制生育的思想得以复苏。1960年4月11日，刘少奇发布命令，向全国公布了《1956年到1967年全国农业发展纲要》。其中对计划生育政策的覆盖范围向广大农村地区扩展做出了规划，明确提出在除少数民族地区之外的所有高密度人口地区，对限制生育开展宣传，提倡和推行有计划地生育子女。

1962年10月6日，中共中央、国务院在《关于当前城市工作者若干问题的指示》中指出："今后一个长时期内，对于城市，特别是大城市人口的增长，应当严格加以控制。"同年12月13日，中共中央、国务院发出了《关于认真提倡计划生育的指示》的正式文件，其中明确指出提倡计划生育是我国社会主义建设中的既定政策，要通过在农村人口稠密的地区和城市倡导节制生育达到适度控制人口增长的目标，从而使毫无计划的生育状态逐步过渡为有计划的生育状态。文件还对各地党委和政府的责任进行了特别强调，要求把提倡计划生育工作列为一项重要的议事日程，定期进行讨论并开展检查。该文件成为了我国将进一步开展计划生育工作的动员令。在生育政策上喊出了"一个不少，两个正好，三个多了"的口号，在上海更是确定了"晚、稀、少"的基本原则以及其他的一些具体要求，这也是当时"晚、稀、少"口号的萌芽和由来，开始从单纯提出自愿节育逐步走向"有计划的生育"阶段。

1966年"文化大革命"开始后，虽然国家仍在实行限制人口过快增长的生育政策方针，但事实上在动乱的前半期，由于无政府思潮泛滥，一些计划生育机构只剩下了一具空壳甚至被"革命委员会"所取而代之，实施计划生育政策的社会政治环境已不存在。节制生育的工作停滞，生育出现自由化现象，人口恢复盲目增长状态。"文化大革命"期间，我国经济严重滑坡，人口大幅增长，年代末全国总人口突破 8 亿大关。

二、计划生育政策形成与完善时期

三年困难时期过后，在人口补偿性生育的推动下，我国生育率又一次迅猛增长。1964 年第二次人口普查结果显示，全国人口总数达 7.23 亿。1953 年第一次人口普查，中国育龄妇女的总和生育率在 6 左右，1964 年以后补偿性生育率达到了 7.5。正当计划生育工作已经在城市取得进展并逐步向广大农村推开时，1966 年“文化大革命”席卷全国，计划生育的社会环境缺失，地方计生机构或被“革命委员会”取消，或名存实亡，计生工作无法开展，人口控制失范。1966—1970 年，我国人口年均出生率在 33‰以上，年自然增长率在 25‰以上，年净增人口 2000 万以上，生育的秩序重建显得尤为迫切。

计划生育政策是在当代人口问题压力之下所做出的艰难选择，它是中国在控制人口过程的实践中，一波三折、逐渐地制定和完善起来的。尽管在 1960 年代曾经在一些城市进行过试点，但是正式实施是从 1980 年中共中央发布的《关于控制我国人口增长问题致全体共产党员、共青团员的公开信》开始的。

1971 年 7 月，国务院批转了红头文件《关于做好计划生育工作的报告》，其中明确提出，除了人口稀少的少数民族等地区以外，都要对计划生育工作加强组织领导，开展广泛深入的宣传和教育，使城乡群众自觉实行晚婚和计划生育行为。同年 12 月，中共中央发出通知对实行计划生育进行了再部署，国务院成立了计划生育工作领导小组，下设办公室，各省、市、县也相继恢复成立了计划生育工作机构，计划生育工作在全国广泛开展起来。该报告首次把控制人口增长纳入国民经济发展计划的一项指标。1975 年毛泽东在国家计委《关于一九七五年国民经济计划的报告》上批示：人口非控制不行。国家制定了“晚、稀、少”和“提倡一对夫妇生育子女数量最好一个，最多两个”的生育政策。1978 年 10 月，中央对“晚、稀、少”的政策明确要求，女性 23 周岁男性 25 周岁为晚婚，一对夫妇最好只生育一个子女，最多生育两个且生育间隔在三年以上。同时还规定了对于实施节育手术的职工和农民给予一定福利补助的相关问题，指出要坚持有利于计划生育工作开展的原则，来制定关于城市住房、农村口粮、自留地分配及其他一些社会经济政策。至此，我国基本形成了限制人口增长的以“晚、稀、少”为主要内容的生育政策。

1980 年 9 月，第五届全国人民代表大会第三次会议指出，经过国务院深入研究，决定必须在今后二三十年内采取坚决措施以解决人口问题，除了在人口稀少的少数民族地区以外，在全国范围内普遍提倡一对夫妇只生育一个孩子，以便尽快控制人口增长率，争取在本世纪末将全国总人口控制在 12 亿之内。紧接着中共中央发布了《关于控制我国人口增长问题致全体共产党员、共青团员的公开信》，号召党员和团员模范遵守并带头执行“一对夫妇只生育一个孩子”的计划生育政策。

1982 年 9 月，党的十二大把实行计划生育确定为我国的一项基本国策，同年 11 月写入新修改的宪法。这些一系列的政策和措施标志着我国独生子女人口政策和计划生育的具体政策正式出台并全面实施。

实际上中国仅在很短的时间内（1980—1983 年）推行过严格的一对夫妇只生育一个孩子的政策。由于一孩政策脱离中国的实际太远，在推行过程中遇到了很大的阻力，因而实际上除城市与少部分农村地区外，在中国的大部分农村地区并没有得到很好的贯彻执行①。

1984 年 4 月 13 日，中共中央对国家计生委党组提交的《关于计划生育工作情况的汇报》进行了批转，继续调整和完善了计划生育政策，提出了对于计划生育应严格控制、因地制宜，使得我国的计划生育政策逐步从“晚、稀、少”变成“晚婚，晚育，少生，优生”的政策。“一对夫妇只生育一个孩子”的要求也发展成为了独生子女政策。为了更好地落实调整后的计划生育政策，各级计划生育部门纷纷建立起来，并且加强了对于干部的培训工作，以方便计划生育工作的顺利开展。各省市根据自己的实际情况，相继出台了计划生育的地方性条例。

1988 年 3 月，中共中央政治局召开常委专门会议，讨论并原则同意国家计生委的《计划生育工作汇报提纲》。会议规定了现行计划生育人口政策的具体内容：提倡晚婚晚育、少生优生，提倡一对夫妇只生育一个孩子；国家干部和职工、城镇居民除特殊情况经过批准外，一对夫妇只生育一个孩子；农村某些群众确有实际困难，包括独女户，要求生二胎的，经过批准可以间隔几年以后生第二胎；不论哪种情况都不能生三胎；少数民族地区也要提倡计划生育，具体要求和做法可由有关省、自治区根据当地实际情况制定。这标志着我国计划生育政策思路和框架已经基本形成。

1991 年 5 月 14 日，中共中央、国务院根据实际生育控制能力与政策间的差距，实事求是地做出了《关于加强计划生育工作严格控制人口增长的决定》。切合实际地将 1991—2000 年人口计划控制目标定在年均自然增长率为 12.5‰以内，即总人口 2000 年末控制在 13 亿以内。

---

① 陈友华，陆建新．中国生育率的地区差异及其政策选择［J］．人口与经济，2003（4）：14-20.

三、计划生育政策成熟期：从控制生育走向综合治理

计划生育成为我国的一项基本国策之后，在此后的一段时间内，计划生育政策处于一个稳定的实施阶段。1992 年之后，社会主义市场经济的逐步建立标志着计划经济的瓦解，但我国始终坚持计划生育政策的实施。

1993 年 3 月 21 日，时任国务院总理的李鹏在国务院第三次计划生育工作座谈会上指出："计划生育积累下的经验告诉我们，必须坚持计划生育政策，不能动摇。"在坚持计划生育政策的前提下，国家在计划生育政策初步普及的基础上，进一步加强了政策的宣传，努力使得计划生育成为人民群众的自觉行为。此外，国家还进一步健全了计划生育的组织机构，同时拟定了计划生育的方针和政策，并逐步开始起草计划生育相关的法律。

1997 年国务院转发了《国家计划生育委员会、国务院扶贫开发领导小组关于"九五"期间进一步做好扶贫开发与计划生育工作相结合工作的意见》，指出"使贫困地区实行计划生育的农户尤其是独生子女户、双女户优先得到扶持，率先摆脱贫困，真正起到少生、优生、快富的示范和榜样作用"。可以看出，这一时期与扶贫开发相结合的生育政策的根本目的还是引导群众少生，而不是单纯从补偿的角度帮扶计划生育贫困家庭发展。

90 年代各地也涌现出了丰富的计划生育利益导向实践，如吉林省创造的"计划生育工作与发展经济相结合，与帮助群众勤劳致富奔小康相结合，与建设文明幸福家庭相结合"的"三结合"，江苏盐城不断实践与总结并提出的"少生快富"工程，广东将计划生育工作与农村股份合作制相结合的新鲜经验，浙江将帮扶互动纳入计划生育工作的"新家庭计划活动"等。

2000 年 3 月，中共中央、国务院为避免生育率的反弹，制定了《关于加强人口与计划生育工作稳定低生育水平的决定》，指出"稳定低生育水平是今后一个时期重大而艰巨的任务，国家鼓励晚婚晚育，提倡一对夫妇只生育一个孩子，依照法律法规合理安排生育第二个子女；少数民族也要实行计划生育；具体政策规定由各省区市制定"。《决定》提出了人口与计划生育工作的明确目标：大陆地区的人口总数到年末控制在 14 亿以内，年均人口出生率不超过 15‰。

进入新世纪，除了继续稳定低生育水平，计划生育政策还将提高人口素质、治理出生人口性别比失衡、对计划生育困难家庭进行帮扶列为政策目标，故称为"四位一体"综合治理阶段。2001 年 12 月 29 日，第九届全国人民代表大会常务委员会第二十五次会议审议通过了《中华人民共和国人口和计划生育法》，于 2002

年9月1日正式施行。这部法律的出台使得我国的计划生育更加有法可依，也标志着我国计划生育政策基本稳定和成熟。它明确了国家在建立健全基本养老保险、基本医疗保险等社会保障制度以促进计划生育工作方面的责任和义务。计划生育政策治理手段实现了从早期“物质奖励”到当前“福利保障”的重大转变，治理理念实现了从早期“单一控制人口数量”到“综合治理提高家庭发展能力”的转变。

2003年3月9日，胡锦涛在第十三次中央人口资源环境工作座谈会上指出：人口和计划生育工作的主要任务是稳定低生育水平，提高出生人口素质，同时要努力促进出生人口性别比的平衡，积极应对老龄人口、流动人口、就业人口增加带来的问题，为全面建设小康社会创造良好的人口环境。为了完成新时期的新任务，同年，国家计划生育委员会更名为国家人口和计划生育委员会，其职能也随之得到拓展。

为全面落实科学发展观，计划生育政策由“处罚多生”转为“奖励少生”。2004年，国家计生委与财政部联合制定《全国农村部分计划生育家庭奖励扶助制度》，对农村的部分计划生育家庭进行养老保障，一改过去计划生育工作的强制执行为群众自愿执行，通过利益导向引导人们的生育行为。特别是“三项制度”（包括2004年试点、2006年全面组织实施的农村计划生育家庭奖励扶助制度；西部地区“少生快富”工程；2007年试点，2008年全面实施的计划生育家庭特别扶助制度）全面实施后，计划生育利益导向机制建设开始逐步制度化、规范化。

2006年12月17日，中央出台的《中共中央国务院关于全面加强人口和计划生育工作统筹解决人口问题的决定》提出统筹解决人口问题，包含人口数量、人口素质、人口结构、人口分布、人口安全的全面协调可持续发展，也包含人口与经济、社会、资源、环境的全面协调可持续发展。明确指示，“建立和完善政府为主、社会补充的人口和计划生育利益导向政策。计划生育家庭为国家做出贡献，国家应使计划生育家庭优先分享改革发展成果”。较之《关于加强人口与计划生育工作稳定低生育水平的决定》将稳定低生育水平、提高出生人口素质作为计划生育工作的主要任务，这一时期，政府高度重视人口数量、素质、结构、分布的统筹发展。同年12月22日，国家计生委印发的《决定》宣传提纲中对计划生育利益导向政策作了更详细的论述，并把目前的政策体系分为五类：一是有利于稳定低生育水平的奖励优惠政策；二是在实行低保、救助等普惠政策中，计划生育家庭优先优惠的政策；三是维护流动人口合法权益，有利于引导人口合理流动的政策；四是对计划生育女儿户实行优先优惠，有利于促进出生人口性别比平衡的政策；五是探索建立计划生育家庭养老保险制度，建立有利于应对老龄化的政策。由此，从这一时期开始，我国进入了全面治理人口数量、素质、结构的新阶段。

四、生育政策调整与完善时期：逐步放松

进入21世纪，中国低生育水平逐渐趋于稳定，在1.34~1.51之间波动①。从图1-1也可以看到，自1990年以来，我国人口生育率一直在下降，到2002年后人口生育率便稳定在12‰左右，到2010年又有进一步下降的迹象。另外，伴随着生育率的持续走低，人口结构性问题也日益严重。劳动年龄人口开始减少，2012年比上年减少345万人；2023年以后，年均将减少约800万人。人口老龄化速度加快，2013年60岁及以上老年人口将达到2亿，本世纪30年代中期将达到4亿，占总人口的比例将从目前的1/7提高到1/4。出生人口性别比长期偏高，近20年来一直在高位徘徊，2012年仍高达117.7②。如果维持现行生育政策不变，总和生育率将继续下降，总人口在达到峰值后将快速减少，人口结构性问题日益凸显，必将影响人口长期均衡发展以及社会经济的长远发展。在此背景下，中央政府启动生育政策调整步伐，逐步实施二孩生育政策。

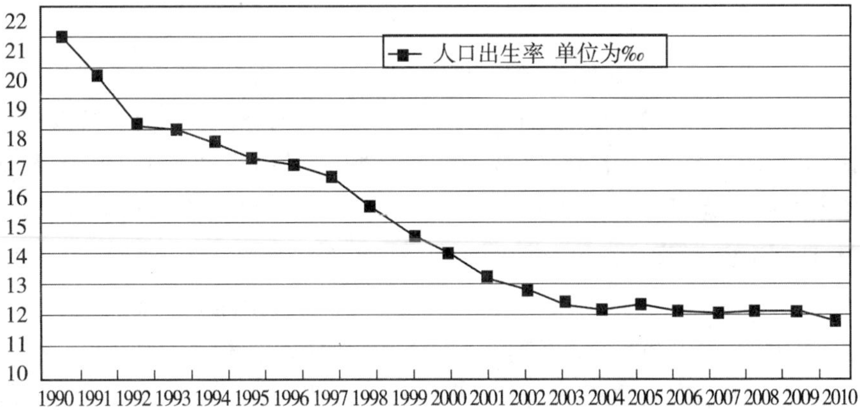

图1-1　1990—2010年间中国人口出生率变动趋势

数据来源：《中国统计年鉴》1991—2011

---

① 朱勤．2000—2010年中国生育水平推算——基于“六普”数据的初步研究［J］．中国人口科学，2012（4）：68-77.

② 数据来源：国家卫计委网站。

（一）第一步：双独二孩

2011 年，我国已经全面放开“双独二胎”生育限制，允许父母双方均为独生子女的可以生育二胎。党的十八大报告在谈到人口问题时指出：“坚持计划生育的基本国策，提高出生人口素质，逐步完善政策，促进人口长期均衡发展。”这表明，决策层已经清醒地认识到当前我国的人口形势，主张对计划生育政策进行调整的思想取得主流共识。

2012 年 11 月，中国共产党第十八次全国代表大会隆重召开。胡锦涛代表第十七届中央委员会作报告。在谈到人口问题时指出：坚持计划生育的基本国策，提高出生人口素质，逐步完善政策，促进人口长期均衡发展。这预示着中国人口政策将有方向性转折。

（二）第二步：“单独二孩”

2013 年 11 月 15 日公布的《中共中央关于全面深化改革若干重大问题的决定》，其中的一条就是“启动实施一方是独生子女的夫妇可生二胎”的政策（简称“单独二孩”政策），标志着人口领域的改革终于开始了。12 月 21 日，国务院印发《关于调整完善生育政策的意见》。12 月 28 日，全国人大常委会通过了关于调整完善生育政策的决议。

由于这一政策并未设定全国统一的行动时间表，各个省份放开“单独二孩”的时间有先有后、不尽相同。从各个省份公布的资料来看，最早启动实施的浙江省是在 2014 年 1 月 17 日，对《浙江省人口与计划生育条例》做出修改，成为全国首个“单独二孩”政策落地省份。2014 年 3 月下旬，全国很多省份纷纷修改地方《人口与计划生育条例》。在此之前的两个月里仅有 8 个省份启动实施（1 月启动实施“单独二孩”政策的省份有 3 个，2 月有 2 个，3 月上旬有 3 个），而在此期间的短短十天就有 12 个省份启动实施。5 月下旬，“单独二孩”政策又在一些省份出现一次相对集中的落地，5 个省份在这期间相继启动实施（在这之前的 4 月和在这之后的 6 月各有 2 个省份启动实施）。2014 年 11 月 6 日，随着西藏宣布实施“单独二孩”政策，全国“单独二孩”政策调整已无死角①。

“单独二孩”政策的实施，是 30 多年我国计划生育政策的首次重大调整，这一政策的实施标志着生育政策新一轮调整完善的启动。在这次生育政策调整之前，已有的生育政策中就已包含“双独二孩”的内容。所谓“双独二孩”，指夫妻双方

① 陈友华，苗国．意料之外与情理之中：单独二孩政策为何遇冷［J］．探索与争鸣，2015（2）：48-53.

都为独生子女的夫妇，可以生育第二个孩子。国家在实行“一对夫妇只生育一个孩子”政策之初，就同时制定了“双独二孩”生育政策，一方面可能是出于人口学意义上的考虑，另一方面可能是对执行了“一对夫妇只生育一个孩子”政策的夫妇给出了某种生育后果的“补偿”，即对其下一代婚后生育放宽限制。从这种角度来看，该政策体现了人文关怀，但值得关注的是，由于“双独”身份的特定要求和现实中青年婚配状况的限制，真正能从“双独二孩”这一生育政策中得到“补偿”的，只会是执行“一孩政策”的全部独生子女父母中的一部分。换句话说，“双独二孩”生育政策实际上对独生子女父母并不是全面覆盖的，因此这种“兑现”的承诺也是不完善的。

除了对全体独生子女父母的补偿意义以外，“单独二孩”政策还承担着开始调整我国人口的生育率、生育水平，以及调整我国人口的总体结构，特别是总人口的年龄结构、性别结构的重任。在更长远的意义上，我们甚至可以说，“单独二孩”政策的实施，是我国 30 多年来逐步形成的“独生子女时代”开始向“非独生子女时代”转变的转折点。

（三）第三步：“普遍二孩政策”

人口低生育形势比预期更为严峻。2013 年 11 月“单独二孩”政策宣布以来，截至 2015 年 8 月底，全国 1100 多万对符合生育条件的夫妇，只有 169 万申请生育，占符合单、双独政策条件夫妇总数比例为 15%左右。2015 年全国新出生人口 1655 万人，比 2014 年 1687 万人还少 32 万人，申请数远低于预期。单独二孩申请在全国各省市遇冷，直接推动了普遍二孩政策的提早实施。

2015 年 10 月 29 日，中共十八大五中全会公报宣布，要“促进人口均衡发展，坚持计划生育的基本国策，完善人口发展战略，全面实施一对夫妇可生育两个孩子政策，积极开展应对人口老龄化行动”。

2015 年 12 月 27 日，十二届全国人大常委会第十八次会议将表决通过《人口与计划生育法修正案（草案）》，并于 2016 年 1 月 1 日起正式实施。这次生育政策调整具有重要的人口、经济、社会意义。根据目前经济社会发展水平，我国人口自然生育率大约在更替水平附近，这次全面两孩政策的实行，短期内将有利于拉动内需，缓解经济下行压力，辅助“十三五”经济发展目标的实现；长期看，有助于减缓老龄化速度，避免劳动力人口过快萎缩，促进人口经济社会长期可持续发展。更为重要的是，全面两孩政策的实行，将极大地减少政策性失独家庭出现的可能性，有助于促进家庭发展与幸福。这次政策调整赋予公民更大的自主生育决策空间，体现了以人为本的理念。

第二节　中国的低生育率：争议与共识

中国生育水平问题真正引起社会关注始于“五普”数据公布，当时公布数据显示我国总和生育率为1.22，而后为了稳定低生育水平，继续执行严格生育政策，人口统计专家将普查数据以瞒报、漏报之由修正为1.8①。2010年“六普”数据公布，总和生育率再创新低，只有1.18，人口统计专家再次修正，调整为1.5左右②。总和生育率历来被视为判断人口转变的核心参数，所以近十年来，人口学家一直围绕总和生育率的真实水平展开激烈的争辩。

在第六次人口普查数据公布以后，很多学者认为中国2000年以来的总和生育率在1.5以上。杨凡、赵梦晗利用普查数据、教育数据和户籍数据进行评估对比，认为2000年以来中国总和生育率水平在1.6~1.7③。王金营、戈艳霞基于各次人口普查数据的对比，通过对2010年普查少年儿童人口进行漏报回填，并且考虑育龄妇女重报和抽样偏误等问题，对数据进行调整，得到2001—2010年的总和生育率的估计值为1.5~1.6④。陈卫利用多来源数据进行综合判断，认为中国2000年到2010年前期生育水平低至1.5，近年来，回升到1.7⑤。

近两年，也有专家使用其他数据和方法对我国生育率进行了再次估计。翟振武、陈佳鞠和李龙利用2015年户籍登记数据中5~7岁组人口数估计得出2008—2010年中国的总和生育率大致在1.63~1.66之间，整体处于平缓波动之中⑥。陈卫利用人口普查年龄分布数据和基于广义稳定人口模型的两种生育率估计方法，即整合法和变量r法，对中国1982年以来各普查间的生育水平进行再次估计，得出1982—1990年、1990—2000年和2000—2010年各普查间的平均总和生育率依次为

---

①　张为民，崔红艳．对中国2000年人口普查准确性的估计［J］．人口研究，2003，27（4）：25-35.

②　崔红艳，徐岚，李睿．对2010年人口普查数据准确性的估计［J］．人口研究，2013，37（1）：10-21.

③　杨凡，赵梦晗．2000年以来中国人口生育水平的估计［J］．人口研究，2013（2）：54-65.

④　王金营，戈艳霞．2010年人口普查数据质量评估以及对以往人口变动分析校正［J］．人口研究，2013（1）：22-33.

⑤　陈卫．2000年以来中国生育水平评估［J］．学海，2014（1）：16-25.

⑥　翟振武，陈佳鞠，李龙．现阶段中国的总和生育率究竟是多少？——来自户籍登记数据的新证据［J］．人口研究，2015，39（6）：22-34.

2.63、1.68和1.56；利用变量r法对各普查间的平均总和生育率的估计分别为2.60、1.61和1.68。因而认为，2000—2010年中国平均生育率的估计应该在1.6左右①。

也有学者认为中国总和生育率不足1.5。郝娟、邱长溶根据历年统计年鉴，利用普查和抽样调查数据进行计算，得出2000—2010年我国的总和生育率一直没有超过政策生育率1.47，在1.22~1.47之间波动②。郭志刚利用各次人口普查数据，通过“打靶”③ 对1990—2010年我国的生育水平进行了评估，得出1996—2003年为1.4左右，近几年有所回升，在1.5左右④。陈友华依据“六普”统计结果推算2000—2010年中国妇女的总和生育率在1.45左右，属于超低生育水平。目前大部分学者认为，我国已经处于比较稳定的低生育水平发展阶段，当前总和生育率在1.5左右。随后，朱勤估计2000年以来的总和生育率时，以2010年普查0~9岁人口数为靶标，反复试错模拟，推算得到2000—2010年总和生育率在1.3~1.5之间，2000—2009年的平均总和生育率为1.48⑤。

由此可见，我国总和生育率究竟是多少，至今迷雾重重。可以肯定的是，尽管存在一定程度的瞒报和漏报，中国总和生育率远低于更替水平是不争的事实，并且近些年持续走低。

第三节 长期低生育率的警示和危害

我国的生育政策自实施以来取得了举世瞩目的成就。首先，我国较低的生育水平并非是经济社会发展的自然结果，生育政策的调控作用在生育转变的过程中扮演着非常重要的角色。从普查数据来看，在全面实施计划生育后，我国总和生育率显

---

① 陈卫．基于广义稳定人口模型的中国生育率估计［J］．人口研究，2015，39（6）：35-43.

② 郝娟，邱长溶．2000年以来中国城乡生育水平的比较分析［J］．南方人口，2011，26（5）：27-33.

③ 在估计以往生育水平时所用的人口模拟预测不同于一般的人口预测，它不是对未来人口的估计，而是利用人口预测的方法，在已知较远的过去的人口数和较近的过去的人口数的前提下，测算总和生育率、死亡水平等参数。这一过程就像是打靶，因此得名。

④ 郭志刚．“六普”结果表明以往人口估计和预测严重失误［J］．中国人口科学，2011（6）：2-13.

⑤ 朱勤．2000—2010年中国生育水平推算——基于“六普”数据的初步研究［J］．中国人口科学，2012（4）：68-77.

著下降，1980年中国总和生育率为2.23，90年代初便降至更替水平以下。我国仅用了30年便完成了西方需要上百年才能完成的人口再生产类型①。而总和生育率降到更替水平以下意味着一个家庭愿意将更多的精力和物质投入到提高孩子质量上，实现孩子质量对数量的替换，有利于提高人口素质。其次，它有效缓解了供需矛盾。在过去短缺的经济条件下，过多的人口数量会导致商品供应远远小于社会总需求，为平衡社会总供给与总需求之间的矛盾，只能减少消费，而减少消费最为直接的方式便是控制人口数量，计划生育有效地控制了人口的增长。再次，它提升了女性的家庭地位和社会地位，计划生育作为我国基本国策之后，女人不再是传统社会的"生育机器"，一个家庭孩子数量的减少给了女性更多时间与精力投入到自己的事务中，孩子质量的提高对女性自身素质有了更高的要求，这些都促进了女性家庭地位和社会地位的提升，有些家庭，女性已成为家庭经济收入主要来源。最后，计划生育带来的人口红利极大促进了我国经济的增长，中国人口红利期从1980年左右开始，当时的劳动年龄人口比重为59.80%。之后逐渐上升到2010年至2015年的人口红利高峰期，此时劳动年龄人口占总人口的比重为71.5%~71.9%②，促进了我国经济的快速发展。

但是，中国生育率下降，已经持续了30年时间。2000年，第五次人口普查资料说明，中国妇女总和生育率在此时已经下降到1.46，即使考虑漏报因素，此时生育率也至多在1.6左右，已经低于2.1的更替水平。中国进入低生育时代已经有20年历史。国内外学者的研究结论认为，较长时期的低生育水平会对我国社会带来严重的负面影响，集中体现在形成了诸如出生性别比失衡、人口结构加速老龄化、家庭养老压力增加、劳动力人口数量下降等一系列人口问题与社会问题上。

首先，长期低生育率会带来人口红利的丧失，甚至是人口"内爆"。由于生育率的持续走低，我国劳动年龄人口开始历史性下降。国家统计局公布的数据显示，2012年我国15~59岁劳动年龄人口在相当长时期里第一次出现了绝对下降，比上年减少345万人。从2010年至2020年，我国劳动年龄人口将减少2900多万人。而持续的低生育水平还会导致人口的"内爆效应"：在一个稳定人口中，如果育龄妇女的平均生育年龄为30岁，总和生育率为1.5时，人口总量下降一半需要65

① 人口再生产类型是与社会生产力发展不同阶段相适应的人口出生率、死亡率以及自然增长率三者不同模式的组合形式。

② 曾毅，顾宝昌，郭志刚．低生育水平下的中国人口与经济发展［M］．北京：北京大学出版社，2010：181.

年；而当总和生育率下降到1.3时，人口减半的时间则只需要45年①。

其次，长期低生育水平带来严重的人口结构性失衡。目前，我国年龄结构日趋老化，性别结构失衡的问题突出。截至2013年底，我国60岁及以上的老年人口数量超过2亿人，在总人口中所占比例已经达到15%。而在2000年刚刚进入老龄化阶段时，我国的老年人口数量仅有1.3亿人，在总人口中所占比例约为10%，与之相比，目前的老年人口在数量上增加了7000多万人，在比例上增加了50%②。随着经济社会的进一步发展，人类寿命的持续性延长，人口老龄化进程会持续加快。根据人口预测结果，由于第一次出生高峰的人口队列相继步入老年，未来20年我国的人口老龄化将会陡然提速。如果维持原来较为严格的生育政策不变，人口老龄化形势将会非常严峻，由此引发的老年抚养比上升以及养老问题将在历史上和各国中都是绝无仅有的。与此同时，劳动年龄人口则在这一进程中总量逐渐减少、结构不断老化。新增劳动力人口持续萎缩，高龄劳动力人口逐渐增多，成为我国劳动力市场的常态，给我国长期依赖劳动密集型产业的经济发展方式提出巨大挑战。除此之外，人口年龄结构发展的不均衡又与性别结构发展的不均衡相互交织。我国出生性别比偏高的问题在生育政策调控、生育水平下降的背景下更高程度、更大范围地表现出来，虽然近些年来略有下降，但是由于男孩偏好依旧广泛存在，鉴定技术尚未彻底规范，加之生育政策的激化效应，性别结构失衡的状况难有根本改观。这些困扰人口长期均衡发展的问题尽管不能归因为生育政策实施的结果，但却可以通过生育政策调整完善来加以缓解。

再次，长期低生育水平会导致家庭发展能力不足。生育水平下降、出生人口减少在微观层面的直接影响就是家庭规模的小型化，独生子女和独生子女家庭逐渐增多。一方面，自计划生育政策实施以来的三四十年间，我国的家庭户均规模从1975年的大约4.8人减少到2010年的大约3.1人。这一过程与经济社会的快速发展相伴随，共同推动家庭的关系更趋简单化、居住的安排更为独立化，家庭所承担的部分功能快速弱化，家庭发展因此受到限制。另一方面，独生子女家庭的风险较高。近些年来独生子女总量已经达到1.8亿人以上，数以亿计的独生子女家庭面临的子代伤亡风险和亲代养老风险都极为突出。当前，提升家庭发展能力是促进人口长期均衡发展的重要议题，通过调整完善生育政策，可以防止政策意义上的独生子

① 陈卫．中国的极低生育率［J］．人口研究，2008（3）：31-34.

② 翟振武，李龙．“单独二孩”与生育政策的继续调整完善［J］．国家行政学院学报，2014（5）：50-56.

女家庭继续累积，适当扩展家庭规模，有效化解家庭风险。除此之外，我国的生育转变并非完全是家庭自愿、自发生育的结果，而在很大程度上是家庭受到政策约束和响应政策号召的结果，尽管现在的家庭生育意愿已经发生明显改变，但是仍有相当数量的家庭希望政策放开生育二孩，原来较为严格的生育政策与他们的生育意愿不相适应，调整完善生育政策也是满足群众生育意愿的需要①。

最后，中国在生育政策调整的研究方面，特别是许多人口基础研究比较缺乏。在基础数据问题上，国家的重大政策研究需要政府部门的配合、合作，原始数据的获得要有制度保障，数据与数据之间的缺陷需要更开放的研究讨论。在研究方法问题上，研究人员要不断进行研究方法的创新，要在有限的科学技术条件下，不断提高有限信息条件下的科研水平，而不能将科研的无作为归为基础数据的缺失。

① 翟振武，李龙．“单独二孩”与生育政策的继续调整完善［J］．国家行政学院学报，2014（5）：50-56.

第二章　低生育率及其理论解释

近年来，关于低生育率的问题，在学界引起激烈的讨论，就中国是否进入低生育率陷阱的问题也引发不少争论，对于此类问题，不同的学者有不同的看法。生育率究竟在什么水平叫低？国际上通常将低于更替水平的生育率 TFR = 2.1 称为低生育率，而将低于 1.5 的生育率称为很低生育率，将低于 1.3 的生育率称为超低生育率。传统的生育率理论主要目的在于解释如何尽快降低过高的生育率。全世界越来越多发达国家进入低生育水平，甚至有的还极低。1997 年时就已经有 51 个国家和地区、44 %的全球人口处于低生育水平。这种状况在全球范围引起了极大关注。对于一个国家的生育水平，除了中国之外一般是没有多大争议的。学界的争议主要围绕着生育率为什么会降低，由此形成了诸多的人口理论。

第一节　低生育率的理论解释

关于低生育率的理论解释有很多，本书主要是从古典经济学家的人口思想、人口转变理论、邦戈茨低生育率模型、贝克尔的孩子的数量质量替代理论和低生育率陷阱理论这五种理论来解释低生育率现象，并总结这些理论在中国的实践运用情况，对目前中国持续的低生育率现象进行分析。

一、古典经济学家的人口思想

17 世纪到 19 世纪中叶，工业化发展初期，英国的“圈地运动”使大批农民从耕地上被驱逐出来，被迫进入工厂做工以求得生存。随着工业革命的开展，农村人口向城市集中，劳动力供应增加。而机器大工业逐渐取代传统的手工业，对劳动力的需求减少，使大量的工人面临失业、贫穷等问题，这需要当时的人们考虑人口与经济之间的互动关系，并尝试解决工业革命中人们面临的与经济福利有关的各类问题。

在上述背景下，古典经济学家们开始慢慢走进历史舞台。1776 年亚当 · 斯密的代表作《国民财富的性质和原因的研究》的出版，标志着古典经济学的创立。亚当·斯密在研究经济问题时提出了他的人口思想。他认为劳动是财富的源泉，财富的增加是人口增加的条件。生产的发展、资本的增加，对劳动需求也会增加，劳动者的工资就会上升，就会激励他们结婚、生育。反之，财富不增加，生产不发展，没有资本积累，对劳动者的需求就会减少，工资下降，结婚和生育就会受到抑制。

大卫·李嘉图生活于英国产业革命的高潮时期，这一时期的货币、粮食和人口问题更加突出，贫穷和失业现象更加严重，人口问题作为一种社会现象表现得越来越明显。由于李嘉图与亚当·斯密所处时代的不同，他们研究人口问题的出发点也不同。

李嘉图继承和发展了亚当·斯密的人口思想，他认为工资决定人口数量，但是他与亚当·斯密的不同之处在于，李嘉图从自然工资和市场工资的角度来说明工资与人口数量之间的关系。自然工资是由维持工人及其家庭生活所必需的生活资料费用决定的，是实际能够买到的生活必需品的数量。市场工资由资本增长率以及由此而引起的对劳动力需求的比例来决定的。李嘉图认为调节人口再生产规模的不是自然工资，而是市场工资。他认为资本的增长会引起劳动力需求的增加，市场工资高于自然工资，工人生活状况变好，对生育的需求增加，人口增长；资本减少会引起劳动力需求的减少，市场工资低于自然工资，工人生活贫困，对生育的需求下降，人口减少。

二、第一次和第二次人口转变理论

古典经济学家们在探讨人口经济关系中提出了不同的观点，在这一时期由于产业革命的扩散，欧洲国家社会经济发展迅速，社会生活方式以及工业生产方式的变化，人口也发生相应的转变。在此背景下，更多的人口学家和经济学家转向人口问题的研究。人口转变理论作为人口学最有影响力的理论之一，是以对欧洲国家在社会经济转变的同时发生的死亡率、生育率由高水平向低水平转变的经历的描述与概括开始的，它是在众多人口学家实证、讨论和不断完善的基础上形成的。最初以1909年兰德里对欧洲人口变化过程的描述为根据，经汤普森进行润色加工，随后由汤普森、兰德里、诺特斯坦等人在研究欧洲人口变动的历史过程中创立了人口转变理论。

对人口转变传统的理解，是指在工业革命及由此带来的工业化、城市化和现代化推动下，人口再生产类型从“高出生率—高死亡率—低增长率”，经历“高出生率—低死亡率—高增长率”的过渡，向“低出生率—低死亡率—低增长率”现代模式转换的历史过程，这一过程不仅表现出人口动态变化的阶段性特征，而且折射着人口转变与人类社会的经济、社会、文化变迁千丝万缕的内在联系。当总和生育率降低并稳定在更替水平时便意味着人口转变的结束，以上理论又称之为第一次人口转变理论。第一次人口转变理论认为现代社会生育率降低并稳定在更替水平便意味着人口转变的完成。

学界一般将诺特斯坦（Frank Notestein）在1945年的论文 *Population：The long view* 作为现代人口转变理论诞生的标志。在该论文中诺特斯坦对人口转变的动力机制作了详细的说明，并特别强调城市化和现代化发展对于死亡率和生育率下降的积极作用。1953年，诺特斯坦再次指出城市工业社会是人口转变的关键性因素，他认为传统家庭影响的弱化和个人主义的成长是人口转变的根本原因。

20世纪80年代后期，著名人口学家范德卡和莱萨赫提出了第二次人口转变理论，该理论得出的结论是西欧国家的人口制度正在发生变化，并且这些变化与家庭生活和孩子价值的转变有关。此次人口转变最主要的特征是生育率降到更替水平以下，但该特征出现的原因却与第一次人口转变截然不同。第二次人口转变是一次深刻的、全新的人口转变。这种转变不仅仅是表现在生育率上，更是表现在与家庭生活、养育孩子和性相关的价值和态度的变化上。

范德卡认为，如果除去生育率持续下降这一基本特征，与第一次人口转变相比，欧洲第二次人口转变是完全不同的人口和社会现象，表现为四个维度的重要转变：（1）从婚姻的黄金时期转向同居的破晓；（2）从孩子为王的时代转向以伴侣为中心的时代；（3）从预防性的避孕转向自我实现的避孕；（4）从单一家庭模式转向多元化的家庭模式①。

第一次和第二次人口转变在表现形式和内在驱动力上都有明显的差异。第一次人口转变理论认为生育率降低到更替水平，变化达到均衡，也就是人口转变达到零增长人口就会停止；但是20世纪70年代以来出现大量国家的生育率越过更替水平持续走低的现象，则是第二次人口转变的特征。从人口转变的内在驱动力来看，第一次人口转变出现的生育率下降是由于人们关心家庭利益和后代；而第二次人口转变却更为强调权益的实现和自我实现。工业化、城市化以及现世主义都是第一次人口转变的间接性决定因素。

---

① Van de Kaa. *Second demographic transition* [J]. Encyclopedia of population, 2003 (2): 872-875.

从人口学的意义上讲，第一次人口转变反映了马尔萨斯式的家庭模式的解体，人们的婚姻选择走出了对父母及传统家庭的完全依附。婚姻和家庭的相对稳定导致绝大多数欧洲人生活在以夫妇为主的核心家庭之中，人们的结婚率很高，初婚年龄有所提前，离婚率很低，而即使有离婚，再婚率也很高。第二次人口转变则明显不同。首先，初婚和初育年龄不断推迟。初婚年龄的推迟进一步导致初育年龄的推迟，从而导致有效生育时间的缩短和生育水平的降低，而不婚比例的上升则进一步加重了这一趋势。其次，离婚率上升。和第一次人口转变时期相比，人们的婚姻的稳定性明显降低，人们离婚以后再次选择结婚的比例大幅下降。最后，同居率上升，非婚生育日益普遍。在婚姻的吸引力逐渐下降的同时，同居作为一种替代性的家庭选择却得到了越来越多人的青睐。随着同居率的上升，非婚生育也成为一个不可忽视的社会现象。

在1970年以后，大多数欧洲国家都开始从工业社会向后工业社会转型，而第二次人口转变正是社会向后工业化转型的结果。在向后工业化社会转型的过程中，整个社会思潮也转向具有强烈的“后物质主义”和“后现代化”的特征。莱萨赫从五个维度来解释第二次人口转变的内在驱动力：一是福利制度的完善。经济发展特别是福利国家的建立使得个人生活水平不断提高，人们的需求层次普遍提升到马斯洛所谓的“自我实现”等较高层次后，“后物质主义”的生活方式开始流行。二是世俗化和个人主义价值观盛行。在世俗化的过程中，宗教在现实生活中的影响力不断下降，个体的自主性不断增强，追求自我实现的个人主义价值观念开始流行。三是女权革命。现代女权主义运动在进一步争取政治和经济领域性别平等权利的同时，开始转向要求社会生活各个领域的平等权利，这从根本上瓦解了传统家庭模式的性别关系基础。四是生育革命。这一时期，避孕普及率大幅提高，避孕也变得越来越有效，从此性与生殖开始分离。五是性革命。产生于20世纪初西方社会的性解放运动在60年代出现了第二次高峰，并遍及整个西方国家。人们对传统的性观念和性道德提出了前所未有的挑战，包括赋予女性性权利、承认同性恋和同性婚姻等。在这场轰轰烈烈社会大变革中最根本的是价值观的变化，它导致了个体社会行为的改变，婚姻和生育已不再是人们普遍追求的共同目标，这导致整个欧洲社会发生前所未有的结构性变化，如婚姻和家庭的非传统化和生育率的持续降低。

科尔曼从最初的批判第二次人口转变到“姑且认可”第二次人口转变，并在此基础上提出了第三次人口转变。第三次人口转变是基于当时欧洲和美国本民族持续的低生育率和外来民族的高迁移率，导致这些国家的人种结构发生改变而提出的。第三次人口转变与前两次人口转变最大的不同之处在于，其主要关注的是发生在发达国家的低生育率及高迁移水平，以及由此产生的对人种结构、社会生活和文化等方面的影响，但该理论并没有得到后来学者的广泛关注。

三、贝克尔的孩子需求理论

二战后，随着经济的复苏和发展，社会的稳定，西方发达国家人口死亡率的下降已趋于稳定，这时人口数量的变化主要取决于生育率，由于生育决策最终是在家庭内部做出的，因此，西方经济学界的一些学者开始热衷于有关生育率的家庭经济决策的分析研究，他们以家庭为考察对象，争相探讨家庭收入与家庭规模之间的内在联系及其相互影响，从而促成了具有“新家庭经济学”之称的当代西方微观人口经济学的产生。

其中最具代表性的人物之一就是美国芝加哥大学经济学教授加里·S. 贝克尔，他于 1960 年发表了《生育率的经济分析》一文，在此文中他首次运用了西方经济学的消费者行为理论和消费需求理论，来分析家庭的生育行为与生育决策，探讨家庭对孩子的需求问题，创立了“孩子的需求”理论。在 1987 年贝克尔引入了“孩子的质量”这一概念，并于 20 世纪下半叶在发表的一篇论文中建立了孩子的数量和质量选择的理论模型，并通过这一模型来分析和理解家庭生育决策。

贝克尔在莱宾斯坦的孩子效用成本理论基础上，提出了孩子“净成本”的概念，而且将孩子成本分为数量成本（包括直接成本和机会成本）和质量成本。净成本是用父母花费在孩子身上的货币现值和时间影子价格现值之和，减去孩子为家庭带来的货币收入和服务的现值。如果净成本为正值，这时孩子为耐用消费品，父母主要是从孩子身上取得心理满足或精神收益。如果净成本是负值，孩子就是耐用生产品，父母可以从孩子的身上获得物质收益。

孩子的数量成本和质量成本之间的关系决定了家庭对孩子数量、质量的需求。当孩子的数量成本上升时，家庭对孩子数量的需求减少，对孩子的质量需求增加；反之，则对孩子的数量需求上升，对孩子的质量需求减少。此外，孩子的数量、质量可以相互替代，随着家庭收入的提高，家庭将选择高质量的孩子，而放弃选择数量多、质量低的孩子。

四、邦戈茨低生育率理论

20 世纪八九十年代，西方学者们经过大量实证研究发现了一条规律，即一些发达国家和地区人们的生育意愿和生育行为基本保持一致，而在 21 世纪以后，越来越多的发达国家和地区进入极低生育率阶段，这些国家和地区人们的意愿生育数一般在两个左右，而实际生育率却远低于替代水平，生育意愿与实际生育行为背离。美国人口学家邦戈茨首先分析了生育行为同生育意愿相背离的现象，他为研究解释这一低生育率现象，提出了一种新的理论模型。

在该模型中，邦戈茨不再以自然生殖力作为参照，而是用意愿生育人数来估算总和生育率，总结出了实际生育水平与意愿生育水平存在差异的六个解释因素，具体包括三个促使实际生育水平高于生育意愿的因素，分别为非意愿生育、替代孩子死亡的生育以及性别偏好；以及三个促使实际生育水平低于生育意愿的因素，分别为生育孩子年龄的推后、非自愿不孕不育和竞争性因素。

邦戈茨以公式方式将这个模型表达如下：

$$\mathrm{TFR} = F_u \times F_r \times F_g \times F_t \times F_i \times F_c \times IP$$

TFR 为总和生育率	F_u为非意愿生育	F_r为替补效应
F_g为性别偏好	F_t为进度效应	F_i为不孕效应
F_c为竞争效应	IP 为意愿生育数	

这个模型是个乘积式模型，其中各影响因素对 TFR 提高或降低的作用分别以大于 1 或小于 1 的效应乘数值（F）来表示。前三项因子往往会导致实际生育水平提高，包括非意愿生育、性别偏好、因以前所生子女伤残死亡的替补生育。而后三项因子却往往会压抑实际生育水平，包括推迟生育的时期进度效应、原发性和继发性不孕的影响以及为追求其他人生目标而放弃原定生育的竞争效应。这个新模型是专门为研究低生育水平设计的，所以它的视角与原来经典模型有很大差别：其一是参照点由自然生育力转变为生育意愿；其二是模型的影响因素不再只是抑制性的，也包括了提升性的。当抑制性因素的总影响大于提升性总影响时，就会产生实际生育率低于生育意愿的结果①。

五、低生育率陷阱理论

Lutz 和 Skirbekk 在 2005 年发表的 *Policies Addressing the Tempo Effect in Low-fertility Countries* 论文中首次提出“低生育率陷阱”概念，该概念认为当总和生育率下降到 1.5，低生育率就会产生“自我强化机制”，这种机制会使生育率进一步降低并且难以回升，由此进入低生育率陷阱②。2006 年，Lutz 等将“低生育

① 郭志刚．中国的低生育水平及其影响因素［J］．人口研究，2008，32（4）：1-12.

② Lutz，Skirbekk. *Policies Addressing the Tempo Effect in Low-fertility Countries*［J］. Population and Development Review，2005（31）：699-720.

率陷阱”提升到理论高度，并深入论证了“低生育率陷阱”的三种自我强化机制。

这三种低生育率的自我强化机制由人口学机制、社会学机制和经济学机制三部分组成。其中，人口学机制是从宏观上解释人口萎缩，后两个机制是从微观行为机制上解释为什么不多要孩子。人口学机制认为，低生育率导致出生人数减少，未来育龄妇女的数量也会较少，出生率就会下降，而出生率下降又会减少育龄妇女的人数，从而生育率也下降，这就形成一种出生人数不断下降的恶性循环。社会学机制的建立基于个人理想家庭规模，该机制认为实际生育率下降会引起理想家庭规模的下降，年轻一代的家庭孩子数比较少，受父辈生育孩子数少的影响，他们的理想孩子数也会减少，从而影响实际生育行为，这是通过社会化和代际之间的社会学习来实现的。而经济学机制是建立在伊斯特林的相对收入假设基础上，该假设认为渴望收入与预期收入影响了家庭夫妻的生育决策，如果预期收入高于渴望收入就说明夫妻经济条件好，他们结婚生育就会轻松，反之，结婚生育就会受到一定限制。一方面，生育数量的下降，人口老龄化速度加快，从而导致生育率下降，经济增长速度放缓，并且老年人口增多需要社会提供更多保障，年轻人的预期社会保障收益就会减少，其预期收入也会降低；另一方面，现代社会年轻人的物质消费要求和欲望较高，这两者之间差距的扩大使得年轻人认为未来自身经济状况具有较大的不稳定性，因此减少生育数量，推迟生育年龄，从而降低了生育率。Lutz 等认为，渴望收入与预期收入差距扩大不仅会影响生育数量，而且导致生育年龄的推迟，由此通过进度效应降低时期总和生育率。

低生育率陷阱理论一经提出就吸引了不少学者们的关注，引起了人口学界的激烈争论。这一理论不仅被人们广泛引用，而且成为一些低生育率国家政策干预生育的理论依据。但是，低生育率陷阱是否真的存在？仍然是一个存在诸多争议的命题。就连 Lutz 等在提出这一概念的时候似乎也信心不足，他们自问：“把这种不可逆转或很难逆转的机制称为‘陷阱’合适吗？”①。在很多学者看来，不仅低生育率陷阱的关键值（即总和生育率等于 1.5）的认定存在很大的主观随意性，而且构成低生育率自我强化机制的三个要素也是值得商榷的。

① Lutz，Skirbekk. *Policies Addressing the Tempo Effect in Low-fertility Countries* [J]. Population and Development Review，2005（31）：699-720.

第二节 低生育率理论在中国的实证检验

前面介绍了五种解释生育率降低的理论，如何将这些理论运用到实践中来解决现实问题是我们面临的重要挑战，下面将总结国内的一些学者对这些理论的运用。

关于古典经济学派的人口思想，国内学者运用得很少，对于亚当·斯密和李嘉图的人口思想一般只限于论述，学者们更多的是运用马尔萨斯的人口原理分析中国的人口问题。在此仅找的两篇论文都是从反面评论亚当·斯密和李嘉图人口思想来提出作者的观点。在《从古典人口学模式到家庭经济学》一文中，郭申阳将亚当·斯密、李嘉图和马尔萨斯关于工人工资水平变化与劳动力供求关系的研究，称为“古典人口学模式”，并进一步指出了古典人口学模式的三点局限：一是20世纪至今的人口转变显示，生育率和工资水平变动是成反比的。二是随着工资收入的提高，人们的生活水平也相应提高，生活水平的提高必将导致抚养子女成本的上升，由此导致生育率降低。三是古典人口学家在考察人口投资时，仅仅局限于货币价值，忽视了人口投资除了直接的经济支出外还有时间上的投资，忽视了间接成本的发生①。

另外一篇是实证分析的文章，郭敏、强志杰指出从亚当·斯密和大卫·李嘉图开始，经济学家就认为人口增长与经济发展之间存在一定的关系，但对于人口发展同经济发展之间的作用机制，在两者间的变动方向和程度等问题上有不同的看法。他们通过建立VAR模型以及运用Johansen协整检验等实证方法来探讨我国人口增长与经济发展在改革开放30年中的相互关系与作用，并在此基础上提出了一些实现人口与经济协调发展的政策建议②。

人口转变理论应用广泛，一直以来该理论都被国内许多学者运用于分析中国的人口问题。李建民在一篇以《中国的人口转变完成了吗》为题的论文中，开门见山地提出这一问题，通过同一时间维度上中西方人口指标水平的比较分析来判断中国是否完成了人口转变。最后得出结论是：20世纪末我国人口转变过程已经结束，我国后人口转变时期的特征正在形成，在步入21世纪的同时，我国也将进入后人

① 郭申阳．从古典人口学模式到家庭经济学——西方“家庭人口投资”理论述评［J］．人口与经济，1987（4）：54-59.

② 郭敏，强志杰．基于VAR模型的我国人口增长与经济发展关系的实证研究［J］．统计与咨询，2011（5）：20-21.

口转变时期。① 李建民又于2000年7月发表题为《后人口转变论》的论文，他在文中将人口发展分为三个时代，其中后人口转变时代又有两个发展阶段。我国人口转变在20世纪末已经完成，现在已进入了后人口转变时代的第一个发展阶段即准均衡发展阶段②。于学军指出中国人口在经过了20世纪50年代和60年代无计划的高速增长、70年代生育水平的大幅下降、80年代的徘徊波动，终于在世纪之交实现了阶段性的突破，完成了传统意义上的人口转变历程，进入了低生育的“后人口转变”时期③。

对于后人口转变论，学术界也有不同的声音。叶明德在《中国进入后人口转变时期》的论文中，对李建民、于学军等提出的中国进入后人口转变时期这一结论表示质疑，他认为中国已同西方发达国家一样进入“后人口转变时期”的论断经不起推敲，过早宣布中国已进入后人口转变时期有可能产生误导。李建新对此前李建民的《后人口转变论》一文进行了较详细的解剖和评论，文章最后指出李建民的“后人口转变论”没有形成对传统人口转变论的突破和超越，“后人口转变论”并没有被实质性地建构起来，还仅仅是一个比较“前卫”的概念而已④。

从对欧洲的第二次人口转变理论的研究中，国内学者得到了一些对中国人口问题的启示。蒋耒文通过分析总结“第二次人口转变”理论的观点，认为在我国一些地区已经形成了第二次人口转变的条件，其转变的形势和速度可能超出预想，在强调稳定低生育问题的同时，中国第二次人口转变已经悄然兴起⑤。吴帆和林川在《欧洲第二次人口转变理论及其对中国的启示》一文中，写到第二次人口转变理论对于研究中国低生育率时代的人口变化及其社会变迁具有很好的借鉴价值。他认为中国具备了第二次人口转变的一些特点，也正在走向第二次人口转变⑥。

人口转变理论源于西方，结合中国的实际情况形成了中国特色的人口转变理论，其中有马力、桂江丰撰写的《中国特色人口转变》一文，此文章通过论述西方人口转变理论，总结了中国人口转变的发展历程，以及中西方人口转变的对比，

---

① 李建民．中国的人口转变完成了吗［J］．南方人口，2000（2）：4-9.

② 李建民．后人口转变论［J］．人口研究，2000，24（4）：9-13.

③ 于学军．中国进入“后人口转变”时期［J］．中国人口科学，2000（2）：8-15.

④ 李建新．“后人口转变论”质疑——兼与于学军、李建民博士商榷［J］．人口研究，2000，24（6）：1-7.

⑤ 蒋耒文．“欧洲第二次人口转变”理论及其思考［J］．人口研究，2002（3）：45-49.

⑥ 吴帆，林川．欧洲第二次人口转变理论及其对中国的启示［J］．南开学报（哲学社会科学版），2013（6）：8.

提出了对中国人口转变的未来展望。理论的发展源于学者们不断的创新，刘爽提出人口转变是一个多维的动态历史过程，是一系列特定人口转变的集合。作者认为人口转变包括外在的转变和内在的转变，他呼吁学者尝试从内在转变的角度来理解中国的人口转变是否已经完成。①

人口转变理论也可用于具体人口问题的研究如低生育率，邬沧萍、穆光宗两位从低生育研究的角度对人口转变理论进行补充和发展，文章指出中国已经进入低生育率国家行列，中国低生育的实现并没有完成人口转变，反而带来了新的人口问题②。叶明德从人口转变角度审视和分析当前中国人口发展的形势，提出中国的人口转变存在低生育稳定期，还分析了这一时期中国人口发展战略目标的转换及相应的对策③。

关于贝克尔的孩子的需求的理论在国内的运用，主要在于家庭生育行为的经济学分析。罗淳指出该理论对于认识和解决当时中国的人口经济问题有一定的理论参考价值。黄乾认为孩子质量数量替代是实现持续低生育率的必要条件，当时中国难以形成孩子的质量数量替代。吕红平在《论子女成本——效用理论在中国的应用》一文中，提出该理论在中国的形变及其局限，提出了该理论在中国人口控制中的作用并对其在中国计划生育实践中运用的可行性进行了详细论证④。黄步云在《家庭生育选择行为的经济学分析》一文中指出，家庭生育孩子是由孩子报酬（包括非货币报酬与货币报酬）和成本差额决定的，家庭生育孩子遵循一系列经济选择过程。家庭选择孩子数量与质量，其生育决策决定人口增长。他认为现代社会可以通过对生育选择行为的各个变量施加影响，引导家庭的生育决策朝着理性的方向发展⑤。

关于邦戈茨的低生育率理论在中国的运用有两个典型例子，杨成钢、张笑秋利用易于获取资料的、简化的邦戈茨中间变量生育率模型，分析不同时期生育控制和婚姻结构对生育水平的影响⑥。另外，李建新、彭云亮运用该理论模型，对已基本

---

① 刘爽．对中国人口转变的再思考［J］．人口研究，2010，34（1）：86-94.

② 邬沧萍，穆光宗．低生育研究——人口转变论的补充和发展［J］．中国社会科学，1995（1）：83-98.

③ 叶明德．低生育稳定期：中国特色的人口转变阶段［J］．人口与发展，2008（6）：47-52.

④ 吕红平．论子女成本——效用理论在中国的应用［J］．人口与经济，1998（2）：15.

⑤ 黄步云．家庭生育选择行为的经济学分析［J］．西北人口，2005（1）：61-64.

⑥ 杨成钢，张笑秋．中国婚姻结构与生育控制对生育水平的影响分析——基于简化的邦戈茨中间变量生育率模型［J］．人口学刊，2011（2）：14-20.

完成生育周期且可生育二孩妇女的实际生育水平的影响因素进行了分析，研究发现，初育年龄推迟、教育水平提高、工作压力等都对妇女的实际生育水平产生了显著的抑制作用①。

低生育率陷阱理论在我国的讨论和运用很多，特别是最近几年，关于中国是否陷入低生育率陷阱在学界引起激烈争论。低生育率导致日本经济的衰落并且形成一种恶性循环，日本是中国人口危机的镜子，中国与危机前的日本有太多的相似之处，而且比相同时期的日本更严重。我国从 1990 年代进入低生育率国家行列。从 2000 年、2005 年和 2010 年普查的数据来看，中国的低生育水平已经是“超低型”，育龄妇女的总和生育率总体上低于 1.3，已经掉入“超低生育陷阱”。董延芳、刘传江根据中国的低生育率问题，写了题为《低生育率时代的中国生育政策调整——基于对低生育率社会经济负效应的分析》一文，他们认为我国在 20 世纪 90 年代已经进入低生育水平时代，近十年来不少地区甚至出现了超低生育率现象，传统的以控制人口数量为目的的生育政策产生了很多负面效应，他们提出有计划、有步骤地放宽生育政策应成为当前生育政策调整的方向②。

石人炳对低生育率陷阱理论提出了质疑，指出低生育率陷阱自我强化机制的理论存在缺陷，他认为低生育率陷阱究竟是事实还是神话，还需要进一步的理论证明和实践检验③。苏岭、姚永泳在《南方周末》中发表一篇文章《中国陷入超低生育率陷阱》，文章题目就明确表达了作者的观点，根据学者们的预测，全球正陷于低生育率的恐惧中，指出中国也是站在人口陷阱的边缘④。随后靳永爱在其《低生育率陷阱：理论、事实与启示》一文中，指出“低生育率陷阱”说法可能只是对短期内生育率变动现象的总结，还不能归纳为规律。中国目前的生育水平在临界值 1.5 以上，意愿生育水平仍然较高，中国尚未陷入低生育率陷阱，伴随着生育政策的调整以及未来进度效应的减弱，生育率在未来一段时期内会出现回升而不是下降，断言中国已进入“低生育率陷阱”或面临“低生育率陷阱”的严重风险还为时过早⑤。

① 李建新，彭云亮．我国实际低生育水平的影响因素分析——邦戈茨低生育率模型应用［J］．人口与经济，2012（4）：13-20.

② 董延芳，刘传江．低生育率时代的中国生育政策调整——基于对低生育率社会经济负效应的分析［J］．中国地质大学学报：社会科学版，2009，9（6）：14-19.

③ 石人炳．低生育率陷阱、是事实还是神话？［J］．人口研究，2010（3）：107-112.

④ 苏岭，姚永泳．中国陷入超低生育率陷阱［J］．南方周末，2011-05-19（25）.

⑤ 靳永爱．低生育率陷阱：理论、事实与启示［J］．人口研究，2014，38（1）：3-17.

第三节　“低生育陷阱”：两种不同的声音

从20世纪70年代起，欧洲许多国家生育率持续下降，有些国家的总和生育率甚至降到1.3以下，这种超低生育率的现象引起了西方人口学界以及大众的关注。那时中国的总和生育率还高达5.8，但从1970年代末中国开始实行计划生育起，到1990年代初期，我国生育水平就已经下降到更替水平以下。自此，发达国家长期处于低生育水平的现实和国外学者对低生育率的研究结论便引起了国内学者对我国低生育率现状的担忧。由此“低生育率陷阱”的概念和理论一出，就在学界形成了热议，也带来众多的质疑声音。

一、对“低生育率陷阱”理论的支持

一种声音是以提出“低生育率陷阱”理论的奥地利学者Lutz和Skirbekk为代表的。他们认为一旦总和生育率降低到1.5以下，低生育率就存在“自我强化机制”，这种机制会使生育率进一步降低，从而使得提高生育率变得更加艰难甚至不可能①。Lutz等进一步论证了该理论的三个“自我强化机制”，并于2007年再次提出佐证该理论的实证依据②。

人口学机制是基于“人口负增长惯性”，它是过去低生育率的结果。低生育率会使未来进入生育年龄的妇女减少，从而使生育的绝对数量减少，出生数量下降。该过程会变成一个出生人数不断下降的恶性循环过程。

社会学机制的核心概念是“个人理想家庭规模”，它被看做决定实际的队列生育率的因素之一。年轻一代的理想家庭规模除了受社会规范和社会期待的影响外，还会受其所经历的家庭环境的影响。年轻一代经历的家庭环境中孩子数越少，他们理想生活中的孩子数量就越少。即在理想家庭规模的社会化过程中，一旦孩子数量经历一个下降阶段，人们理想家庭规模也会缩小，从而导致其实际家庭规模缩小，进而导致其下一代理想家庭规模也缩小，如此持续影响下去，其结果也是生育率持续降低。

经济学机制表述为个人期待消费与预期收入的差距会导致少生，该观点源于

---

① Lutz, Skirbekk. *Policies Addressing the Tempo Effect in Low-fertility Countries* [J]. Population and Development Review, 2005 (31): 699-720.

② Lutz. *The Future of Human Reproduction: Will Birth Rates Recover or Continue to Fall* [J]. Ageing Horizons, 2007 (7): 15-21.

Easterlin 的“相对收入假说”第一部分。一方面，低生育率的持续和人口老龄化加剧，导致社会保障体系发生变化，再分配倾向年老一代，经济增长放缓，未来投资下降，悲观的经济前景导致年轻一代的预期收入降低；另一方面，生育率持续降低，每个家庭的孩子数量变少，即当今的年轻一代在兄弟姐妹少的情况下，个人期待消费越来越高。当个人预期收入和期待消费的差距越来越大时，年轻一代因个人经济状况不稳定而推迟生育或减少生育，扩大对生育率降低的影响，导致人口数量持续降低，如此相互影响，往复循环。

中国也有学者支持“低生育率陷阱”观点，认为中国已经掉入“低生育率陷阱”或要警惕未来掉入“低生育率陷阱”。如果中国一旦掉入“低生育率陷阱”，将会面临一系列人口问题，并将需要耗费巨大的资源促进生育水平回升①。从中国单独二孩政策的实施效果来看，诱发的生育率回升远未触及 10%的反弹标准，且这还是数十年政策积累效应的集中释放。这意味着即便中国目前还没掉入“低生育率陷阱”，也绝不能认为就此可以高枕无忧；从政策执行的实际效果来看，掉入低生育率陷阱才是大概率事件，而非防范生育水平“大幅度反弹”②。

二、对“低生育率陷阱”理论的质疑

虽然自 Lutz 等提出“低生育率陷阱”理论以后，很多报道和学术论文等都引用“低生育率陷阱”这个概念来描述一国总和生育率在 1.5 以下的现象，但仍有很多学者对该理论的科学性提出质疑。

首先关于低生育率陷阱关键值 1.5 的认定，存在很大主观随意性③。事实上，Lutz 提出的 1.5 标准来自 McDonald 对低生育率国家的划分。McDonald 认为，将一个国家的生育率水平从 1.3 或 1.4 提升到 1.6 比一直维持在 1.6 的水平更加困难，所以保持生育水平在 1.5 以上十分关键。于是，Lutz 将 1.5 作为低生育率陷阱的临界值。所以有关这个 1.5 是否准确，以及是否真的存在这样的临界值还有待进一步证明。

其次，关于“低生育率陷阱”理论的三个自我强化机制的作用，也值得商榷。针对人口学机制，根据人口的周期性和人口惯性规律，一个小的出生队列其子代规

① 沈可，王丰，蔡泳．国际人口政策转向对中国的启示［J］．国际经济评论，2012（1）：112-122.

② 陈友华，苗国．低生育率陷阱：概念、OECD 和“金砖四国”经验与相关问题探讨［J］．人口与发展，2015（12）：7-18.

③ 石人炳．低生育率陷阱：是事实还是神话？［J］．人口研究，2010（3）：107-112.

模也可能小，但这仅就出生队列规模而言，总和生育率水平的高低并不会受此影响，也就是说，出生人数的下降和总人口的减少并不能等同于生育水平的下降①。针对社会学机制，如果父代理想家庭规模会影响子代理想家庭规模这一假说成立的话，它更适宜解释生育率维持现有水平的情况，而不适合解释生育率越来越低的情况②。针对经济学机制，一方面，它来源于 Easterlin 的“相对收入假说”第一部分，Lutz 在借用该假说时没有提到该假设第二部分涉及的较小队列进入劳动力市场会改善就业，提高收入，从而有利于生育率提高的内容；另一方面，很多学者认为生育推迟是造成许多国家生育率低的主要原因，随着生育推迟的逐渐停止，各国非常低的生育率都会在一定程度上升高。

再次，从数据上看，多数低生育率或极低生育率的国家，生育率自 2000 年以来出现稳步回升现象。全世界 1.3 及以下的极低生育率国家或地区从 2003 年的 29 个下降到 2013 年的 12 个。欧洲地区大范围出现生育率回升现象，多数国家生育率上升到 1.4 以上水平。包括东欧、中欧和南欧这些生育水平极低的地区，2000 年以后也走出了极低生育率困境。如：乌克兰从 2001 年的 1.09 上升到了 2012 年的 1.5；俄罗斯从 1999 年的 1.16 回升到 2012 年的 1.6；斯洛文尼亚、希腊从 1.2 左右回升到了 1.5；意大利、西班牙、捷克和斯洛伐克回升的幅度相对较小，从 1.2 左右上升到了 1.4 左右的水平等。靳永爱列举这些数据，表明欧洲与东亚部分国家的生育率出现回升迹象，对“低生育率陷阱”一旦进入难以摆脱的观点提出质疑③。

从以上两方的争论看，本书认为完全否定或者过分迷信“低生育率陷阱”理论而陷入恐慌是没有必要的，完全否定“低生育率陷阱”的存在也是过于武断和草率，而至于该理论科学与否，还有待更多理论证明和实践检验。

第四节 超低生育水平下的生育率回升

虽然生育率确切大小之争持续不断，但关于我国生育率已经很低这一点学者们基本达成共识。我们无法用我国总和生育率在 1.5 以下来判断中国已经进入“低生育率陷阱”，但该理论引人深思的是，低生育率是否真的会无法回升或太过艰

① 周爽，黄匡时．中国铁定会掉入低生育率陷阱吗［J］．人口与计划生育，2015（5）：15-16.

② 石人炳．低生育率陷阱：是事实还是神话？［J］．人口研究，2010（3）：107-112.

③ 靳永爱．低生育率陷阱：理论、事实与启示［J］．人口研究，2014，38（1）：3-17.

难。这导致的另一个争议的焦点在于，我国人口老龄化和少子化形势日趋严重，二孩生育政策实施后生育水平能否及时回升以缓解这些问题。

Lutz 在论证“低生育率陷阱”理论时，提出只有有效的生育政策和进度效应的减弱两个因素能引起时期生育率的回升，而且他认为，政策发生的作用时间太过漫长或对很多国家无效，进度效应的减弱只能小幅度提高总和生育率，并不能否认自我强化机制能使生育水平不断降低。关于他提出的有效的生育政策和进度效应的减弱两个因素是否能提升生育率，很多学者也有探讨。

一、进度效应减弱的影响

针对 Lutz 所提出的进度效应减弱的生育影响效应，学术界已有较多的实践检验和探讨。Bongaarts 与 Feeney 研究认为，生育率包含数量和进度两个部分，即当生育率数量不变，而当生育进度发生变化时，总和生育率就会上升或下降。通过进度效应对总和生育率影响的调整，可以将原本体现在总和生育率中的提前或推迟的数量进行还原，从而获得更接近终身生育水平的时期生育指标。值得一提的是，郭志刚认为我国极低的生育水平在很大程度上反映的是生育的进度效应，并根据 Bongaarts 与 Feeney 提出的 TFR’（去进度效应总和生育率）计算出我国 90 年代后期的 TFR’指标为 1.7（调查得到的总和生育率为 1.3~1.4），可以用 TFR’取代总和生育率原来所承担的终身生育估计的功能①。虽然大多数学者支持生育进度效应的减弱是当前生育率回升的主要原因这一结论，但 TFR’的计算存在缺陷。陈卫、高爽通过 TFR’（去进度效应总和生育率）和 ITFR（内在总和生育率）对进度效应估计的比较得出，在生育年龄大幅度推迟或是提前的情况下，TFR’的进度效应估计往往过高或过低，这是它无法避免的缺陷②。郝娟、邱长溶利用中国 2000 年以来的城乡总和生育率等相关数据对 TFR’进行细致检验，发现 TFR’对平均生育年龄变化敏感性高，很容易产生较大误差。当计算存在的误差无法估计时，TFR’所体现的生育率上升情况是小幅度还是大幅度也就无法下定论③。另外，即使能够得到准确的 TFR’数值，它所代表的也仅

① 郭志刚．从近年来的时期生育行为看终身生育水平——中国生育数据的去进度效应总和生育率的研究［J］．人口研究，2000（1）：7-18.

② 陈卫，高爽．中国生育率转变中的数量和进度效应［J］．人口研究，2013（3）：11-28.

③ 郝娟，邱长溶．对去进度效应总和生育率的检验与讨论［J］．人口研究，2012（3）：81-88.

是生育率上升了，更接近真实的终身生育水平，而要提高生育水平还是要从有效的生育政策、改善经济状况等方面着手。

二、有效生育政策的影响

随着生育率的下降，各国政府纷纷转而推行鼓励生育政策。2009 年，过半数生育率低于更替水平的国家已采取鼓励生育政策，包括发放生育津贴、减免税收、延长带薪产假、实行弹性工作制度等多种措施。在生育率低于更替水平的国家中，仅有伊朗、突尼斯和哥斯达黎加仍致力于降低生育率。当生育率低至 1. 8 以下时，2/3 的国家均已出台鼓励生育措施。当生育率低至 1. 6 以下时，鼓励生育的国家占比上升至 83%①。

虽然前文提到多数低生育率或极低生育率的国家，在实施激励性生育政策以后，生育率在 2000 年以来出现稳步回升现象。但从很多东亚国家的现状来看，在政府积极采取鼓励生育政策后，生育率并没有出现回升，目前均已位居生育率最低的国家或地区之列。2010 年，日本总和生育率为 1. 39，韩国为 1. 22，新加坡为 1. 1，中国台湾地区仅为 0. 9。

随着生育率的持续降低，这些国家和地区的政府才真正接受超低生育率的现实，并深刻意识到低生育率对社会和国民福祉的危害，如老龄化加速、劳动年龄人口缩减和性别比攀升等，政府开始出台一些旨在鼓励人们生育的新人口政策。作为率先完成人口转变的东亚国家，日本较早实施了鼓励生育的公共政策，如 1972 年日本推行育儿补贴，旨在减轻多子女家庭的负担，到 2006 年时子女三岁前可领取的育儿津贴每月由 5000 日元调至 10000 日元；并且从 1991 年开始兴建大批育儿中心，推行带薪育儿假。

新加坡为了应对失业与住房两大难题，从 20 世纪 60 年代起实行家庭计划，提倡“两个就够了”。1968 年，推行合法堕胎法令，并通过各种激励手段鼓励低教育水平的人进行节育手术。新加坡生育率从 1960 年的 5. 45 急剧下降，1975 年低于更替水平，1984 年只有 1. 62。1984 年，新加坡提出新的人口政策，鼓励接受高等教育的夫妇生育三个或以上孩子，但生育率却未升反降。1986 年解散家庭计划组织，1987 年开始大幅度调整政策鼓励生育，比如对三个及以上孩子的家庭实施减税，对生育第二胎及第三胎的家庭进行补贴。但生育率仅仅从 1987 年的 1. 62 提升

① 沈可，王丰，蔡泳．国际人口政策转向对中国的启示［J］. 国际经济评论，2012（1）：112-122.

表 2-1　　**东亚地区鼓励生育政策措施**

	生育、抚育的直接经济补贴		改善抚育条件和育儿设施	
日本	1990	大幅度提高育儿津贴	1991	针对全职人员推行不带薪育儿假
	1999	延长育儿津贴的领取年限	1994	呼吁成立更多育儿中心，推行部分带薪的育儿假
	2006	进一步延长育儿津贴的领取年限	1999	呼吁成立更多政府补贴的育儿中心、提供放学后托管服务等
	2006	子女三岁前可领取的育儿津贴每月从五千日元上调至一万日元	2001	育儿假期间薪酬从原薪酬的 25% 上涨至 40%，部分兼职人员也可享受育儿假
韩国	2006	对多子女家庭实行减税政策		推行育儿假，并且允许在育儿期间缩短工作时长
	2006	降低多子女家庭参加医疗保险的费用		根据家庭收入的不同，对四岁以下儿童的日托服务和学前教育予以不同程度的补助
	2006	减免试管婴儿的费用		增设公立育儿设施以及单位附属的育儿设施
新加坡	1987	对三个及以上孩子的家庭实施减税		对儿童的日托服务进行补贴
	2000	对生育第二胎及第三胎的家庭进行补贴		将带薪产假从 8 周延长至 12 周
	2004	对生育第一胎至第四胎的家庭均进行补贴		加大对儿童接受日托服务的补贴
台湾地区	2008	放宽零利率购房和租房补贴申请门槛，前者针对购房的新婚青年家庭或因生育子女换屋者，后者针对租房的新婚青年家庭或育有子女的青年家庭		将第三胎及以上未满两岁幼儿交由社区保姆系统托管的父母，可申请每月三千元新台币的补助

注：资料信息来于沈可、王丰、蔡泳：《国际人口政策转向对中国的启示》，《国际经济评论》，2012 年第 1 期。

到1988年的1.96（只出现了一年的补偿性生育小高峰），1989年再跌回1.75，到1996年之前一直稳定在1.7，1997年之后再次下降，2002年之后只有1.2左右。自2004年开始新加坡对生育第一胎至第四胎的家庭均进行补贴，以提振国民生育热情。

韩国在1962年开始提倡一对夫妇生育两个孩子，随着经济的发展，生育率从5.5左右不断下降，1983年开始低于更替水平，1995年降到1.65。韩国政府于1996年取消控制人口出生政策，转而实行“新人口政策”。但并没出现补偿性出生高峰，生育率仍然继续下降，2005年降低到1.08的极度危险水平。2004年，韩国政府正式推出了鼓励生育的政策，2005年出台了“低生育率和人口老化基本法”，2006年开始降低多子女家庭的税收比重和参加医疗保险的费用。实施鼓励性生育政策之后，2010年的生育率仍只有1.22。对比与中国历史文化相似的新加坡、日本、韩国与中国台湾地区，这些国家在经过长时间的控制人口政策后，都选择了鼓励生育政策，效果都不尽如人意①。中国的情况会比这些地区乐观，但中国如果陷入“低生育率陷阱”，政府将需要耗费更多的财力燃起国民对生育的热情，而且结局很可能仍是事倍功半。

我国自2013年起开始实施“单独二孩”政策，因为时间不久，无法明确判断其对生育率回升的效果。就目前已有的少数研究来看，薛君、石人炳根据湖北省卫计委提供的数据，分析了湖北省“单独二孩”政策调整1年来的二孩生育行为，发现“单独二孩”政策调整下新增的二孩生育总量只有6052人，仅占湖北省2014年总出生量的3.30%，加之，单独夫妇想生育第二个孩子的比例并不高，双独夫妇二孩递进比也不高，表明“单独二孩”政策遇冷②。此外，张勇、尹秀芳、徐玮基于湖北省4661个符合“单独二孩”政策目标人群生育意愿的调查数据的研究也表明超过60%的城镇家庭不愿生育二孩，而且当前导致城镇家庭低生育意愿的主要因素是非政策因素③。基于这些，我们还不能断定“单独二孩”是否为Lutz所言的有效的生育政策，但二孩生育政策的逐步实施很像是一场政策限制下生育行为选择的自然实验，对人们生育意愿的调查和对非政策影响因素的研究确实有助于我们深入认识真实的生育水平。

---

① 汤梦君．中国生育政策的选择：基于东亚、东南亚地区的经验［J］．人口研究，2013（6）：77-90.

② 薛君，石人炳．湖北省“单独两孩”政策下的生育行为分析［J］．中国人口科学，2015（4）：14-22.

③ 张勇，尹秀芳，徐玮．符合“单独二孩”政策城镇居民的生育意愿调查［J］．中南财经政法大学学报，2014（5）：14-19.

第三章　研究设计与样本特征

我国的计划生育政策自实施以来就是引发争议和关注最多的政策。从20世纪六七十年代的“晚、稀、少”广义计划生育政策，到七八十年代的独生子女政策转型，到近几年二胎政策的逐步放开直至全面放开的趋势来看，笔者认为关于生育政策的调整，有两个最重要的问题一直困扰着我们：第一，如何获取更精准的人口数据？第二，如何更准确地进行生育行为预测？正是这两个看似最基础性的问题无法获得统一的答案，从而导致了人口学界以及相关人口行政工作部门对我国许多人口问题的严重程度无法统一意见。因此，严谨的调查设计和准确的大样本数据就成为低生育率问题研究的关键。

第一节　研究设计

为更全面地掌握“二孩”政策逐步放开过程中低生育地区城乡居民的生育意愿与生育行为，本研究分两个层次、四个步骤展开数据收集和调研。两个层次是湖北省全省层面的抽样和宜昌市全市层面的抽样；区域选定后分四个步骤完成数据收集工作，第一步是基于湖北省人口全员数据库，从湖北省17个地市州随机抽取40万个家庭样本；第二步以抽取的40万样本为基础，从中抽取近1.2万个样本作进一步的生育意愿访谈；第三步基于人口全员库数据，从宜昌市400多万人口中随机抽取15~60岁女性样本40万个；第四步在第三步的基础上抽取1000个样本进行深度访谈。

本研究之所以选择湖北省作为调查对象，一是充分考虑了湖北省“九省通衢”的地域特征。湖北省在生育文化上兼容了南北文化的差异，处于东部发达地区与西部相对落后区域的重要节点。二是充分考虑了湖北省巨大的内部差异。从经济发展水平看，湖北既有经济相对发达的特大城市（如武汉市），也有相对落后的贫困山区（如恩施土家族苗族自治州）；从生育水平看，既有长期保持低生育水平的地市（如宜昌市），也有生育率相对偏高的鄂东南农村地区；从生育的性别偏好看，即使在一些农业县之间也存在显著差异（如松滋和阳新）。这些特征使得湖北省可以作为研究居民生育意愿与生育行为的一个典型区域，并且在全国省域中具有很好的代表性。此外，课题组在湖北省前期组织了大量相关调研，也可以为后续作纵向对比分析奠定基础。

选择湖北省宜昌市作为低生育地区研究和调研的对象，其原因在于：从生育水平上看，该地区的生育率长期保持在一个较低水平。1983 年以来，宜昌市人口持续保持了稳定的低出生、低死亡、低增长水平，育龄妇女总和生育率在经过 5 年的波动之后，降到更替水平以下，目前已连续 20 年处于 1.0 左右。从经济发展程度来看，宜昌市既包括经济发展相对较好的县域，也包含经济发展相对较差的县域。从地形构造上看，宜昌市地处中国中西部地区的交界带，属鄂西山区与江汉平原的过渡地带，所辖各县市地形结构复杂。我们在调查中也分别选择了平原（当阳市）、丘陵（远安县）、山地（兴山县和五峰土家族自治县），可以考察不同地形条件下的农村群众的生育意愿。从生育政策上来看，既有所有农村居民都可以生育二孩的少数民族自治县，又有实行“一孩半”政策的县市。因此，作为低生育水平地区，我们对宜昌市生育意愿和生育行为的分析具备典型意义。

四个步骤的数据收集和调研具体实施情况如下：

第一步，2014 年 7 月 31 日，我们从湖北省人口全员库 5816 万人中，将条件设定为已生育一个孩子且符合二孩生育政策的家庭，随机抽取 40 万户。

第二步，通过多层次、分阶段、与规模成比例的抽样方法进一步抽取样本 11474 个，最终获得有效样本 11142 个，于 2014 年 8 月 5 日至 8 月 25 日进行生育意愿的电话访谈。

第三步，于 2015 年 8 月 5 日，以宜昌市全员人口数据库为基础，从处于 15~60 岁年龄段的女性中随机筛选出 40 万个样本，抽样信息包括女性的出生时间、受教育状况、户籍、婚姻状况、居住地、户籍地以及子女信息等内容。

第四步，进行样本再抽样，抽取 1000 个对象，于 2015 年 8 月 10 日至 25 日进行深度访谈。在抽样过程中，我们采取分层等比例的 PPS 抽样。在宜昌市按照经济发展水平、地形特征、人口规模和结构选择了当阳市、兴山县、远安县和五峰土家族自治县作为样本点，其中当阳市人口规模较大，我们抽取 6 个镇调查，其他 3 县每个县抽取 3 个镇调查；每个镇抽取两个村，每村抽取 30 人左右为调查对象。

第二节 第一层次抽样：湖北省调查

一、大样本数据

本部分数据来源于湖北省全员数据库，我们从中提取了湖北省所有符合“单独二孩”政策的家庭数据，即目前只生育一个孩子且夫妻双方有一方为独生子女的家庭，共计370548户。为了使分析更具全面性和科学性，我们还从湖北省全员数据库中分别抽取了一部分其他两类符合二孩生育政策的家庭样本，即夫妻双方均为农业户口且生育的第一个孩子为女孩的“一孩半”家庭和夫妻双方均为独生子女的双独家庭，用以作为“单独二孩”家庭的对照，前者为96401户，后者为43020户。在湖北省所有符合“单独二孩”政策的家庭中，男方为独生子女的家庭有227298户，占比为61.34%。在农村地区，女方的平均年龄为27.26岁，男方的平均年龄为29.64岁；在城市地区，女方的平均年龄为29.23岁，男方的平均年龄为31.72岁。从受教育程度来看，农村地区男方的平均文化程度为9.62年，女方的平均文化程度为9.49年；城市家庭中男方的平均文化程度为12.88年，女方的平均文化程度为12.63年。从民族特征上看，农村家庭男女方为汉族的占比分别是96.26%和96.29%。

符合“单独二孩”政策的人群超过2/3在城市①，农村相对较少。数据显示，符合“单独二孩”政策人群中城市家庭有251956户，占比68%；农村家庭有118592户，占比32%。在双独家庭中，城市家庭所占的比重为78.49%，农村家庭所占的比重为21.51%（见图3-1）。

符合“单独二孩”政策育龄女性集中在30岁以下人群。从符合“单独二孩”政策育龄女性的年龄分布来看，农村家庭和城市家庭都以26~30岁为主。在农村家庭中，符合“单独二孩”政策育龄女性26~30岁的占比为40.85%，在城市家庭中占比为42.89%。在农村，一孩半家庭和双独家庭育龄女性的年龄以25岁及以下为主，占比分别为41.43%和62.58%，符合“单独二孩”政策家庭女方平均年龄为27.26岁。在城市，符合“单独二孩”政策人群女方平均年龄为29.23岁（见图3-2）。

---

① 按照湖北现行计划生育条例，夫妻双方只要一方为城市户口就实行城市计划生育政策，这包括夫妻双方均为城市户口和一方为城市户口、一方为农村户口两种情况。本文将实施城市计划生育政策的家庭称为城市家庭，实施农村计划生育政策的家庭称为农村家庭。

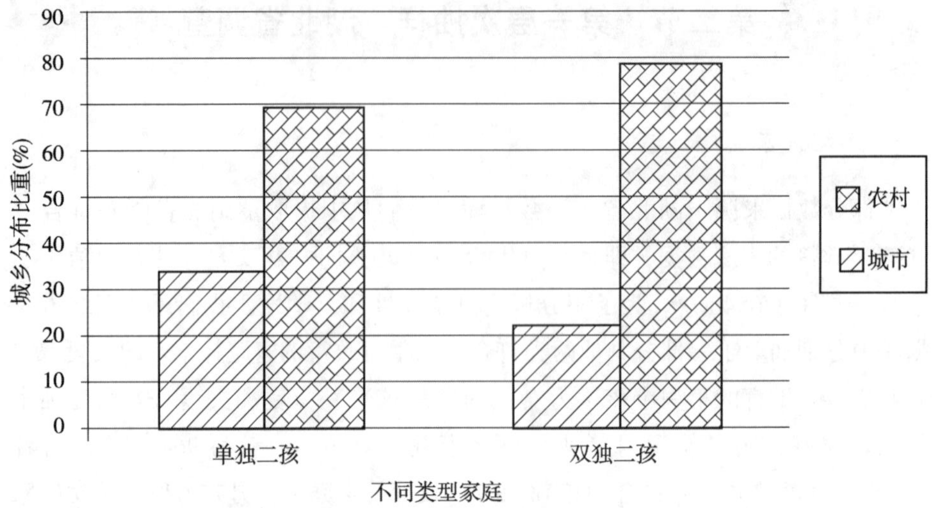

图 3-1　单独二孩和双独二孩家庭城乡分布比较

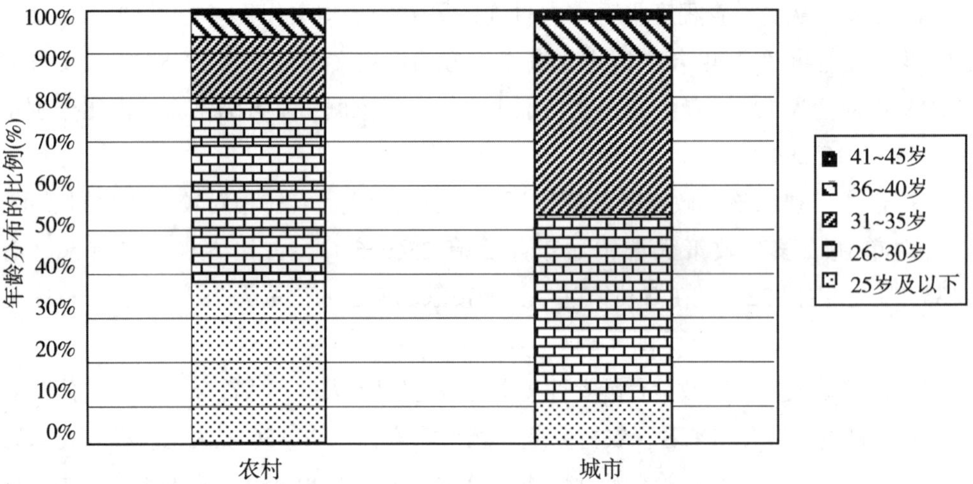

图 3-2　城乡单独二孩家庭女方年龄分布

符合“单独二孩”政策的育龄妇女，在农村以初中及以下学历为主，在城市以高中及以上学历为主。符合“单独二孩”政策农村家庭育龄妇女平均受教育年限为 9.49 年，接近初中学历；城市家庭中育龄妇女的平均受教育年限为 12.63 年，接近高中学历。在农村，各类家庭中育龄妇女学历以初中文化程度为主，其中

“单独二孩”家庭占比最高，为 74. 90%；其次为一孩半家庭的 71. 22%和双独家庭的 59. 52%。在城市中，单独二孩家庭的育龄妇女以高中及以上文化程度为主，达到 80%（见图 3-3）。

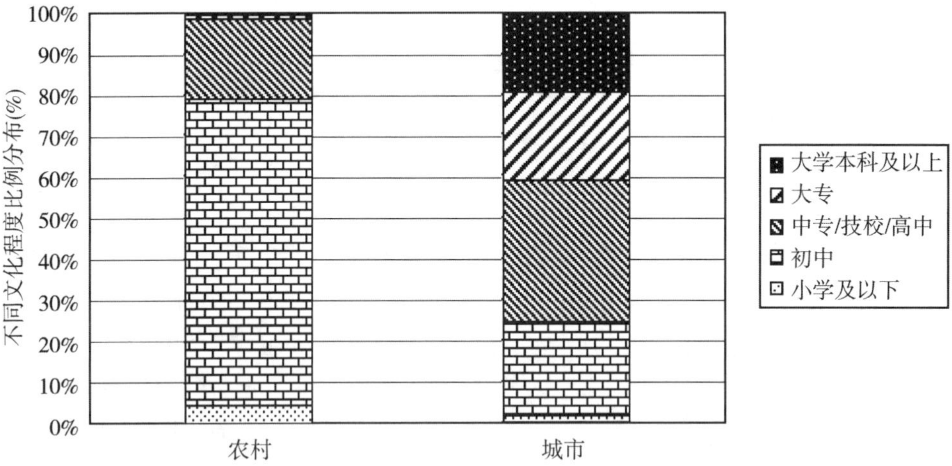

图 3-3　城乡单独二孩家庭女方学历分布

二、访谈抽样

调查样本通过多层次、分阶段、与规模成比例的抽样方法获得。首先基于从湖北省全员人口数据库中筛选出符合“二孩”政策、女性处于育龄阶段（19~45 岁）的全部家庭，共计 40 万户。然后按照家庭育龄妇女当前居住地确定省内和省外样本的抽取比例，其中，省内样本根据各地市符合政策家庭占全省比重确定，并考虑到地市代表性所要求的最低样本量；省外样本根据育龄妇女的迁移分布比例确定。最后在确定的抽样框内综合考虑育龄妇女的年龄、受教育状况、户籍等进行分组随机抽样。

实际抽取样本 11474 个，最终获得有效样本 11142 个，其中符合单独二孩政策家庭（未生育二孩）6958 户。同时，根据计划生育政策演变进程，选择其他两类符合生育二孩条件的家庭样本作对比分析，具体包括农村一孩半家庭 2478 户（即夫妇双方为农业户籍、一孩为女儿的家庭）、双独家庭 594 户，样本有效率分别为 96. 98%、96. 27%和 96. 9%。具体在符合单独二孩政策家庭中，城市样本占 60. 1%，农村样本占 39. 9%，夫妇双方接受访谈的男女比例分别为 47. 1%和

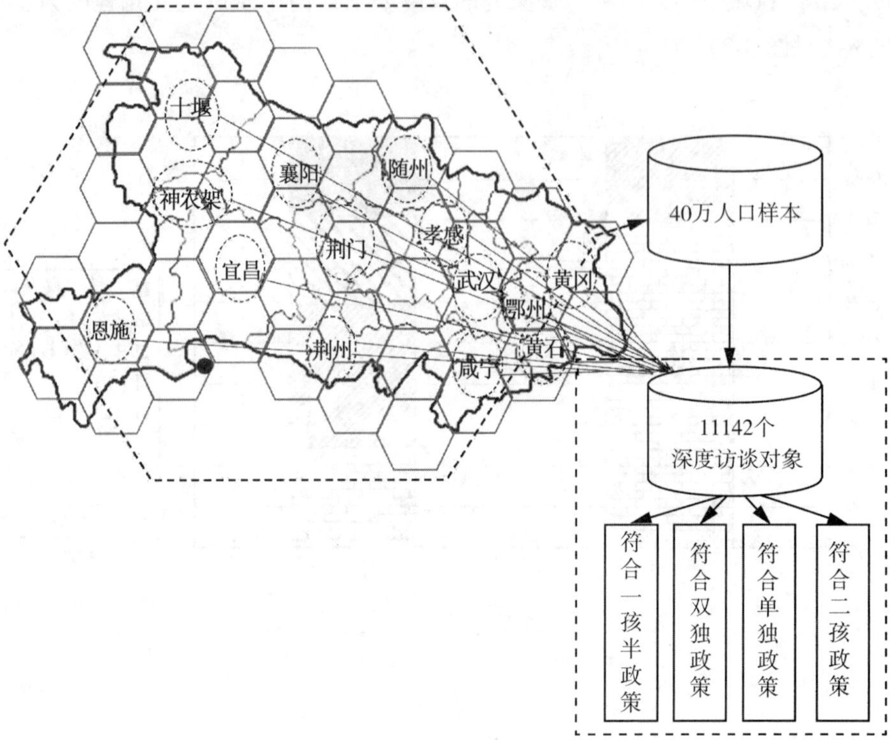

图 3-4　湖北省育龄妇女抽样示意图

52.9%；育龄妇女平均年龄为 28.9 岁。生育包括生育数量、生育间隔和出生人口性别比 3 个维度，调查中我们分别用二孩出生意愿、二孩计划生育时间和二孩期望性别这 3 个指标来衡量符合单独二孩家庭的生育意愿。另外，抽取 2013 年 11 月 15 日到 2014 年 7 月 1 日之间湖北省生育二孩的单独家庭 780 个①，抽取已经生育二孩的双独家庭 49 个，农村一孩半家庭 235 个，“夫妻双方均为少数民族的农村户口”家庭 11 个，“女方为恩施土家族苗族自治州（以下简称恩施州）农村户口”家庭 84 个，这 4 类符合二孩生育政策的家庭合计 332 个②作为对比分析样本（见图 3-4）。

由于我国计划生育政策的严格执行，在调查中一直很难获得人们的真实生育意

① 该数据为湖北省在这期间已生育的所有样本数。

② 这 4 类家庭有部分重合，但是总量并未重复计算。为了保证可比性，我们抽查的这 4 类符合政策家庭也是至少一方为独生子女。后文中我们统一简称为其他 4 类家庭。

愿。本次调查和以往研究有三点不同，其一，本次调查的对象是符合二孩生育政策并且目前只有一个孩子的群体，“单独二孩”政策刚刚实施，为大家热议的话题，他们不仅了解政策，而且符合政策，回答时不会有任何顾忌。其二，在访谈时，我们设计的问题是“您是否打算生育二孩”，并进一步追问“如果有，您打算什么时候生育二孩”。我们访问的实际上是符合政策人群的二孩生育安排，而不是一般的生育意愿，这种回答会更加接近生育行为的发生。其三，为了尽可能获取被访人真实的生育意愿，我们还设立一个无限制条件的对照问题“您理想中的孩子数量”，如果意愿生育子女数量明显小于这个数值，我们会仔细询问原因。尤其是对那些理想孩子数量是两个及以上，而不打算生育二孩的被访者，必须询问并填写清楚不要二孩的原因。数据信度分析显示，男女双方主要信息以及反映生育意愿主要变量的 alpha 值为 0.6325。抽样数据和湖北省全员库中 37.05 万个单独家庭人口分布特征基本一致。意愿生育二孩的样本分布也不存在选择性抽样偏差。

第三节　第二层次抽样：宜昌市调查

宜昌市位于湖北省西南部，长江上中游节点，是中部地区的重要交通枢纽城市；由于其特殊的经济地理区位，也被称为湖北省域副中心城市，综合实力多年连续位居湖北省第二位。2015 年宜昌市实现生产总值 3384.80 亿元，人均地区生产总值 82360 元（按常住人口计算），高于全国人均水平的 49351 元。综合实力居全国百强城市第 57 位，中部地区同等城市第 2 位，长江沿线同等城市第 4 位①。全年全休居民人均可支配收入 20465 元（其中：农村常住居民人均可支配收入 12990 元，城镇常住居民人均可支配收入 27275 元）。农村和城镇居民家庭恩格尔系数分别为 30.1%和 29.9%。人口状况上，2015 年末，宜昌市常住人口 411.50 万人，户籍人口 398.18 万人。全年人口出生率为 9.2‰、死亡率为 7.9‰，自然增长率为 1.3‰，低于全国这一指标的 4.96‰，人口自然增长率自 1995 年以来始终稳定在 2‰左右甚至更低。育龄妇女总和生育率 20 多年来处于下降趋势，1980 年总和生育率为 1.72，1990 年为 1.43，2010 年第六次全国人口普查数据显示，宜昌市总和生育率为 1.06，低生育水平持续稳定②。

① 综合实力居中部地区同等城市第一位是洛阳；综合实力居长江沿线城市前三位的依次是南通、扬州、镇江。

② 相关数据来源于《宜昌市 2015 年国民经济和社会发展统计公报》、《2016 年宜昌市政府工作报告》、《2015 年宜昌市统计年鉴》、《2015 年国民经济和社会发展统计公报》。

一、大数据样本

样本通过随机、多层次、与规模成比例的抽样方法获得。数据日期截止到2015年8月，是宜昌市的最新统计数据，能够准确反映目前的生育状况。此时宜昌市常住人口数量为421.4万，其中15岁到60岁的占总人口的78%左右。在此次调查中，我们按照宜昌市女性人口的25%进行抽样，随机选取年龄在15岁到60岁的女性40万个样本，来研究她们的生育行为、生育模式和生育水平。样本涉及宜昌市的112个乡级单位和各个民族。其中现有年龄不足30岁的占样本总数的20.2%，30~39岁的占34.9%，40~49岁的占43.7%，50~59岁的占1.2%。样本中包含城市居民30.8%，农村居民69.2%；汉族人口为88.2%，其他少数民族为11.8%；初中以下学历的有63.3%、高中和中专的有25.9%、大专及以上学历的有10.8%；已生育的女性占58.5%，未生育和未结婚的共有41.5%；样本数量充足，具有非常大的研究意义。数据信息包括调查对象出生时间、结婚时间、生育数量、生育间隔、孩子性别，以及女性的婚姻状况、受教育程度、是否有过流产经历、户籍状况等一系列内容（见图3-5）。

为了验证抽样数据的代表性，我们将样本数据和宜昌市的第六次全国人口普查数据进行对比。按照通用的方法，我们选取年龄分布、民族分布、文化程度等人口结构作为比照因素。第六次全国人口普查数据显示：汉族人口占88.37%，其他少数民族占11.63%；初中及以下学历的占65.14%、高中及中专的占21.08%、大专及以上学历的占13.78%；抽样数据和“六普”数据在人口结构上分布较为一致，具有很好的代表性和说服力。

二、深度访谈数据

在全市40万样本的基础上进一步抽取1000个深度访谈对象。由于部分户已经举家迁移或近期内不在当地，最后实际接受调查对象为925户，获得有效问卷920份。一共抽取了4个县、15个乡镇、30个行政村。在本次调查中我们以18~49岁的农村育龄妇女为访谈对象，从育龄妇女的角度考察生育行为和生育意愿，可以更好地了解其真实想法，减少其他因素造成的调查偏误。在调查设计中，抽样对象以已经生育一个孩子的家庭为主，同时选择未生育和已生育2个孩子以上的女性作为参照。抽样数据中，未生育的比例为3.6%，生育一个孩子的比例为80.5%，生育两个孩子的比例为15.5%，生育三个孩子的比例为0.4%。此外，在对调查对象年龄的选择上，我们较多地抽取年龄在40岁以下的育龄妇

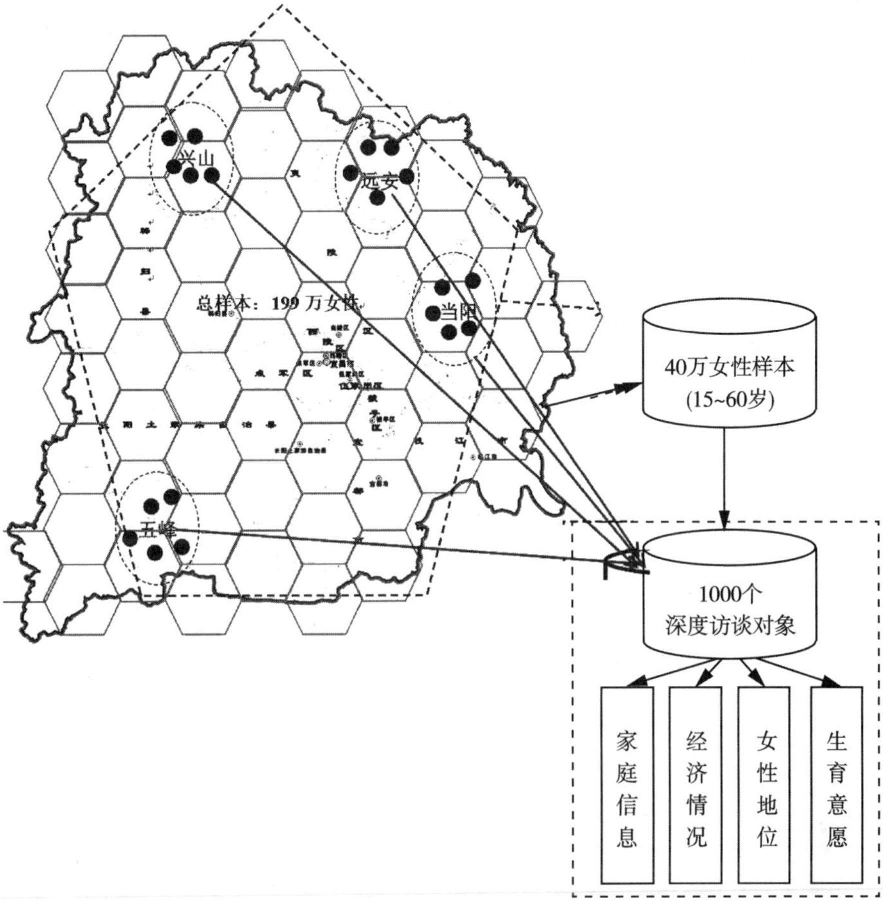

图 3-5　宜昌市育龄妇女抽样示意图

女，占总样本的比例达到 88%，其原因在于该部分育龄妇女再生育的可能性较大，而对于年龄超过 40 岁的农村育龄妇女，其再生育的可能性急剧下降，我们共抽取 110 人作为对照。

从抽样数据来看，本次调查中汉族人口占样本的比重为 80. 3%，土家族占样本的比重为 19. 1%，其他少数民族所占比重为 0. 6%；小学及以下文化程度所占比重为 11. 5%，高中及以上文化程度所占比重为 37. 8%；在村中经济地位为上等、中上等、一般、中下等和下等的比例分别为 6. 6%、35. 8%、47. 1%、8. 6% 和 1. 9%（见图 3-6）。

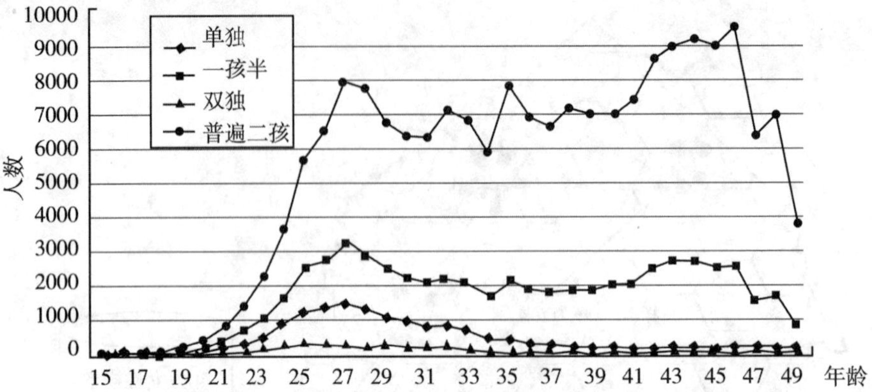

图 3-6 不同政策类型家庭的育龄妇女分布

第四章　生育政策调整与不同区域生育格局变动①

单独二孩政策的实施，为我们进一步测定生育政策放开条件下人们的生育意愿提供了一次难得的机会。可以把“单独二孩”政策看做是我国生育政策历史进程中的一次局部释放性生育实验，那么实验的结果对我国未来人口调控具有重要的政策导向性。本章以湖北省为案例，对符合单独二孩政策人群进行了大样本调查，在此基础上，重点分析了符合单独二孩政策人群的人口学特征及其生育意愿和生育行为，并评估了此次生育政策调整对不同区域生育格局变动的影响。

第一节　符合二孩政策人群的生育意愿

一、符合单独二孩政策家庭生育意愿明显低于预期

截至 2014 年 7 月 31 日，湖北省符合单独二孩政策的家庭申请领取二孩生育证的为 17240 例，已经领取二孩生育证的为 13822 例，分别占所有符合单独二孩政策但未生育二孩家庭数的 4.65%和 3.73%②。

在所调查的 10030 个符合二孩生育政策的有效样本中，有 23.26%的人明确回答“要二孩”，有 57.29%的人明确回答“不要二孩”，有 19.45%的回答“还没想清楚”。在所调查的 6958 个符合“单独二孩”政策的样本中，只有 21.51%的人明确回答“要二孩”，有 59.17%的人明确回答“不要二孩”，有 19.32%的回答“还没想清楚”。符合双独政策的人群中明确想要二孩的比例最低，只有 13.3%。符合一孩半政策的人群中明确想要二孩的比例最高，为 30.55%。由于问卷调查中，所设问题是“您是否打算生育二孩”，询问的是二孩生育安排，有部分人不一定有明确的生育时间表，但明确回答不要二孩的比重会接近真实意愿。可以认为没有明确

---

① 本章内容是和杨云彦教授、博士生徐玮和朱明宝共同写作完成，在此表示感谢。

② 本部分领取生育证相关数据来源于湖北省卫生计生委。

回答不要二孩的，都有较强的二孩生育倾向，占比在40%左右（见表4-1）。

本次调查结果明显不同于庄亚儿等的调查结果，他们利用2013年8月进行的全国范围调查数据，分析结果显示现有1孩的单独家庭希望生育第2个子女的比例为60.8%①。由于庄亚儿等人的调研是在单独二孩政策实施前②，这时询问的二孩生育意愿，会更接近于人们的理想孩子数，偏离于人们实际的生育行为。当人们真正符合二孩生育政策，面临实际生育选择的时候，人们会更多地考虑到现实问题。

表4-1　**不同类型家庭的二孩生育意愿**

家庭类型 二孩生育意愿	一孩半家庭		双独家庭		单独二孩家庭		全部样本	
	样本（人）	占比（%）	样本（人）	占比（%）	样本（人）	占比（%）	样本（人）	占比（%）
要二孩	757	30.55	79	13.30	1497	21.51	2333	23.26
不要二孩	1266	51.09	363	61.11	4117	59.17	5746	57.29
没想清楚	455	18.36	152	25.59	1344	19.32	1951	19.45
合计	2478	100	594	100	6958	100	10030	100

在本次调查中用“您理想中的孩子数量是多少”这一问题，来考察“单独二孩”政策家庭的理想子女数情况。符合单独二孩政策家庭理想孩子数的均值为1.71，双独家庭理想孩子数的均值为1.72。城镇单独家庭中，理想孩子数为2个的家庭所占比重为67.3%，理想孩子数为1个的家庭，其所占比重为30.9%（见表4-2）。

二、农村家庭二孩生育时间安排没有城市家庭迫切

农村单独家庭想要二孩的比例比城市单独家庭高9%，不想要二孩的比例比城市单独家庭低7.1%，且在不同生育率地区内部亦如此。但是农村单独家庭计划生二孩的时间安排没有城市单独家庭迫切，计划2014年生二孩（已孕）的比例比城市单独家庭低2%，计划近3年生二孩的比例比城市单独家庭低5.7%，计划近4年生二孩的比例比城市单独家庭低8.1%。

---

① 庄亚儿，姜玉，王志理，等．当前我国城乡居民的生育意愿——基于2013年全国生育意愿调查［J］．人口研究，2014，38（3）：3-13.

② 这一时期人们并未得到单独夫妇可以生育二孩的政策放松信息。2013年7月，国家卫计委李斌主任在多个场合讲话，强调要长期坚持计划生育基本国策。

表 4-2　　　　**"单独二孩"政策家庭的理想子女数**

	家庭类型	理想子女数			
		0 个	1 个	2 个	3 个及以上
城镇家庭	单独家庭	0.4	31.2	66.9	1.5
	双独家庭	0.2	28.4	71.1	0.4
	总体	0.4	30.9	67.3	1.4
城乡家庭	单独家庭	0.4	30.5	67.2	1.8
	双独家庭	0.1	28.4	71.0	0.4
	总体	0.39	30.4	67.5	1.7

注：Pearson 卡方 = 10.343，P = 0.016；理想子女数的均值单独家庭为 1.71，双独家庭为 1.72，城乡总体为 1.71。

三、二孩政策进一步强化区域差异化生育格局

在国际上，通常将总和生育率低于 2.1 称为低生育水平（low fertility），低于 1.5 称为很低生育水平（very low fertility），低于 1.3 称为极低生育水平（lowest-low fertility）。湖北是一个内部经济社会结构差异较大的大省，"六普"调查数据表明湖北全省已经进入低生育水平，其中武汉市、宜昌市、荆门市、荆州市进入极低生育水平，本报告称为低生育率地区；襄阳市、鄂州市、孝感市、随州市进入很低生育水平，本报告称为中生育率地区；黄石市、十堰市、黄冈市、咸宁市、恩施州、省直辖县级行政区（包括天门市、潜江市、仙桃市、神农架林区 4 个地区，下文简称"省直管县"），本报告称为高生育率地区。由表 4-3 可以看到：

（一）生育率以往较高的地区，人们的二孩生育意愿也更强烈

无论城市还是农村单独家庭，二孩出生意愿随居住地生育率的升高而升高。中生育率地区单独家庭想要二孩的比例高于低生育率地区单独家庭，其中城市家庭高 11%，农村家庭高 15.1%；高生育率地区单独家庭想要二孩的比例又高于中生育率地区单独家庭，其中城市家庭高 15.9%，农村家庭高 13.2%。

生育率较高的农村地区，单独家庭计划生二孩的时间安排愈加迫切，打算近 3 年内生育二孩的比例达到 33.3%。

表 4-3　　　　居住不同生育率地区单独家庭二孩生育意愿对比

二孩生育意愿		城市单独家庭居住地（%）			农村单独家庭居住地（%）		
		低生育率地区	中生育率地区	高生育率地区	低生育率地区	中生育率地区	高生育率地区
二孩出生意愿	想要	12.7	23.7	39.6	16.0	31.1	44.3
	不想要	64.2	62.8	41.8	62.7	54.3	38.5
	没想清楚	23.1	13.5	18.6	21.4	14.6	17.3
二孩计划生育时间	2014（现孕）	6.3	13.0	6.0	4.8	6.0	6.4
	2015	8.5	24.0	10.1	10.1	19.0	16.3
	2016	10.2	11.0	14.1	8.7	3.0	10.6
	2017	12.9	5.8	4.7	5.8	8.0	5.7
	未确定	62.1	46.1	65.1	70.7	64.0	61.1
二孩期望性别	男	6.9	15.6	7.4	4.3	5.0	5.0
	女	12.4	22.7	12.8	31.3	29.0	24.8
	无所谓	80.8	61.7	79.9	64.4	66.0	70.2

注：“二孩计划生育时间”和“二孩期望性别”两个问题只针对明确表示期望要二孩的受访家庭，下同。

（二）中生育率地区的城市单独家庭生二孩的时间安排最迫切，男孩偏好最强

随着居住地生育率的升高，城市单独家庭计划生二孩的时间迫切程度和男孩偏好随居住地生育率的升高呈现倒 U 型变化。中生育率地区城市单独家庭计划 2014 年或 2015 年生二孩（含已孕）的比例达到 37%，远高于高生育率（16.1%）和低生育率地区（14.8%）。计划近 4 年生二孩的比例比低生育率地区城市单独率家庭高 16%，比高生育率地区城市单独家庭高 19%。

而且，中生育率地区城市单独家庭男孩偏好更为强烈，想生男孩的比例达到 15.6%。可见，低生育率地区，由于历史和文化的影响还会保持原有的低生育率和低性别比，高生育率地区生育意愿和男孩偏好已经释放，所以单独政策实施后应重点关注中生育率地区的生育反弹和性别比失衡。

四、就业迁移降低二孩生育意愿和男孩偏好

农村迁移的单独家庭二孩生育意愿和男孩偏好均显著低于未迁移单独家庭。发生迁移的农村单独家庭想生二孩比例比未迁移单独家庭低 10.7%；想生男孩的比

例降低了 1.7%，想生女孩的比例则增加了 17.9%。城市化的推进有力改变了农村单独家庭的生育意愿，使农村单独家庭生育意愿向现代城市观念转变，这从农村单独家庭迁移后二孩生育意愿接近于城市单独家庭可见一斑。

发生迁移的城市单独家庭生育二孩出生意愿和男孩偏好也略低于城市未迁移单独家庭，城市迁移单独家庭想生二孩比例比未迁移单独家庭降低了 1.4%，想要男孩比例降低了 1.6%（见表 4-4）。

表 4-4　　未迁移和迁移单独家庭二孩生育意愿的对比

二孩生育意愿		城市（%）		农村（%）	
		未迁移	迁移	未迁移	迁移
二孩出生意愿	想要	17.0	15.6	26.5	15.8
	不想要	63.7	55.6	54.2	63.0
	没想清楚	19.3	28.8	19.4	21.3
二孩计划出生时间	2014（现孕）	7.6	5.0	6.1	8.7
	2015	12.7	13.8	13.5	16.3
	2016	9.7	27.5	8.3	9.8
	2017	9.9	11.3	6.3	7.6
	未确定	60.1	42.5	65.9	57.6
二孩期望性别	男	10.4	8.8	5.0	3.3
	女	17.1	5.0	23.4	41.3
	无所谓	72.6	86.3	71.6	55.4

五、不同代际育龄妇女二孩生育意愿差异明显

根据符合“单独二孩”政策家庭中女方年龄将调查对象分为 90 后（19～24 岁）、80 后（25～34 岁）和 70 后（35～45 岁），发现不同代际育龄妇女的生育意愿差异明显（见表 4-5）。

从二孩生育意愿看，育龄妇女年龄越大，想要生二孩的比重越低，特别是已进入高龄产妇的 70 后想要生二孩的比例不高，城乡分别为 9.8%和 11%。在不打算要二孩的家庭中，不同代际育龄妇女不要二孩的原因无显著差异。

从二孩计划生育时间看，育龄妇女年龄越大，计划生育二孩时间越早，特别是在城市，41%的 70 后育龄妇女计划在近两年内生育二孩。

从二孩性别偏好看，不同代际的城市育龄妇女对二孩的女性偏好均强于男性偏好。农村符合“单独二孩”政策的单独家庭一孩均为男性，二孩的女性偏好相对更强。年龄越大的农村育龄妇女男孩倾向相对越强（见表 4-5）。

表 4-5　　**城乡不同代际单独家庭育龄妇女的生育意愿**

生育意愿		城市（%）			农村（%）		
		90后	80后	70后	90后	80后	70后
二孩生育意愿	想要	26.1	18.2	9.8	37.3	25.0	11.0
	不想要	53.5	61.3	69.8	48.0	56.4	71.8
	没想清楚	20.4	20.6	20.4	14.7	18.6	17.3
二孩计划生育时间	2014（现孕）	2.4	8.8	12.8	4.7	6.4	7.1
	2015	9.6	12.8	28.2	10.9	17.6	14.3
	2016	9.6	12.0	2.6	8.6	10.5	14.3
	2017	12.0	8.8	2.6	8.2	5.1	0.0
	未确定	66.3	57.5	53.8	67.7	60.4	64.3
二孩期望性别	男	13.3	8.8	10.3	3.5	6.0	10.7
	女	21.7	15.4	20.5	31.5	29.9	17.9
	无所谓	65.1	75.8	69.2	65.0	64.2	71.4

六、文化程度影响二孩生育意愿

从二孩生育意愿看，文化程度越高，城市符合“单独二孩”政策家庭的二孩生育意愿越低，而农村符合“单独二孩”政策家庭二孩生育意愿略有上升。

从二孩生育时间看，文化程度越高，城市符合“单独二孩”政策家庭生育时间越迫切，特别是受教育程度在大专及以上的育龄妇女计划在 2015 年生育的比例达到 31.4%。在农村，文化程度越低的育龄妇女生育时间反而越迫切，受教育程度在小学及以下的育龄妇女计划在 2015 年或 2016 年生育的比例达到 48%。

从二孩性别偏好看，文化程度越高，城市符合“单独二孩”政策家庭育龄妇女的男孩偏好越强。农村则不同，文化程度越高，符合“单独二孩”政策家庭的育龄妇女的女孩偏好越高（见表 4-6）。

表 4-6　　**城乡不同文化程度育龄妇女的生育意愿**

生育意愿		城市(%)				农村(%)			
		初中及以下	高中、中专技校	大专	大学及以上	小学及以下	初中	高中、中专技校	大专及以上
二孩生育意愿	想要	23.1	18.0	14.2	13.5	25.3	26.3	28.3	28.6
	不想要	55.6	63.0	66.8	62.2	56.6	55.2	56.9	62.5
	没想清楚	21.3	19.0	19.0	24.3	18.2	18.5	14.8	8.9
二孩计划生育时间	2014(现孕)	8.2	10.6	5.8	5.6	8.0	5.6	5.7	12.5
	2015	11.3	13.4	15.8	15.6	24.0	16.7	9.4	6.2
	2016	12.1	11.0	9.2	12.2	24.0	9.6	9.4	6.2
	2017	9.9	6.7	10.8	8.9	0	6.2	6.3	6.2
	未确定	58.5	58.3	58.3	57.8	44.0	62.0	69.2	68.8
二孩期望性别	男	7.4	11.0	8.3	12.2	20.0	4.9	4.4	6.2
	女	14.8	20.8	14.9	11.1	24.0	30.3	29.6	31.2
	无所谓	77.8	68.2	76.9	76.7	56.0	64.8	66.0	62.5

七、一孩性别影响二孩生育选择

从二孩生育意愿看，不论城乡，一孩为女孩的家庭想要二孩的比例均高于一孩为男孩的家庭，在农村表现更加突出。

从二孩生育时间看，不论城乡，一孩为女孩的家庭二孩生育时间更加迫切。城市中，一孩为女孩的家庭在 2014 年和 2015 年计划生育的比重达到 25.7%，一孩为男孩的家庭为 17.4%。

从二孩性别偏好看，不论城乡，一孩为男孩的家庭更愿意二孩是女孩。一孩为女孩的城市家庭在二孩性别偏好上不明显。一孩为女孩的农村“一孩半”家庭在二孩性别偏好上存在明显的男性偏好特征。

八、经济压力大导致人们放弃生育二孩

在所调查的 11142 个家庭样本中①，明确回答不要二孩的比例达到 57.3%，在

① 在这个样本中，不只是符合单独二孩政策的家庭，还包含双独家庭、农村一孩半家庭、少数民族家庭。

问及不要二孩的原因时，50%的家庭回答是因为“经济压力”；其次，19.6%的人回答是因为“一个孩子就挺好”；再次，因为“工作太忙”占11.6%。

符合“单独二孩”政策的人群中明确回答不要二孩的比例为59.17%。在原因调查中，51%的城市家庭回答是由于“经济压力”；20.5%的回答是因为“一个孩子就挺好”；有11.3%的回答是因为“工作太忙”，排第四位的是“无人照料小孩”，占7.8%。农村家庭不要二孩的原因也存在类似的结构（见表4-7）。

表4-7 **城乡不同类型家庭不要二孩原因**

不要二孩原因	城市家庭（%）			农村家庭（%）			
	全部样本	单独家庭	双独家庭	全部样本	单独家庭	一孩半家庭	双独家庭
经济压力	51.3	51.0	54.0	48.7	49.6	47.5	56.0
无人照料小孩	7.5	7.8	5.1	8.5	7.5	9.4	8.0
一个孩子就挺好	20.9	20.5	23.6	18.4	18.5	18.2	18.0
女方不能生育	0.4	0.4	0	1.1	1.1	1.0	1.0
工作太忙	11.2	11.3	10.2	12.0	11.7	12.2	11.0
高龄生育风险大	1.7	1.8	1.0	2.1	2.1	2.1	0
配偶不想要	1.0	1.0	1.6	1.4	1.4	1.3	0
其他	6.0	6.2	4.5	7.9	8.0	8.2	6.0

九、男孩偏好在弱化①

在2013年11月15日到2014年7月1日之间，城市已生育二孩家庭中，一孩性别比“单独”家庭为116.94，其他4类符合政策家庭一孩性别比为78.57。但二孩性别比“单独”已生育家庭为106.69，其他4类家庭为138.09。符合“单独二孩”政策的城市家庭一孩为男孩，这类家庭已生育的二孩性别比为104.9；一孩为女孩，已生育的二孩性别比为107.9。符合“单独二孩”政策的农村家庭一孩都为

① 在2013年11月15日中共中央十八届三中全会启动实施“单独二孩”政策之前“抢生”的，仍属违法，须按政策缴纳社会抚养费。从2013年11月15日到2014年3月27日湖北省“单独二孩”政策实施，这段过渡时期“抢生”的，属于行为合法，程序不合法，都属于政策内生育，不征收社会抚养费，只对当事人双方各处500元罚款。湖北省人口修订条例出台之后，即2014年3月27日之后生育，属合法生育。本部分统计和调查的是2013年11月15日到2014年7月1日之间生育二孩的单独家庭，属于在政策出台之前怀孕的“抢生”群体。

男孩，这类家庭已生育的二孩性别比为104.1（见图4-1）。也就是说，相比较符合二孩政策的其他4类家庭，已生育二孩“单独”家庭生育二孩并不是以男孩生育为目标。

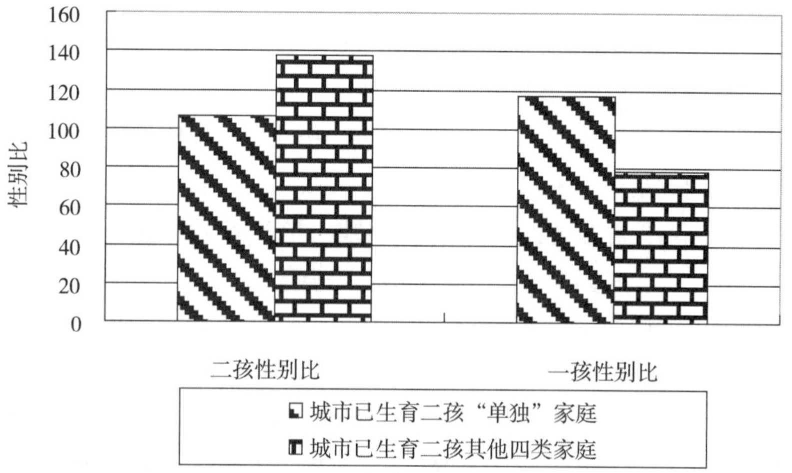

图4-1 城市已生育二孩“单独”家庭和其他4类家庭子女性别比

第二节 生育政策调整与区域生育格局的变动

尽管我国已经整体进入低生育水平，但各地生育水平差异很大，生育率较高的地区和生育率较低的地区总和生育率甚至可以相差1.0以上，那么“单独二孩”政策放开后是否会改变现有生育格局是一个重要议题。本部分以湖北省为例，依据2014年7月湖北省符合“单独二孩”政策家庭生育意愿与生育行为的抽样调查，分析政策放开后湖北生育格局的变动特征，并进一步探讨在这背后的深层次原因。

一、生育政策与区域生育格局的关系

由于“单独二孩”政策刚刚实施，当前直接研究“单独二孩”政策与区域生育格局的文献还没有，因此我们从其他的生育政策着手，分析“单独二孩”政策放开对区域生育格局的影响。就一般化的生育政策而言，现有研究基本都认为生育政策是形成当前区域生育格局的重要原因。因为尽管生育水平是生育政策、经济社会发展水平、生育文化等宏观因素以及育龄妇女受教育程度、家庭收入、已存活子

女数等微观因素多因素综合影响的结果，但我国育龄妇女的生育水平显然受到其所执行的生育政策的主导作用。通过对各省生育政策的分类以及执行每类生育政策人口占比的测算，我国各省的政策生育率分为1.0~1.3、1.3~1.5、1.5~2.0以及2.0以上四类，这与我国当前从东到西总和生育率依次升高的分布是保持一致的。最新的研究也支持上述结论。谭远发、曾永明利用2000年以来的普查和抽样数据以及GIS技术发现我国的区域生育格局是按照各省生育条例规定的子女数分布，从低到高依次可分为东部特大城市区、东部地区、中部地区、西部地区以及西藏五个地区①。尹文耀、姚引妹、李芬利用2006—2010年的时间序列数据发现各省总和生育率一直在向政策生育率靠近②。

我国从东到西差异显著的区域生育格局与生育政策的约束具有很大关系，那么放开生育政策约束，我国的区域生育格局是否会发生变化。已有研究认为高生育率地区会发生较大幅度的剧烈反弹，低生育率地区也会发生一定幅度的剧烈反弹。第一类研究通常以省级层面的数据作比较分析。陈友华、陆建新通过理论分析认为中国当前区域生育格局具有不稳定性和不彻底性，是在缺乏现代化基础上依靠生育政策的强制约束力量完成的，一旦生育政策出现松动，各地区都会出现失控性反弹③。王金营、王志成、何云艳、段成荣以及喻晓、姜全保分别对1990—2000年的省级统计数据分析，发现经济社会发展水平对中西部生育率的降低基本没作用，一旦放开生育政策这些高生育率地区的生育率会出现极大的反弹④⑤。第二类研究以农村二孩试点地区为例分析了生育政策与区域生育格局的关系，因为这些试点地区出现了明显低于周边地区的生育水平。刘爽利用2006年1月的调研数据认为山西翼城等二孩试点地区的低生育水平是由于政策的特区效应造成的人为结果⑥。韦

① 谭远发，曾永明．我国低生育水平稳定机制的时空演变及空间差异研究［J］．人口学刊，2014（2）：5-18.

② 尹文耀，等．生育水平评估与生育政策调整——基于中国大陆分省生育水平现状的分析［J］．中国社会科学，2013（6）：109-128.

③ 陈友华，陆建新．中国生育率的地区差异及其政策选择［J］．人口与经济，2003（4）：14-20.

④ 王金营，等．中国各地区妇女生育水平差异的社会经济影响因素——兼对1990—2000年期间各地区生育水平下降因素的考察［J］．南方人口，2005（2）：31-39.

⑤ 喻晓，姜全保．低生育水平下我国生育率转变影响机制的地区差异——来自90年代省级面板数据的经验研究［J］．南方人口，2010（2）：59-64.

⑥ 刘爽．山西翼城“晚婚晚育加间隔”二孩生育政策试点实践的启示［J］．人口研究，2008（4）：37-41.

艳、张力利用 90 年代的统计数据得到类似结论，认为尽管山西翼城生育水平较低，但符合“农村二孩”政策的夫妇都生了二孩，这些地区夫妇的生育意愿实际并不低①。这些学者认为农村二孩试点地区出现的低生育水平，只是政府用政策内二孩换取断绝政策外多孩的妥协结果，放开二孩政策只会导致这些低生育率地区的失控性反弹。

大部分学者认为放开二孩政策会导致不同生育率地区都出现剧烈反弹，尤其是高生育率地区更会出现较大幅度的剧烈反弹，这会改变当前的区域生育格局。但是，我们看到这些研究包括最新的研究引用的数据大多是在 2005 年以前，没有注意到当前我国已经整体进入低生育水平的背景。事实上，当总和生育率下降到 1.5 以后，低生育率会通过人口负增长动量、个人理想家庭规模的代际传递、个人渴望消费与预期收入差距等机制来自我强化。而且现行生育政策鼓励少生的导向，让生育政策只有避孕作用而没有稳定低生育水平的作用，即使放开二孩政策，也只会让总和生育率向政策生育率以下滑动②。低生育的自我强化机制和现行生育政策的少生导向不但不会让不同区域家庭的生育意愿发生剧烈反弹，反而会让不同区域单独家庭的生育意愿整体向低生育水平靠近。那么放开“单独二孩”政策后，是否真的如此，这需要我们进一步的检验。

二、区域划分与研究方法

中国城乡显著的二元结构让我们有必要在划分区域前先进行城乡划分。由于生育是以家庭为单位，根据受访家庭夫妻双方的户口性质，受访家庭可分为城市家庭（夫妻双方均是城市户口）、半边户（夫妻一方为城市户口，另一方为农村户口）、农村家庭（夫妻双方均是农村户口）三类。按照湖北现行计划生育条例，半边户也执行城市地区计划生育政策，因此我们将半边户也放入城市家庭。

为了便于区域比较，我们在上述划分城乡的基础上剔除了迁移到省外的家庭，依据“六普”湖北各地市总和生育率划分区域。“六普”数据表明，2010 年湖北省各地市均进入更替水平 2.1 以下，然而内部各地市生育水平仍然差异较大，总和生育率最低的武汉市比全省平均水平 1.34 还低 0.298，而最高的十堰市比全省平均水平还高 0.474。按照国际上通行的低生育水平划分口径：将总和生育率等于或

① 韦艳，张力．“发展型”或“政策型”生育率下降——基于翼城“农村二孩”试点的分析［J］．人口研究，2012（6）：13-26.

② 尹文耀，等．生育水平评估与生育政策调整——基于中国大陆分省生育水平现状的分析［J］．中国社会科学，2013（6）：109-128.

低于2.1称为低生育水平，等于或低于1.5称为很低生育水平，等于或低于1.3称为极低生育水平①，我们将2010年总和生育率在1.5~2.1区间的地市称为轻度低生育地区，编码为1；将总和生育率在1.3~1.5之间的地市称为中度低生育地区，编码为2；将总和生育率在1.3以下的地市称为极度低生育地区，编码为3。轻度低生育地区包括黄石市、十堰市、咸宁市、恩施州、省直辖县级行政区（包括天门市、潜江市、仙桃市、神农架林区四个地区）；中度低生育地区包括襄阳市、黄冈市、鄂州市、孝感市、随州市；极度低生育地区包括武汉市、宜昌市、荆门市、荆州市。

三、单独二孩政策对区域生育格局的影响效应

（一）单独二孩政策将强化原有的区域生育格局

在孩提时候，居住地的文化价值、社会价值、规范要求以及家庭环境会促使人们形成特定的生育观念，生育观念是决定人们生育行为的重要因素。统计结果显示，在高生育率地区单独家庭平均理想子女数为1.82，在中生育率地区则为1.70，低生育率地区则为1.68，随着地区生育率的上升，理想子女数逐步上升，生育观念亦逐步趋向多生。

表4-8　　**居住在不同生育率地区不同类型家庭的二孩出生意愿（%）**

		二孩生育意愿		
		想要二孩	不想要二孩	无所谓
轻度低生育地区	单独家庭	40.6	40.6	18.8
	一孩半及双独家庭	42.9	35.7	21.4
中度低生育地区	单独家庭	24.6	61.9	13.4
	一孩半及双独家庭	23.3	71.7	5.0
极度低生育地区	单独家庭	13.5	63.4	23.2
	一孩半及双独家庭	10.8	60.0	29.1

“单独二孩”政策放开后，不同地区的单独家庭数量上存在差异，居住于高生育率地区的单独家庭数量多于居住于低生育率地区的单独家庭，同时城市单独家庭

① 郭志刚．中国的低生育水平及其影响因素［J］．人口研究，2008（4）：1-12.

数量多于农村单独家庭。居住在低生育率、中生育率、高生育率地区的单独家庭打算生二孩的意愿分别是 13.5%、24.6%、39.6%，一孩半和双独家庭则分别是 10.8%、23.3%、42.9%。

（二）农村单独家庭打算生二孩的意愿高于城市单独家庭

农村单独家庭想要二孩、不想要二孩、没考虑清楚的比例分别是 26.9%、55.6%和 17.5%，城市单独家庭则分别是 18%、61.5%、20.5%。农村单独家庭想要二孩的比例是城市单独家庭的 1.49 倍，没考虑清楚是否要二孩的比例比城市单独家庭低 3%，农村单独家庭想要二孩的意愿明显高于城市家庭。

（三）高生育率地区单独家庭打算生二孩的意愿依然高于其他地区

无论城市单独家庭还是农村单独家庭，随着家庭居住地生育率的上升二孩出生意愿亦逐步上升。居住在低生育率、中生育率、高生育率地区的城市单独家庭打算生二孩的意愿分别是 12.7%、23.7%和 39.6%，农村单独家庭打算生二孩的意愿分别是 16%、31.1%和 44.3%，居住在高生育率地区的城市单独家庭二孩出生意愿是居住在低生育率地区家庭的 3.12 倍，农村单独家庭则是 2.77 倍，地区差异明显（表 4-9）。

表 4-9　　居住不同生育率地区单独家庭二孩出生意愿（%）

		二孩出生意愿		
		想要	不想要	没想清楚
城市单独家庭居住地	低生育率地区	12.7	64.2	23.1
	中生育率地区	23.7	62.8	13.5
	高生育率地区	39.6	41.8	18.6
农村单独家庭居住地	低生育率地区	16.0	62.7	21.4
	中生育率地区	31.1	54.3	14.6
	高生育率地区	44.3	38.5	17.3

（四）中生育率地区城市单独家庭二孩男孩偏好最强，农村单独家庭二孩性别偏好没有地区差异

随着居住地生育率的升高，城市单独家庭二孩期望男孩意愿呈现倒 U 型变化，农村单独家庭二孩期望男孩意愿则保持不变。居住在低生育率、中生育率、高生育率地区的城市单独家庭二孩期望是男孩的意愿分别是 6.9%、15.6%、7.4%，低生

育率地区与高生育率地区接近，中生育率地区则高于其他地区；农村单独家庭二孩期望是男孩的意愿分别是 4.3%、5.0%、5.0%，不同地区的意愿没有显著差异。通常生育率高的地区伴随着性别比失衡，单独二孩政策放开后，城市高生育率地区性别比失衡状况会出现一定程度的缓解，中生育率地区性别比失衡状况则会出现加重的情况；农村整个地区性别比失衡状况都会出现一定程度的缓解（表 4-10）。

表 4-10　　居住不同生育率地区单独家庭二孩期望性别（%）

		二孩期望性别		
		男	女	无所谓
城市单独家庭居住地	低生育率地区	6.9	12.4	80.8
	中生育率地区	15.6	22.7	61.7
	高生育率地区	7.4	12.8	79.9
农村单独家庭居住地	低生育率地区	4.3	31.3	64.4
	中生育率地区	5.0	29.0	66.0
	高生育率地区	5.0	24.8	70.2

四、区域生育格局的变动

尽管本研究是以湖北调研地区为例，但由于湖北内部是一个区域生育格局差异显著的地区，三个地区在全国都具有很大的代表性，轻度低生育地区“六普”总和生育率与同期的安徽省、海南省、广西壮族自治区、贵州省、云南省、新疆维吾尔自治区等省份类似，中度低生育地区“六普”总和生育率则与同期的河北省、江西省、河南省、湖南省、甘肃省、青海自治区、宁夏回族自治区类似，极度低生育地区“六普”总和生育率则与同期的天津市、山西省、内蒙古自治区、江苏省、浙江省、福建省、广东省、四川省、陕西省类似，因此最终的结论对全国区域生育格局具有很大的普适性。

在将单独家庭分城乡的基础上，本书通过分析“单独二孩”政策放开后，已生一孩的单独家庭二孩生育意愿的区域差异，并将这种差异与不同类型的家庭、不同时期的数据比较，得到如下结论：（一）“单独二孩”政策放开后，不同地区的单独家庭数量上存在差异，居住于高生育率地区的单独家庭数量多于居住于低生育率地区的单独家庭，同时城市单独家庭数量多于农村单独家庭。（二）“单独二孩”

政策放开后，单独家庭想要二孩的意愿只是一个政策放开后的正常增长，并没有出现所谓的剧烈反弹。城市低生育地区单独家庭想要二孩的意愿却出现上升趋势，而农村高生育地区单独家庭想要二孩的意愿却出现下降趋势。（三）将单独家庭的二孩生育意愿转换为意愿生育率后发现，不但不同区域单独家庭意愿生育率仍处于很低生育水平，而且不同区域之间的意愿生育率差距逐渐缩小。因此综合来看，放开二孩政策，已有的生育空间格局会被打破，城乡生育水平会出现趋同，不同地区生育水平也会出现趋同，但这种趋同是一种低生育水平的趋同，整体生育意愿仍然不高。

在过去，我们总是认为高生育率地区和农村地区是生育抑制性反弹的潜在地区，因此对于是否调整生育政策以及怎么调整生育政策犹豫不决。还有一部分学者甚至认为必须更加严格推行现有的生育政策，因为农村地区的超生意愿会拉升全国整体的低生育水平，从而让总和生育率维持在更替水平左右。然而本书的研究表明，在当前的低生育水平背景下，放开生育政策限制后，家庭的生育率也不可能达到更替水平左右，即使高生育率地区或者农村地区家庭的生育率也处于低生育水平，这显然有悖于人口的自身发展规律。在过去的30年，计划生育政策很好地完成了控制人口过快增长任务，但是政策带来的惯性会让即使放开生育政策限制，但生育率一直持续下滑，甚至有掉入“低生育陷阱”的可能。因此当前应该让人口发展恢复到自身的规律上来，这除了全面放开二孩政策外，还应该建立一个稳定政策生育水平为导向，而不是鼓励少生为导向的生育政策。

第三节 “单独二孩”政策有助于出生性别比的平衡吗?

出生性别比一直是政府和学术界关注的焦点。本研究利用2014年湖北省单独家庭调查数据，实证分析了“单独二孩”政策对出生性别比的影响效应。

一、计划生育政策与出生性别比关系的争论

出生性别比偏高将导致女性数量短缺、人口性别结构失衡，从而对人口规模、性别和年龄结构、人口老龄化、婚姻市场等产生重大影响①，问题的严峻性引起了政府和学术界的广泛关注。出生性别比偏高与生育政策在时空、群体等方面具有一

① 李树茁，李卫东．出生人口性别比偏高问题治理及展望［N］．中国人口报，2010-08-09（03）．

致性，出生性别比从正常到失衡与现行的生育政策同步①，因而很多学者从计划生育政策着手探讨其与出生性别比的内在联系。目前，学术界关于两者之间的关系没有达成一致观点。一种观点认为性别比偏高和计划生育政策没有关系。原新、石海龙指出，中国出生性别比偏高和推行计划生育政策并没有直接关系，二者不具有因果关系②。持有这样观点的学者以同样具有男孩偏好的韩国、新加坡、中国台湾地区等国家或地区为例，认为这些国家或地区不实行计划生育但也存在出生性别比失衡问题，因此生育政策不是造成我国大陆地区出生性别比失衡的原因。另一种观点认为计划生育政策和出生性别比失衡之间存在直接或间接的关系，计划生育政策是造成出生性别比偏高的原因。20 世纪 80 年代以来实施的严格的计划生育政策不仅与出生性别比偏高直接相关，而且是诸多影响因素中最主要的因素，偏严的生育政策是中国出生性别比长期严重失衡的主要原因③。王军等通过建立分层模型研究也发现，生育政策对中国出生性别比失衡有显著影响，生育政策越严格，出生性别比失衡越严重④。石人炳也认为生育控制政策对出生性别比偏高有一定的间接影响⑤。

既有文献研究的是单独二孩政策放开之前的计划生育政策对出生性别比的影响，性别比失衡是否是计划生育政策的产物尚未得到肯定的答案。那么，2013 年 11 月国家放开“单独二孩”政策之后，该政策是否对缓解我国出生性别比产生影响以及会产生怎样的影响，政府和学术界充满了期待。本文利用 2014 年 7 月湖北省符合“单独二孩”政策人群生育意愿调查获得的 11142 个有效样本进行实证分析，尝试回答上述问题。该调查使用多层次、分阶段、与规模成比例的抽样方法。首先从湖北省全员人口数据库中筛选出符合“单独二孩”政策、女性处于育龄阶段的全部家庭。然后按照家庭育龄妇女当前居住地确定省内和省外样本的抽取比例。其中，省内样本根据各地市符合政策家庭占全省比重确定，并考虑到地市代表

---

① 汤兆云．生育政策对出生性别比升高影响及未来生育政策的走向［J］．江苏社会科学，2011（6）：55-60.

② 原新，石海龙．中国出生性别比偏高与计划生育政策［J］．人口研究，2005，29（3）：11-17.

③ 李建新．生育政策与出生性别比偏高［J］．中国农业大学学报：社会科学版，2008，25（3）：68-76.

④ 王军，王广州．中国育龄人群的生育意愿及其影响估计［J］．中国人口科学，2013（4）：26-35.

⑤ 石人炳．生育控制政策对人口出生性别比的影响研究［J］．中国人口科学，2009（5）：86-94.

性所要求的最低样本量；省外样本根据育龄妇女的迁移分布比例确定。最后在确定的抽样框内综合考虑育龄妇女的年龄、受教育状况、户籍等进行分组随机抽样，最终共抽取样本 11142 个。其中仅符合“单独二孩”政策的家庭 6958 户。同时，根据计划生育政策演变进程，选择其他几类符合生育二孩条件的家庭样本作对比分析，包括农村“一孩半”家庭 2478 户、“双独”家庭 594 户，“农村双少家庭”105 户，“恩施少数民族地区政策”家庭 99 户①。我们研究的重点是仅仅受到政策影响的单独家庭②，这类家庭的主要特征如下：家庭女方平均年龄为 28.9 岁；女方教育程度初中及以下、高中或中专、大专及以上分别占 48.9%、28.3%、22.7%；家庭理想子女数 1.7 个；城市样本占 60.1%，农村样本占 39.9%；男独家庭占 61.9%，女独家庭占 38.1%；一孩为男孩的占 70.6%，一孩为女孩的占 29.4%；“要二孩”占 21.6%，“不要二孩”占 59.1%，“没想清楚”占 19.3%；在要二孩中，要“男孩”的占 7.2%，要“女孩”的占 23.1%，“无所谓”占 69.7%。

二、“单独二孩”政策影响出生人口性别比的作用机制

“单独二孩”政策实施之前，我国大多省份已经实施了“一孩半政策”、“双独政策”、“农村双少政策”以及“少数民族地区政策”③。这意味着，凡符合“单独二孩”政策之前的上述几类政策的家庭都可以生育二孩。因此，“单独二孩”政策实施后，二孩生育行为受影响的是那些不符合上述政策而仅符合单独政策的家庭。笔者认为“单独二孩”政策会通过“释放效应”和“稀释效应”降低出生性别比。“释放效应”和“稀释效应”相辅相成，缺一不可，他们都是出生性别比降低的必要条件。“释放效应”是“稀释效应”的前提，而仅有“释放效应”没有“稀释效应”，性别比有可能进一步恶化。

（一）释放效应

在“单独二孩”政策放开之前，符合单独政策家庭的生育空间受到严格限制，

① 显然这几种类型的家庭户数之和大于 10030 个，原因是“一孩半”家庭、“双独”家庭、“农村双少”家庭、“恩施少数民族地区”家庭存在着交叉。

② 本文中的单独家庭是指仅仅符合单独政策的家庭，不包括单独政策实施之前已经符合其他可以生育二胎政策的家庭。

③ “一孩半政策”是指农村地区夫妇双方第一孩为女孩，可以生育第二孩；“农村双少政策”是指农村夫妇双方均为少数民族的，可以生育第二孩；“少数民族地区政策”是指恩施州夫妻一方户籍在本行政区域内且女方属农村居民，在本州居住 3 年以上的，经批准可以生育第二孩。

他们在生育一孩之后不能再生育二孩。但在单独政策放开后，单独家庭生育二孩就得到了政策允许。同时需要考虑的是，即使政策允许，单独家庭如果都不愿意生二孩，同样不会对出生性别比产生影响。我们把单独政策放开后，单独家庭可以生育二孩并且存在一定比例的家庭愿意生二孩的效应称为“释放效应”。

释放效应在农村和城市都存在。在农村，“单独二孩”家庭是那些一孩为男孩的家庭，而我国农村地区性别偏好并不绝对地表现为只想要男孩而不想要女孩，最理想的情况是在有男孩的基础上能儿女双全，一儿一女的孩子结构诉求是主流，这意味着农村单独家庭存在着要二孩的意愿即生育空间的释放效应。此外，一项基于全国层面的调查显示，实行一孩生育政策且现有一个孩子的城市单独家庭中，理想子女数为 2 个孩子的占家庭总数的 77%①，这在一定程度可说明城市家庭也存在释放效应。

（二）稀释效应

仅存在释放效应，并不能保证性别比的下降，因为单独家庭在生育二孩时可能选择生育男孩，这样不仅导致性别比没有下降反而上升。我们把单独政策下可以并且愿意生育二孩的单独家庭，在生育二孩时大多数选择自然生育或者生育女孩而带来的性别比下降效应称为稀释效应。该效应可以从城乡单独家庭和一孩性别不同的单独家庭两个角度分别来分析。

1. 城乡单独家庭

不管是城市还是农村，“单独二孩”政策放开后出生性别比都会降低。我们可以假设，如果“单独二孩”政策不放开，对于现有城市单独家庭而言，由于不存在强烈的性别偏好，性别比依然会处于正常范围内；对于未来新增城市单独家庭亦是如此。对于农村现有单独家庭而言，即一孩为男孩的家庭，这类家庭可能会由于生育政策的限制在生育一孩时就利用性别鉴定等技术手段达到生男孩的目的，这样会导致性别比偏高。对于未来新增农村单独家庭，他们或者第一胎为男孩不能再生第二胎或者第一胎为女孩可以生第二胎。在这种情况下，大量研究表明此时一孩性别比已经偏高，而再加上后者的一孩半家庭，他们更倾向选择男孩，性别比会进一步上升。因此，在不放开的情况下出生性别比会高于正常水平。

那么当单独政策放开之后，对于农村单独家庭，由于儿女双全的孩子结构是主流追求，他们不会再做出明显的性别选择，性别比自然得到降低。对于城市，同样

---

① 庄亚儿，姜玉，等．当前我国城乡居民的生育意愿——基于 2013 年全国生育意愿调查［J］．人口研究，2014（5）：3-13.

也可以起到降低性别比的作用。从单独政策降低出生性别比效果的城乡对比来看，农村会更加突出。

2. 一孩性别不同的单独家庭

不管是现有单独家庭还是未来新增的单独家庭，我们把这些家庭分为两类：一类是一孩性别为男孩的家庭，一类是一孩性别为女孩的家庭，接下来从这两类家庭分别阐述“稀释效应”。

对于一孩为男孩的家庭，在已经拥有一个男孩的基础上，他们对传宗接代、养老送终或者家庭劳动力等需要得到了一定的满足，加上经济发展和社会政策体系的完善，重男轻女的思想会得到弱化。首先，经济发展中资本积累和技术进步缩小了男女劳动力在生产效率上的差异，进而缩小了女性与男性在劳动回报上的差距，提高了女孩对家庭效用的贡献，降低了家庭对男孩的偏好。其次，不管是在城市还是农村，社会保障体系的日益完善减轻了尤其是农村家庭父母对养老的忧虑，弱化了家庭在养老上对儿子的依赖。此外，家庭结构的变迁也是重要因素之一。当前家庭的核心化逐步取代了大家庭模式，新一代年轻人对宗族的使命感降低，他们更加注重小家庭的发展，男孩“传宗接代”功能弱化。与此同时，相对于男孩来说，女孩对父母情感需求方面可能更具优势。因此，在已经拥有一个男孩的基础上，由于男孩偏好的弱化，家庭在考虑子女结构时，子/女组合给家庭带来的效用可能要大于子/子组合带来的效用。总之，“单独二孩”放开之前的“一孩政策”限制了一孩为男孩的家庭再次生育，而恰恰是这类家庭在生育二孩时生育女孩的概率较大。那么“单独二孩”政策放开后，这些最初一孩为男孩被限制生育的家庭，二孩会选择生育女孩，从而对性别选择生育下“男孩剩余”现象起到稀释作用，降低了性别比。

对于一孩为女孩的家庭来说，由于我们不考虑不受“单独二孩”政策影响的农村一孩为女孩的家庭，因此这里探讨的一孩为女孩的家庭都是城市家庭。城市存在着包括政治参与、财产继承、就业机会、社会保障等一系列有利于淡化男孩偏好的制度、文化和环境，这些制度文化环境会弱化城市家庭重男轻女的观念。在“单独二孩”政策出台之前，这些家庭在明确只能生育一孩的情况下并没有采取性别选择等手段第一胎仍然生育了女孩，我们认为这类家庭并不存在非常严重的男孩偏好。因此，在第一孩为女孩生育二孩时，家庭在子女性别结构的选择上，女/子组合与女/女组合给家庭带来的效用不存在差异，即这两类孩子结构给家庭带来的效用水平几乎是一样的。可以说，“单独二孩”政策放开后，对于一孩为女孩的家庭，二孩生育行为不存在性别偏好，生男生女是随机的，出生性别比将会处于正常值范围，这部分自然状态下的生育会对性别选择生育造成的“男孩剩余”现象起到“稀释”作用，从而降低了整个社会的出生性别比。

三、“单独二孩”政策性别比降低效应的描述性证据

“单独二孩”政策放开前，湖北省符合农村一孩半政策、双独政策、农村双少政策以及恩施州女方为农业户口的家庭可以生育二胎；“单独二孩”政策放开后，为了识别出“单独二孩”政策对出生性别比的影响效应，我们从总样本中剥离了符合上述四类政策的家庭，符合我们研究的样本为6831个。从湖北省全部家庭性别比来看，2009—2013年一孩性别比在正常值范围内，而二孩性别比则失衡严重，均处于135以上①。

从单独家庭出生性别比来看，表4-11显示，“单独二孩”政策放开之前，单独家庭性别比（即一孩性别比）在限制性生育政策下达到了240.1，严重高于正常水平。由于城市单独家庭一孩性别比都是正常的（从表4-11可看出），因此造成这一结果的是农村单独家庭。这一方面可能是因为我们在计算单独家庭性别比时，排除了农村一孩为女孩的单独家庭，只统计了农村一孩为男孩的单独家庭和城市单独家庭。另一方面，也可能与农村家庭在男孩偏好下生育一孩时使用终止妊娠等技术手段有关。

那么“单独二孩”政策有助于缓和当前严峻的出生性别比形势吗？“单独二孩”政策放开后，二孩生育意愿②上（表4-11），单独家庭“要二孩”的比例为21.6%，双独家庭“要二孩”的比例为14.9%，这说明单独家庭比双独家庭更愿意要二孩。在二孩性别选择上看，双独家庭要男孩和女孩的比例分别为12.7%和7.8%，二孩性别比达到162.8；一孩半家庭和农村双少家庭二孩性别比的失调程度和双独家庭一样严重。而单独家庭要男孩和女孩的比例分别为7.2%和23.1%，二孩性别比为31.2。因此，“单独二孩”政策放开后，单独家庭二孩性别比较低，进而拉低了整个社会的出生性别比，促进性别比平衡。

从表4-12城乡单独家庭对比来看，在生育意愿上，城市单独家庭“要二孩”的比例为18.1%，而农村该比例为26.9%。这一方面说明，不管是城市还是农村，都存在一定比例的单独家庭选择生育二孩即存在“释放效应”；另一方面也说明，在要二孩的比例上，农村单独家庭比城市高。此外，从城乡单独家庭数量分布

① 数据来源于湖北省卫计委2009—2013年人口自然变动统计报表。

② 关于生育意愿的调查，问卷中的问题是“您是否打算要二孩？”。

(城市、农村单独家庭分别占 60.1%和 39.9%)和各自要二孩的比例(城市、农村要二孩的比例分别为 18.1%和 26.9%)上可以发现,城市符合单独政策的家庭比农村多,但前者的要二孩的比例比农村低。因此,城乡要二孩的单独家庭规模相当。

表 4-11　　**不同家庭类型的生育意愿与性别偏好对比(%)**

家庭类型	生育意愿			性别偏好			一孩性别比	二孩性别比
	要二孩	不要二孩	没想清楚	男孩	女孩	无所谓		
一孩半家庭	30.5	51.1	18.4	15.3	7.0	77.7	—	218.6
农村双少家庭	15.2	63.8	21.0	18.8	12.5	68.8	87.6	150.4
双独家庭	14.9	60.5	14.6	12.7	7.8	79.4	81.7	162.8
单独家庭	21.6	59.15	19.3	7.2	23.1	69.7	240.1	31.2

注:上述各类家庭生育意愿样本数 N1 与性别偏好样本数 N2 分别如下:一孩半家庭 N1=2478,N2=759;农村双少家庭 N1=105,N2=16;双独家庭 N1=683,N2=102;单独家庭 N1=6831,N2=1475。

在生二孩性别选择上,城市家庭明确要男孩和要女孩的比例分别为 9.4%和 16.3%,二孩性别比为 57.7;而农村明确要男孩和要女孩的比例分别为 5.0%和 29.9%,二孩性别比为 16.7。这充分表明“单独二孩”政策放开后,城市和农村的二孩性别比都会较低,进而会拉低整个社会偏高的性别比,促进性别比的平衡,即存在稀释效应。此外,从城乡降低二孩性别比的作用效果来看,农村比城市更为突出。

表 4-12　　**城乡单独家庭的生育意愿与性别偏好对比(%)**

城乡	生育意愿(N=6831)			性别偏好(N=1475)			一孩性别比	二孩性别比
	要二孩	不要二孩	没想清楚	男孩	女孩	无所谓		
城市	18.1	61.4	20.5	9.4	16.3	74.3	104.5	57.7
农村	26.9	55.6	17.5	5.0	29.9	65.0	—	16.7

从一孩性别不同的单独家庭对比来看（见表4-13），在生育意愿上，一孩为男孩和一孩为女孩的家庭要二孩的比例分别为22.9%和18.5%。这一方面说明释放效应的存在，另一方面也说明一孩为男孩的家庭要二孩的比例高于一孩为女孩的家庭。从一孩为男孩的单独家庭城乡对比来看，农村要二孩的比例更高。此外，从一孩性别不同的家庭数量分布（一孩为男孩的单独家庭占70.6%、一孩为女孩的单独家庭占29.4%）和各自要二孩的比例（一孩为男孩的单独家庭为22.9%、一孩为女孩的单独家庭为18.5%）来看，要二孩的家庭中一孩为男孩的家庭约占75%。

表4-13　　**不同一孩性别的单独家庭生育意愿与性别偏好对比（%）**

一孩性别			生育意愿（N=6831）			性别偏好（N=1475）			二孩性别比
			要二孩	不要二孩	没想清楚	男孩	女孩	无所谓	
一孩性别	男	城市	17.7	62.0	20.3	7.2	21.7	71.1	33.2
		农村	26.9	55.6	17.5	5.0	29.9	65.0	16.7
	女	小计	22.9	58.4	18.7	5.8	27.1	67.1	21.4
		城市	18.5	60.9	20.7	11.5	11.0	77.5	104.5

在生二孩性别选择上，一孩为男孩的单独家庭要女孩比例为27.1%，高于要男孩的比例21.3个百分点，二孩性别比为21.4；并且不管在城市还是农村，二孩性别比都很低（分别为33.2和16.7）。这表明，在有一个男孩的基础上，二孩选择要女孩的家庭数量比要男孩的家庭数量多，从而稀释了“男孩过多”的现象，我们认为这正是“稀释效应”的体现。可以说，如果只存在释放效应而不存在稀释效应，单独家庭第一孩即使已经为男孩，他们在生二孩时仍可能选择生男孩，性别比会进一步恶化。对于一孩性别为女孩的单独家庭，在二孩性别偏好上，要男孩或要女孩的比例相当，分别为11.5%和11.0%，且都低于“无所谓”的比例（77.5%），二孩性别比为104.5。这说明对于一孩为女孩的单独家庭，他们不存在明显的性别偏好，生男生女对他们没有什么差异。以上分析表明，不管是一孩为男孩的单独家庭还是一孩为女孩的单独家庭，单独政策都会通过“释放效应”与“稀释效应”降低出生性别比，并且一孩为男孩的单独家庭降低性别比的作用更加突出。

四、生育政策调整对出生人口性别比的影响效应

（一）数据处理与变量设置

为了研究哪类家庭“释放效应”与“稀释效应”更明显，本研究设置两个因

变量。第一个是“是否要二孩”，把“要二孩”设置为1，“不要二孩或没想清楚”设置为0。对于那些回答为“要二孩”的家庭，他们比那些回答为“不要二孩或没想清楚”的家庭生二孩的可能性更大。因此，我们认为这类家庭的释放效应更强。第二个是在要二孩的情况下“是否要女孩”，把“要女孩”的赋值为1，“男孩或无所谓”赋值为0。同理，我们认为回答为“要女孩”的家庭稀释效应更强。自变量设置上，女方年龄在19~25岁赋值为1，26~35岁赋值为2，36~45岁赋值为3；女方教育程度，初中及以下赋值为1，高中或中专赋值为2，大专及以上赋值为3；女方职业上，职业为农民赋值为1，工人为2，国家工作人员为3；城乡性质上，农村赋值为1，城市为0；独生子女类型上，女方为独生子女赋值为0，男方为独生子女为1，双方均为独生子女为2；一孩性别上，男孩赋值为1，女孩为2。

（二）“单独二孩”政策下释放效应与稀释效应的影响分析

为了测量哪类家庭释放效应和稀释效应更加明显，同时考虑到共性问题，我们只把反映女方个体特征的一些变量引入到模型中，没有引入男方相应的特征变量。同时，我们还考察不同特征变量对单独家庭和不受单独政策影响的其他类型家庭（即一孩半、双独、农村双少以及恩施州女方为农业户口家庭）影响的差异，回归结果见表4-14。

模型1汇报了单独家庭释放效应的回归结果。从该模型可以看出，相对其他年龄段，女方年龄为19~25岁的单独家庭要二孩的意愿最高，即释放效应最强。与此同时，女方职业为工人的单独家庭要二孩的意愿弱于职业为农民的单独家庭，这可能是因为职业为工人的女性一般在外务工，而正如尤丹珍、郑真真研究发现的，外出务工会降低多生孩子的意愿。此外，相对于双独家庭，单独家庭的释放效应更强；相对于女独家庭，男独家庭的释放效应更强；而一孩性别不会对单独家庭是否要二孩产生显著影响。

模型3汇报了单独家庭稀释效应的回归结果。从该模型可以看出，和女方职业为农民的单独家庭相比，女方职业为工人或国家工作人员的单独家庭稀释效应更强。一种合理的解释是，女性职业可以反映其收入水平的高低，商业人员和国家工作人员的收入一般都要高于农民，收入的增加提高了妇女的家庭地位，弱化了家庭男孩偏好的传统思想。同样值得一提的是，和农村家庭相比，城市家庭更不愿意要女孩。这与我们一般认为的农村更加重男轻女并不矛盾，这里的城市不愿要女孩是相对农村家庭一孩为男孩二孩要女孩而言。此外，一孩性别在1%的水平上显著为正，这表明一孩为男孩的家庭比一孩性别为女孩的家庭二孩更愿意要女孩。其他类型家庭中，和单独家庭相比，双独家庭的稀释效应更明显。

表 4-14 释放效应与稀释效应影响因素 Logistic 回归分析

变量	是否要二孩		是否要女孩	
	模型 1 单独家庭	模型 2 其他家庭	模型 3 单独家庭	模型 4 其他家庭
女方年龄（以 19~25 岁为参考）				
26~35 岁	-0.518***	-0.567***	-0.157	-0.268
36~45 岁	-1.502***	-1.275***	-0.319	0.274
女方教育程度（以初中及以下为参考）				
高中或中专	-0.036	-0.257**	0.190	-0.388
大专及以上	-0.049	-0.038	-0.232	0.051
女方职业（以农民为参照）				
工人	-1.764***	-2.296***	0.670**	2.008**
国家工作人员	0.348		1.204*	
城乡性质（以农村为参照）	-0.057	0.248	-0.479***	1.947
独生子女类型（以女方为独生女为参照）				
男方为独生子	0.149**	0.002	-0.030	-0.059
双独		-0.481**		-3.627**
一孩性别（以女为参照）	-0.049	-0.219	0.805***	2.146***
常量	-0.655***	-0.382***	-1.601***	-2.427***
样本数	6831	3199	1475	858
Nagelkerke R square	0.095	0.094	0.067	0.093

注：（1）***、**、*分别代表在 1%、5%、10%的水平下充分显现；（2）表中空格部分表示对应变量的样本没有或者只有若干几个。

从模型 1 与模型 3 对比来看，不同特征的单独家庭，它们的释放效应与稀释效应不完全相同。一般而言，女方年龄越大的单独家庭，其释放效应越弱，但年龄不会对单独家庭的稀释效应产生显著的影响。相对于城市、一孩为男孩的家庭，农村、一孩为女孩的家庭稀释效应更强；而这两个因素对单独家庭的释放效应都没有产生显著性影响。此外，相对于女方职业为农民的单独家庭，女方职业为工人的单独家庭释放效应较弱，但稀释效应较强。

从以上理论和实证分析可以得到如下结论：第一，单独政策放开之前，单独家庭的出生性别比严重失调，这可能是农村家庭在男孩偏好下，生育一孩时使用性别鉴定等技术手段造成的。第二，单独政策放开之后，该政策可通过“释放效应”和“稀释效应”降低出生性别比，促进整个社会性别比的平衡。第三，不同特征的单独家庭的“释放效应”和“稀释效应”不完全相同。一般来说，女方相对年轻、女方职业为工人相对于职业为农民、男方为独生子的单独家庭释放效应更强；农村、一孩为男孩、女方职业为工人或国家工作人员的单独家庭稀释效应更加明显。第四，相对于双独家庭，单独家庭的释放效应和稀释效应都更强。第五，相对于城市、一孩为女孩的家庭，农村、一孩为男孩的家庭降低性别比的效果更加突出。但总体来看，限于单独二孩实际生育的数量有限，单独二孩政策对缓解出生人口性别比的效应是有限的。

第五章　超低生育率地区的生育模式

党的十八届五中全会决定全面实施一对夫妇可以生育两个孩子的政策，生育政策的调整是否会带来不可控制的生育反弹和高峰成为学术界关注的问题。然而我国生育率存在明显的地区差异，局部地区的超低生育率也应得到重视。本部分基于宜昌市40万的样本数据，研究超低生育率地区城乡居民的生育行为和生育模式。根据抽样结果，2014年宜昌市的城市总和生育率大于农村地区，农村为0.776，城市为0.799。育龄妇女平均子女数量为0.7个，城市育龄妇女平均子女数量为0.64个，农村为0.76个。

第一节　生育行为和生育模式的区域差异

20世纪70年代末，自计划生育政策执行以来，我国的人口增长模式迅速转变，总和生育率急剧下降，众多学者研究证明我国已经进入低生育率阶段，并且已经长期处于低生育率阶段。第六次全国人口普查数据显示中国的总和生育率为1.18，考虑到漏报等因素的存在，2010年全国总和生育率应该在1.5左右①。然而我国的总和生育率还存在明显的地区差异，表现在“由北向南，由西向东逐渐降低”。

王良健等将中国各地区总和生育率的变动范围分为四类：第一类：低总和生育率区，总和生育率水平为0.70~1.30，集中分布在东北地区、京津沪、江苏、山东、珠三角地区以及成渝城市群；第二类：次低总和生育率区，总和生育率水平为1.31~1.48，主要分布在内蒙古东部、甘、青、新、藏等省（区），或散落在华中、华北地区；第三类：次高总和生育率区，总和生育率水平为1.49~1.64，该类生育水平并未形成区域集聚，而是散落在全国各地；第四类：高总和生育率区，总和生育率水平为1.65~2.45，集中分布在新疆西部、陕西南部、云贵高原、广西及海南

① 郭志刚．关于中国1990年代低生育水平的再讨论［J］．人口研究，2004（4）：16-24.

的大部分地区以及闽浙赣接壤地区①。

不同地区育龄人群理想子女数和生育意愿的差异也相当明显。庄亚儿、姜玉、王志理等（2014）利用2013年的全国生育意愿的调查数据研究发现全国城乡居民理想子女性别比为104，理想子女数为1.93个。东北三省和京津沪3个直辖市的平均理想子女数相对较低，其中黑龙江的平均理想子女数最低（1.61），其次是上海（1.65）、吉林（1.69）。平均理想子女数超过2.0个的共有9个省（区），其中广东的平均理想子女数最高（2.24），其次为贵州（2.18）、青海（2.18）；最低的黑龙江与最高的广东相差0.63个孩子②。

我们将以宜昌市为研究对象，对比分析超低生育率地区城乡已生育妇女的生育行为和生育模式。首先将样本按受教育水平、民族、职业、出生年代等进行分类，对比分析不同类型城乡居民的婚育年龄、生育间隔、子女数量、孩次性别比、生育模式等核心内容。

第二节　婚育模式

一、超低生育率地区婚育模式的总体情况

为了研究超低生育率地区居民的生育行为，首先要了解已生育妇女的婚育基本情况，其中包括初婚年龄、初育年龄、婚育间隔。

（一）平均初婚年龄及其分布

宜昌市已生育妇女的初婚年龄有所推迟，平均初婚年龄为23.81岁，其中，城市居民为24.62岁，农村为22.99岁。初婚年龄小于等于22岁的农村妇女所占比例明显要高于城市妇女。农村妇女的初婚年龄集中分布在20~21岁，所占比例为38.5%，城市妇女的初婚年龄集中分布在23~24岁，所占比例为27.8%，农村妇女与城市妇女相比有明显的早婚倾向，以23岁为分界线，23岁以后随着年龄的增大初婚的城乡妇女所占比例减少。其中晚婚现象也很突出，表现在35岁以后结婚的城乡居民还有较大比例，城市占4.2%，农村占3.3%。就曲线分布特征看，城

---

① 王良健，梁旷，彭郁．我国总和生育率的县域差异及其影响因素的实证研究［J］．人口学刊，2015，37（3）．

② 庄亚儿，姜玉，王志理，等．当前我国城乡居民的生育意愿［J］．人口研究，2014，38（3）．

市和农村已生育妇女的初婚年龄都呈倒 U 型分布（图 5-1）。

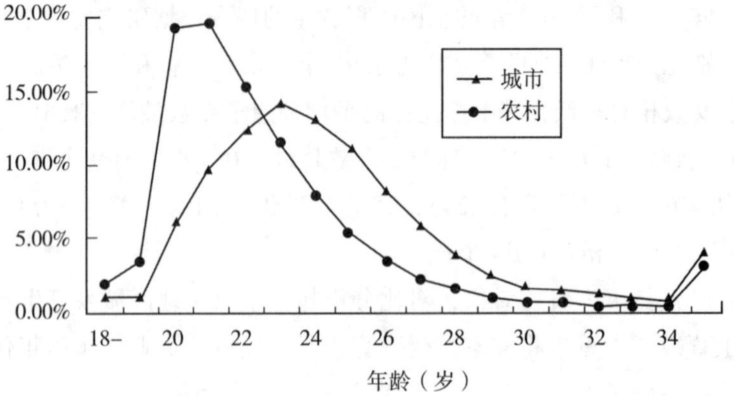

图 5-1　已生育女性的初婚年龄分布

（二）平均初育年龄及其分布

已生育妇女的平均初育年龄为 24. 21 岁。其中，城市已生育妇女的平均初育年龄为 25. 29 岁，农村妇女为 23. 12 岁。农村已生育妇女的初育年龄集中分布在 21～22 岁，占 36. 9%，城市妇女的初育年龄集中分布在 24～25 岁，占 26. 0%，24 岁以后初育的妇女随着年龄的增大而减少。整体上初育年龄比初婚年龄推迟一年。35 岁初次生育的妇女所占比例要低于初婚的妇女，其中城市占 1. 2%，农村占 0. 4%。城市和农村已生育妇女的初育年龄分布曲线也呈倒 U 型，城市和农村已生育妇女的初婚和初育曲线变化趋势基本相同，因为初婚年龄在一定程度上决定初育年龄（图 5-2）。

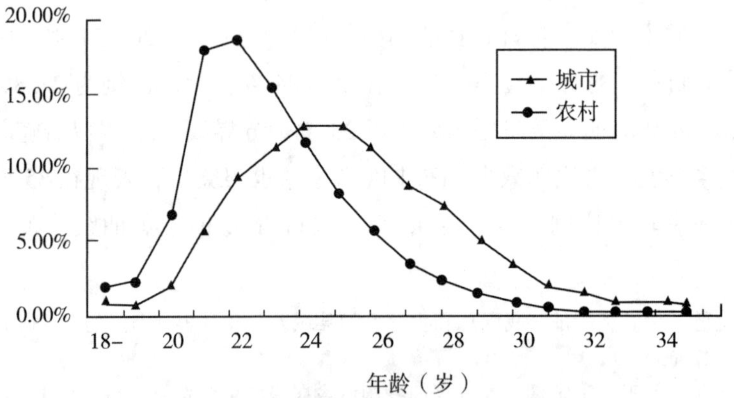

图 5-2　已生育妇女的初育年龄分布

（三）婚育间隔及其分布

已生育妇女的婚育间隔（初婚与初育的时间间隔）平均为 1. 35 年。城乡对比发现，城市已生育妇女的平均婚育间隔为 1. 69 年，农村为 1. 20 年。城市和农村已生育妇女的婚育间隔整体变化趋势相同，分布最为集中的是 1 年，城市占 47. 3%，农村占 56. 3%。城市妇女生育意愿没有农村妇女迫切，表现在婚育间隔大于等于 2 年时，城市妇女所占比例要高于农村妇女，随着间隔年限的增加，城乡妇女所占比例都逐渐减小，这可能与城乡居民的生育观念和所处的生活环境有一定的联系（图 5-3）。

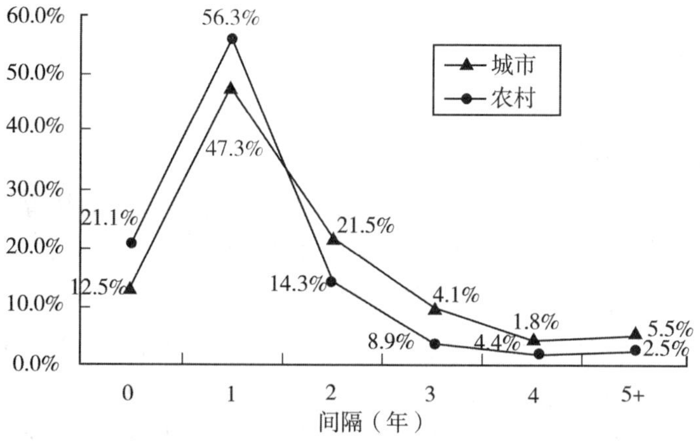

图 5-3 已生育妇女婚育间隔

二、初婚、初育年龄及其婚育间隔变化

尽管民族间的婚育行为在许多方面比较一致，但是由于文化差异、风俗习惯、地理位置、饮食习惯的原因，婚育行为产生或多或少的差别，下面从初婚年龄、初育年龄、婚育间隔三个方面分析不同民族已婚妇女的婚育行为。

（一）初婚年龄分布

总体来说，土家族妇女的初婚年龄集中分布在 20 岁，占 19. 1%，汉族、苗族和其他少数民族妇女的初婚年龄集中分布在 21 岁，所占比例分别为 16. 3%、15. 6%、13. 0%。回族和壮族妇女的初婚年龄集中分布在 22 岁，所占比例分别为 12. 4%和 14. 6%，初婚年龄大于 29 岁的回族妇女所占比例最多，为 21. 6%。回族妇女的平均初婚年龄为 24. 63 岁，说明回族晚婚妇女所占比例较多，汉族平均初婚年龄为23.52岁。总之，不同民族的初婚年龄呈倒U型分布（表5-1）。

表5-1　　不同民族已生婚女性初婚年龄分布（%）

民族	初婚年龄（岁）及占比												平均初婚年龄（岁）
	18-	19	20	21	22	23	24	25	26	27	28	29+	
汉族	1.6	2.7	14.9	16.3	14.6	12.7	9.8	7.4	5.0	3.4	2.3	11.4	23.52
土家族	1.7	3.4	19.1	18.4	13.7	11.0	8.3	6.0	4.4	2.8	1.9	9.2	23.28
回族	1.0	5.2	7.2	9.3	12.4	9.3	11.3	5.2	9.3	9.3	7.2	21.6	24.63
苗族	2.7	3.1	11.5	15.6	15.3	9.5	8.8	8.4	5.0	2.7	5.7	11.8	23.94
壮族	1.0	1.6	3.1	12.5	14.6	9.4	12.5	13.5	8.9	6.3	6.3	16.7	24.59
其他	3.0	3.0	10.5	13.0	10.9	10.9	12.5	6.2	6.6	5.9	4.6	17.5	24.17

（二）初育年龄分布

回族女性的平均初育年龄最大，为25.4岁，土家族妇女的初育年龄最小，为23.45岁。土家族和苗族妇女的初育年龄集中在21岁，分别占17.6%和16.1%，汉族、壮族妇女的初育年龄集中分布在22岁，所占比例分别为15.7%和15.5%，回族和其他少数民族妇女的初育年龄集中在23岁，分别占11.3%和11.6%。初育年龄大于29岁的回族妇女所占比例最多，为21.6%，土家族最少，仅有5.9%。不同民族的初育年龄呈倒U型分布，这与初婚年龄的分布状态密切相关（表5-2）。

表5-2　　不同民族已生育女性初育年龄分布（%）

民族	初育年龄（岁）及占比												平均初育年龄（岁）
	18-	19	20	21	22	23	24	25	26	27	28	29+	
汉族	1.5	1.8	5.4	14.1	15.7	14.4	12.3	10.0	7.7	5.3	4.0	7.8	23.83
土家族	1.5	1.9	6.1	17.6	17.3	14.4	11.1	9.0	6.6	4.7	3.7	5.9	23.45
回族	0	3.1	6.2	6.2	9.3	11.3	9.3	9.3	7.2	11.3	5.2	21.6	25.40
苗族	4.2	5.7	5.7	16.1	13.4	12.3	7.7	7.3	7.7	5.0	3.8	11.1	23.66
壮族	2.1	2.6	3.1	7.7	15.5	8.8	10.8	14.4	10.3	4.6	5.2	14.9	24.69
其他	5.7	2.9	7.5	10.2	10.7	11.6	11.1	10.0	5.9	7.9	4.5	12.0	24.00

（三）婚育间隔

不同民族妇女的婚育间隔大都集中在1年，所占比例分别为汉族53.6%、土家族53.2%、回族44.8%、苗族40.2%、壮族43.3%，其他少数民族的生育间隔集中在0年，占39.8%。回族的平均婚育间隔最长，为1.70年，其次是土家族，为1.35年。壮族妇女的平均婚育间隔最短，为0.93年，说明壮族妇女结婚后生育子女的愿望比较迫切。这一结果可能和民族间的生活习惯和风俗有关（表5-3）。

表5-3　　不同民族已生育女性婚育间隔分布（%）

民族	婚育间隔（年）及占比						平均婚育间隔（年）
	0	1	2	3	4	5+	
汉族	18.5	53.6	16.4	5.6	2.5	3.4	1.35
土家族	17.0	53.2	17.7	5.9	2.8	3.4	1.39
回族	14.9	44.8	20.7	10.3	3.4	5.7	1.70
苗族	37.7	40.2	13.2	4.4	2.0	2.5	1.03
壮族	38.3	43.3	12.3	3.1	1.9	1.2	0.93
其他	39.8	34.7	12.6	7.6	2.2	3.1	1.11

第三节　生育行为

一、不同年代的生育行为

不同年代的已生育妇女，由于所经历的社会阶段不同，生活观念、婚育观念产生一定的差异，这种差异是来源于生育政策的调整、生育观念的改变、生活水平的变化以及人们对精神生活的追求等人为因素还是自然因素造成的，值得人们思考。我们选取1960—2000年出生的已生育妇女作为样本，按照出生年代分类，从子女数量、孩次性别比、生育间隔来分析宜昌市不同年代的已生育妇女生育行为的区别。

（一）已生育孩子数量

随着妇女出生年代的变化，年龄越大生育子女的平均数量越多。60年代出生的妇女生育子女的平均数量最多，城市为1.11个，农村为1.44个，90年代出生的妇女生育子女的平均数量最少，城市为1.04个，农村为1.07个。60后妇女生育二孩的比例较大城市为 9.7%，农村为 40.4%，90 后生育二孩的比例较小，城市降为 4.1%，农村降为 6.5%。城乡妇女生育三孩及以上的比例很小，城市不超过 0.7%，农村不超过 1.8%。总之，随着妇女出生年代的变化，子女平均数量的差距逐渐缩小（表 5-4）。

表 5-4　　　　不同年代出生的已生育妇女的生育行为

		城市（%）				农村（%）			
		60 后	70 后	80 后	90 后	60 后	70 后	80 后	90 后
孩子数量（个）	1	89.7	91.2	90.5	95.8	57.8	75.8	83.6	93.3
	2	9.7	8.1	8.9	4.1	40.4	22.5	15.6	6.5
	≥3	0.6	0.7	0.6	0.1	1.8	1.6	0.8	0.2
	均值	1.11	1.10	1.09	1.04	1.44	1.26	1.17	1.07
孩次性别比	一孩	105	106	104	104	99	100	102	113
	二孩	106	102	110	126	106	111	111	111
	三孩及以上	100	125	123	—	108	107	116	—
生育间隔（年）	1~3	35.1	16.7	19.0	48.0	31.3	11.6	18.5	50.2
	4~6	31.8	24.2	35.7	30.0	41.0	31.8	39.4	39.7
	7~9	22.9	31.2	28.9	12.0	20.9	33.8	30.1	7.0
	≥10	10.3	27.9	16.3	10.0	6.9	22.8	12.0	2.7

注："—"是由于数据太少不具有统计意义，未列入分析之列。

（二）孩次性别比

性别比为男孩数量与女孩数量之比。研究表明人类生男生女的比例并非绝对的 100，人口统计学认为一般正常性别比应该在 102~107 之间。分析结果显示，城乡已生育妇女的一孩和二孩性别比普遍正常，只有城市 90 后妇女的二孩性别比高达 126。城市妇女的三孩及以上的性别比很大，70 后和 80 后的三孩及以上性别比分别为 125 和 123，农村三孩及以上性别却很正常。可能是由于农村妇女子女数量较多，可以通过多生来实现对子女的性别偏好，而城市妇女生育子女数量较少，就会人为地对子女的性别做出选择。由于 90 后生育三孩及以上的人很少，性别比差异很大，本研究未做统计。

（三）生育间隔

生育间隔（一孩和二孩的出生时间间隔）和妇女的出生年代之间有一定的关

系。城市 60 后生育间隔集中在 1~3 年，占 35.1%，70 后和 80 后的生育间隔集中在 4~9 年，90 后的生育间隔也集中在 1~3 年，占 48.0%。农村 60 后妇女生育间隔集中在 4~5 年，占 41.0%，90 后集中在 1~3 年，占 50.2%。生育间隔大于 10 年的 70 后妇女所占的比例最高，可能是因为 70 后这代人受到生育政策的限制，一孩和二孩生育间隔必须在 4 年以上。随后生育间隔取消，90 后这代人生育二孩就没有了生育间隔政策限制。

二、分受教育程度的生育行为

通常人们认为妇女的受教育程度是生育行为转变的一个重要的因素。舒尔茨认为低收入国家妇女的受教育水平与生育行为之间有显著的负相关关系。因为受教育年限的增加提高了育龄妇女的结婚和生育时间，进而影响她们的其他生育行为。同时，随着受教育年限的增加，对通过生育子女来提高养老保障的需求减少。再者，受教育程度的增加通过影响收入和就业状况来影响生育行为，因为受教育年限的增加，提高了劳动参与率，减少了生育子女的意愿。我们将受教育程度简化为受教育年限，然后将受教育年限划分几个阶段，来研究不同受教育程度的已生育妇女的生育行为。

（一）已生育孩子的数量

由表 5-5 可以看出：

表 5-5　　**不同受教育年限的已生育女性的生育行为**

		城市（%）				农村（%）			
		≤6	7~9	10~13	≥14	≤6	7~9	10~13	≥14
孩子数量（个）	1	79.3	88.7	91.1	93.5	59.7	77.0	86.9	92.6
	2	18.8	10.5	8.1	6.2	37.9	21.8	12.4	7.1
	≥3	1.9	0.9	0.7	0.3	2.4	1.2	0.7	0.3
	均值	1.23	1.12	1.09	1.07	1.43	1.24	1.14	1.08
孩次性别比	一孩	106	105	105	106	98	101	103	98
	二孩	126	102	112	99	113	108	105	129
	三孩及以上	100	119	129	141	109	117	—	—

注：小学为 6 年、初中为 9 年、高中为 12 年、中专中技技工学校为 13 年、大专及以上大于 14 年。

随着已生育妇女受教育年限的增加，生育子女的平均数量逐渐减少。农村已生育妇女子女平均数量普遍高于城市，受教育年限小于6年的已生育妇女平均子女数量城市为1.23个，农村为1.43个。受教育年限达到14年以上时，城市平均子女数量为1.07个，农村为1.08个，平均子女数量基本相同。受教育年限小于6年的城市妇女生育二孩比例占18.8%，当受教育年限大于14年时，二孩比例降为6.2%。农村居民受教育年限小于6年的二孩比例为37.9%，受教育年限大于14年的二孩比例仅有7.1%。但是，从整体上来看，城乡妇女三孩及以上的比例很小，绝大多数的居民还是只生一个或两个孩子。

（二）孩次性别比

由表可以观察到：不同受教育年限妇女的一孩性别比均在正常范围内，没有出现严重性别失调现象。一般来说，受教育水平越低的女性，受封建思想的影响越深，生育男孩的欲望越强，但是宜昌市的受教育水平不同的妇女生育的一孩性别比却没有出现严重的失常，说明封建思想对她们的生育行为影响不大。城市育龄妇女受教育年限越长二孩性别比越低，受教育年限小于6年的二孩性别比为126，大于14年的二孩性别比为99。相反的，城市已生育妇女三孩及以上性别比随着受教育年限的增加而增加，受教育年限小于6年的妇女三孩及以上性别比为100，大于14年的三孩及以上性别比为141。然而农村不同受教育年限的妇女孩次性别比正常，只有受教育年限大于14年的妇女二孩性别比超过正常值，为129。

三、分职业的生育行为

已生育妇女所从事的职业不同，她们的工作性质、收入水平、社会地位等存在差异，对其生育行为也会产生一定的影响，我们将已生育妇女的工作类型分为5类，分别为工业、农业、国家工作、商业、其他工作类型。下面从不同职业类型分析宜昌市城乡妇女的生育行为（见表5-6）。

（一）已生育孩子数量

城市从事农业的已生育妇女平均子女数量最多，为1.15个，从事工业和国家工作的妇女子女平均数量最少，为1.06个。农村从事商业的人员孩子平均数量最多，为1.31个，从事国家工作的人员平均子女数量最少，为1.15个。城市二孩率最高的是从事农业的人员，占12.9%，最低的是从事国家工作的人员，占5.0%。而农村二孩率最高的是从事商业的人员，占26.3%，最低的是从事国家工作的人员，占13.7%。城乡三孩及以上的概率都比较小，最高才2.3%。从事农业和商业的妇女子女数量最多，由于从事农业的妇女，需要的劳动力较多，因此通过生育子女来达到对劳动力的需求。而从事商业的妇女，由于收入较高，能够支付生养子女的花费，因此选择多生育子女。

表 5-6　　　　　　　　　**不同职业的已生育女性的生育行为**

生育行为		城市（%）					农村（%）				
		工业	商业	农业	国家工作	其他	工业	商业	农业	国家工作	其他
孩子数量（个）	1	92. 4	90. 1	86. 2	94. 7	90. 6	83. 6	71. 4	74. 2	85. 5	80. 3
	2	5. 4	9. 5	12. 9	5. 0	8. 8	15. 4	26. 3	24. 7	13. 7	18. 2
	≥3	0. 4	0. 5	0. 9	0. 3	0. 6	1. 0	2. 3	1. 1	0. 9	1. 5
	均值	1. 06	1. 11	1. 15	1. 06	1. 10	1. 17	1. 31	1. 27	1. 15	1. 21
孩次性别比	一孩	102	111	104	111	105	100	101	100	148	102
	二孩	106	115	103	93	111	94	145	107	112	131
	三孩及以上	183	—	108	—	139	100	—	104	—	149
生育间隔（年）	1~3	19. 2	18. 3	15. 4	18. 1	31. 2	27. 9	22. 3	19. 6	5. 9	25. 4
	4~6	29. 2	31. 1	31. 8	28. 0	26. 1	35. 3	38. 9	37. 9	29. 4	37. 8
	7~9	29. 7	30. 3	33. 4	29. 1	30. 3	23. 6	24. 1	28. 8	35. 2	20. 6
	≥10	21. 9	20. 2	19. 3	24. 7	12. 6	13. 2	14. 6	13. 8	29. 4	16. 3

（二）不同孩次性别比

已生育妇女的职业类型和性别比有着密切的关系。城市不同职业人员一孩和二孩性别比均正常，但是三孩及以上性别比非常大。城市中从事工业和其他类型工作的人员三孩及以上的性别比分别为 183 和 139。农村中从事商业和其他类型工作的人员的二孩性别比分别为 145 和 131，从事其他类型工作的人员三孩及以上性别比为 149。

（三）生育间隔

大部分人的生育间隔集中在 4~9 年。城市居民中商业人员的生育间隔集中在 4~6 年的最多，占 31. 1%，从事农业的妇女生育间隔集中在 7~9 年的最多，占 33. 4%。农村居民中从事商业和其他类型工作的生育间隔集中在 4~6 年，国家工作人员生育间隔集中在 7~9 年的最多，占 35. 2%。城乡居民的三孩及以上的性别比较大，男孩比较多。

第四节　生育水平

一、育龄妇女的年龄结构

以下是目前已生育一孩但是没有生育二孩的育龄妇女的家庭类型，这部分妇女都符合生育二孩的政策要求，在这里将她们的家庭分为单独、双独、一孩半家庭，其中单独家庭是指家庭中夫妻双方只有一方是独生子女的所有已婚育龄妇女；双独家庭是指家庭中夫妻双方都是独生子女的所有已婚育龄妇女；一孩半家庭是指家庭中夫妻双方至少有一方是农村户口且第一胎是女孩，并且一孩年龄大于4岁到5岁的这一部分家庭。

从图5-4可以看出：符合生育二孩政策的育龄妇女人数，随着年龄的增大，不同类型

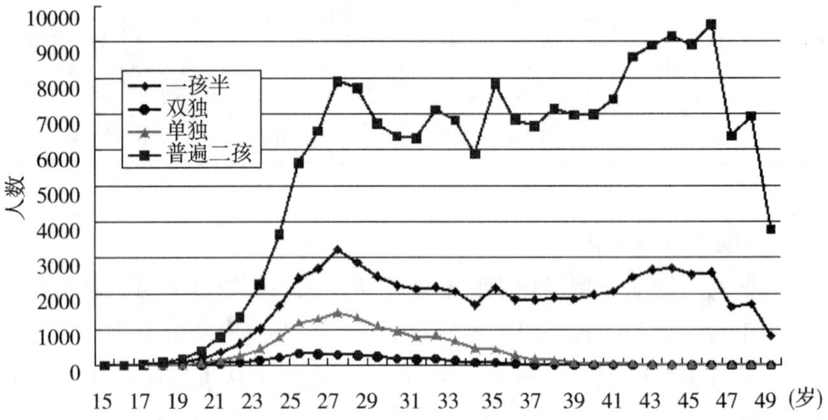

图5-4　不同类型家庭的育龄妇女分布

家庭的育龄妇女人数先增加后减少。25~29岁之间的符合政策的人最多，其次是30~34岁之间的符合政策的育龄妇女人数，15~19岁之间符合政策的育龄妇女人数最少。

随着已育龄妇女年龄的增大，子女的平均数量逐渐增加，但是最高不超过1.5个，并且不同年龄的育龄妇女子女平均数量农村均大于城市，随着年龄的增大城乡之间的差距也在增大。在15~20岁之间，育龄妇女子女的平均数量几乎接近于0，

由于这部分人有一大部分还没有生育子女，因此子女的平均数量很低。25～29 岁之间育龄妇女子女平均数量随着年龄的增加急剧上升，29 岁以后育龄妇女子女平均数量继续增加，增速减慢。农村 45 岁以上的育龄妇女子女平均又出现急剧上升直至最大，而城市 45 岁以上育龄妇女子女平均数量变化较慢，49 岁还出现下降（图 5-5）。

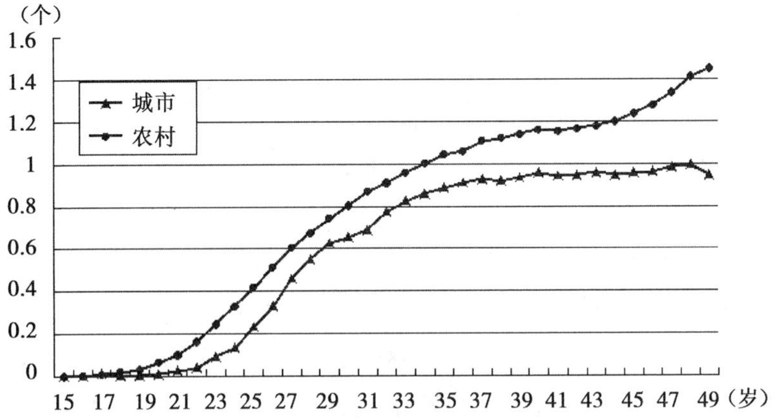

图 5-5 不同年龄育龄妇女的子女的平均数量

二、育龄妇女生育水平

不同年龄组已生育妇女的人数存在一定的差异，农村已生育妇女的人数远多于城市，农村 25～29 岁的已生育妇女最多，有 59591 人，其次是 20～24 岁之间的，有 43949 人。30～44 岁之间已生育妇女人数减少，可能是因为她们出生在七八十年代，由于当时严格的计划生育政策执行，控制了人口的增长。20～30 岁之间已生育妇女的人数又增多，可能跟计划生育政策逐渐放宽有关。而城市不同年龄组已生育妇女数量随着年龄的增加没有出现明显的变化趋势。

为了多角度研究宜昌市的生育水平，我们将用 2014 年的育龄妇女生育模式来反映不同年龄组的生育水平，生育模式是使用相对量来反映生育水平，并且生育模式是一个标准化的概念，更能准确地反映出同一地区某一时期不同年龄组的生育水平差异，步骤如下：

（1）计算某年育龄妇女的一般生育率：

$$f_k = \frac{\sum B_k(x)}{\sum W_k(x)}$$

（2）计算出某年的总和生育率：

$$TFR_k = \sum_{x=15}^{49} f_k(x)$$

（3）计算出不同年龄育龄妇女的生育系数：

$$h_k\ (x) = \frac{f_k(x)}{TFR_k}$$

式中f_k为k年x岁育龄妇女的一般生育率；$W_k(x)$和$B_k(x)$为k年x岁育龄妇女人数和其生育的婴儿数；TFR_k为k年的总和生育率；$h_k(x)$为k年x岁育龄妇女的生育系数。

根据以上公式我们得出宜昌市不同年份育龄妇女的一般生育率，以及总和生育率。2014年宜昌市总和生育率为0.788，城市为0.799，农村为0.776。分城乡看宜昌市的总和生育率，农村总和生育率整体上呈现下降趋势，尤其是2001—2006年持续下降。城市的总和生育率先下降后又慢慢上升，到2014年城市总和生育率超过农村①。2012年宜昌市的城乡总和生育率却出现大幅上升，据推测可能因为2012年是龙年，有些家庭为了生育龙娃，就会故意选择在2012年生育，从而造成生育率的反弹（图5-6）。

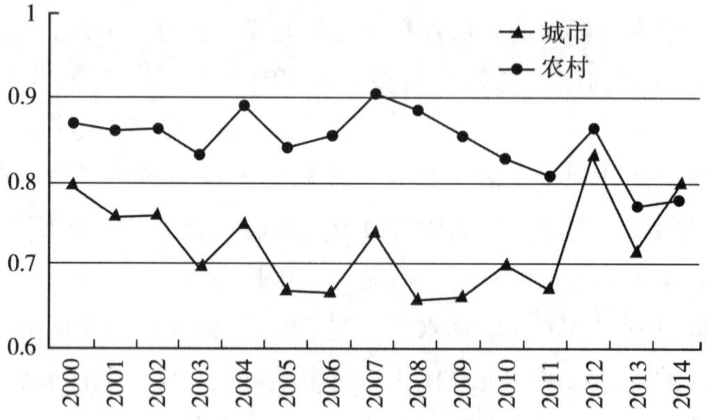

图5-6　2000—2014年的总和生育率变化

① 但是这种现象是否会一直持续下去，有待进一步的跟踪调查和研究。

不同年龄的育龄妇女的生育水平也有差异，城市育龄妇女的生育高峰集中在26~28岁，农村集中在24~26岁，城市育龄妇女的生育高峰比农村推迟2年，25岁之前农村育龄妇女的生育水平明显要高于城市并且呈现逐渐上升的趋势。以33岁为分界线，33岁之间城乡育龄妇女的生育水平差距较大，在此年龄之后育龄妇女的生育水平持续下降并趋近于0，并且城乡之间几乎没有差别（图5-7）。

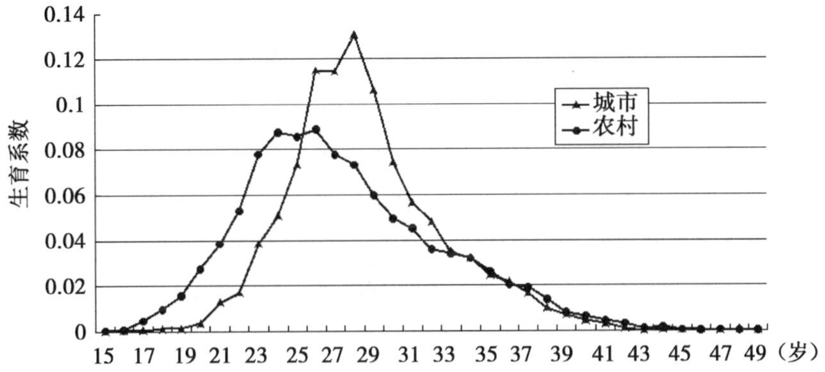

图5-7　2014年不同年龄育龄妇女生育模式

宜昌市近十几年育龄妇女生育推迟的总体特征较为明显，生育峰值年龄向后推移。在2002年，育龄妇女生育高峰年龄在22~25岁，到2014年则推迟到了25~28岁，生育峰值年龄的生育率明显下降。以28岁为分界点，在此年龄之后，2014年和2010年的生育率要高于2006年和2002年（图5-8）。

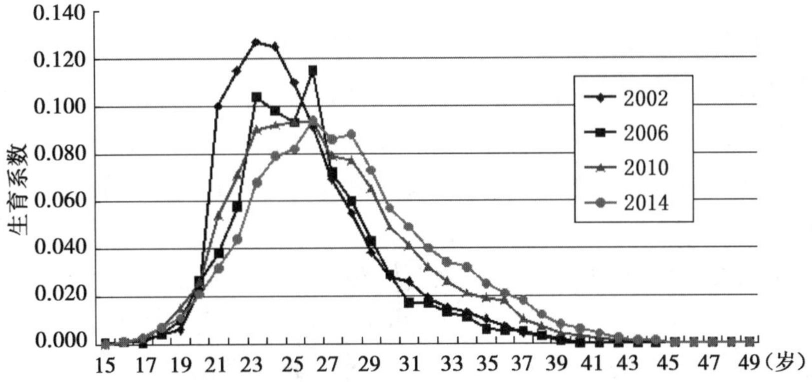

图5-8　不同年份生育系数变化

第五节　超低生育地区的婚育行为特征

根据以上分析，本书认为宜昌市育龄妇女的生育行为和生育模式表现以下特征：

（1）城市和农村已婚妇女的初婚、初育年龄有很大的区别，城市妇女的初婚和初育年龄普遍比农村晚，表现为20岁和21岁结婚的农村妇女比例远远多于城市妇女，但是23岁以后结婚的城市妇女的比例比农村要高，总的来说，初婚和初育年龄都有所推迟。由于初婚年龄分布可能决定初育年龄的分布，因此二者具有相似的分布规律。城乡35岁以后结婚的妇女所占比例高于35岁以后生育的妇女，35岁以后生育存在较高的风险，有些人不愿意再生孩子。已生育妇女的婚育间隔为一年的居多，随着生育间隔时间的增加，已生育妇女所占的比例逐渐减少，城市和农村的生育间隔的变化趋势大体上一致，但是城市已生育妇女的生育间隔比农村长。

（2）不同民族的已婚妇女的生育行为也有一定的差别，土家族女性早婚倾向比较明显，初婚年龄集中分布在20岁，占19.1%，回族妇女结婚年龄大于29岁的比例最多，占21.6%。同样的初婚年龄和初育年龄的变化趋势相似。不同民族妇女婚育间隔集中在一年，婚育间隔大于三年的回族妇女所占比例最多，其他各民族妇女所占比例都很小。但是有些少数民族的婚育时间和汉族差别不大，可能是由于有些民族妇女长期生活在汉族人群中导致有些生活习惯和生育行为汉化的缘故。

（3）不同年代出生的已生育妇女的生育行为不一样。总的来说，妇女年龄越大生育子女的数量越多。就性别比而言，宜昌市妇女的一孩和二孩性别比维持在正常水平，只有90后的二孩性别比超出正常值。年龄越大的已生育妇女生育间隔普遍较短，相反年龄越小生育间隔越长，由于现代生活水平和生活方式的改变以及工作等因素的影响，育龄妇女会人为地延长生育间隔。随着年龄的增大，育龄妇女的生育水平先增大后减小。25~29岁之间的已生育妇女生育水平最高，并且城市大于农村，35岁以后育龄妇女的生育水平逐渐降低并趋近于0，说明35岁以后，育龄妇女仍生育孩子的人数很少。

（4）随着受教育程度的增加，已生育妇女子女的数量逐渐减少。农村育龄妇女生育孩子的平均数量比城市多，可能是由于农村育龄妇女的受教育程度普遍比城市妇女低。值得关注的是，宜昌市一孩孩子的性别比稳定在正常水平左右，没有严重的性别偏向。城市已生育妇女的二孩性别比随着受教育水平的提高而减少，三孩性别比随着受教育水平的提高而逐渐增大，三孩及以上的性别比的增加可能是生育性别选择引起的。

（5）2014 年宜昌市的城市总和生育率大于农村地区，农村为 0.776，城市为 0.799。育龄妇女平均子女数量 0.7 个，城市育龄妇女平均子女数量为 0.64 个，农村为 0.76 个。自 2000 年以来城市总和生育率先下降后上升，农村总和生育率则呈现持续下降趋势，育龄妇女的生育峰值推迟且生育高峰时期生育率下降，且城市育龄妇女的生育峰值比农村晚。

第六章　超低生育率地区生育政策响应

总和生育率（TFR）有时候也会出错。在生育年龄推迟时，TFR 小于终身生育率，但当生育年龄提前时，则有夸大终身生育率的倾向。因此，关于“低生育率陷阱”问题，存在因为指标本身的缺陷而出现误判的风险，即可能没有掉入低生育率陷阱，但依据 TFR 数值判断已掉入低生育率陷阱。

近些年我国二孩生育政策的逐步推行，为我们研究中国“低生育率陷阱”问题提供了一次难得的自然实验，可以将二孩生育政策的实施看做政府为走出陷阱的一种努力和尝试。我们可以通过对二孩政策刺激的效应大小与效果持续性进行观察和评估，来验证“低生育率陷阱”假说的合理性。

第一节　宜昌市人口转变过程

自 2013 年底“单独二孩”政策正式实施以来，距今已有几年时间。统计资料显示，2014 年我国 1100 万符合“单独二孩”申请条件的夫妇中仅有 27 万申请生育二孩。“单独二孩”政策遇冷，预示着我国人口总和生育率超低的态势短时间内难以改变。湖北省作为中部省份，2010 年第六次全国人口普查中其总和生育率为 1. 34，略高于全国平均水平，但其中宜昌市的总和生育率仍然较低，是全国低生育率地区的典型①。

新中国成立后，宜昌的人口从 1949 年的 35 万多人，增加至 1979 年的 56 万多人，30 年增加了 20. 89 万。1954 年至今，宜昌分别在 1963 年、1974 年、1980 年和 2000 年出现四个转折点，基于此，宜昌市人口转变可划分为五个阶段。第一阶段（1962 年以前），宜昌人口特征为出生率高、死亡率较高、人口自然增长率高且呈现上升趋势，1962 年人口增长率达到最高为 34. 3‰。第二阶段（1963 年至 1974

① 穆光宗 . 以“人口安全”引领计划生育综合改革——来自宜昌市的调查［J］. 中国人口科学，2005（2）：90-94.

年），此时宜昌人口出生率较高、死亡率较低，人口增长率较高但呈现下降趋势。1974 年宜昌人口自然增长率降到最低点为 8.99‰。第三阶段（1975 年至 1979 年），此时人口增长开始回升，1979 年自然增长率又回升到 13.09‰。第四阶段（1980 年至 2000 年），自 1980 年中央发表《公开信》，计划生育政策正式实施以来，宜昌市人口出生率进一步下降。从 1983 年起，宜昌市总和生育率连续 32 年处于更替水平以下。从 1994 年起，全市人口出生率一直在 10‰以下，自然增长率在 3‰以下。第五阶段（2001 年至今），从 2001 年开始，宜昌市总和生育率下降到 1 以下，其中 2008—2010 年连续 3 年出现人口负增长。近 30 年来，宜昌人口出生率非常低、死亡率低，人口自然增长率也很低，甚至有些年份出现负增长。

较之于其他地区，宜昌人口转变有两点不同。其一，宜昌人口增长率自 1962 年就开始下降，早于计划生育政策实施，说明宜昌人口的生育意识发生变化，因此引起了自然下降。其二，计划生育政策实施后，在 1974 年人口增长下降到最低，而一旦计划生育工作不到位，在此后几年便导致生育回升，这说明在当时宜昌人口的自然下降存在一个最低值。而近年来，尤其是计划生育政策稍宽松后，宜昌人口增长率仍保持非常低水平，表明宜昌的生育文化又发生了更深层次的变化（图 6-1）。

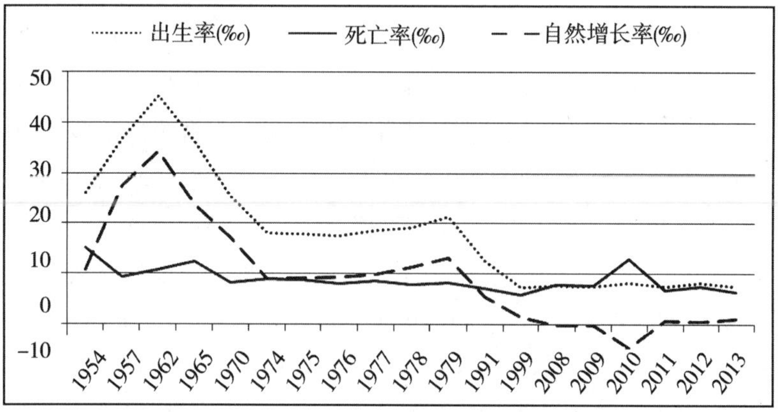

图 6-1　宜昌人口转变趋势图

第二节　孩次递进总和生育率的基本思想及计算方法

用各年龄平均曾生子女数来反映队列的累计或终身生育水平是人口学早就存在

的方法。这种方法因数据易得、计算简单，在计划生育早期用得比较多。后来，随着计划生育发展和人口统计水平提高，以年龄别生育率为基础的总和生育率逐渐得到普及，用以更确切地反映时期生育水平。这种生育预测方法尽管可以划分孩次，但实际上只是将生育结果划分了孩次，由于基数中根本没有育龄妇女的孩次结构信息，因而生育预测也就不能控制育龄妇女本身的孩次结构影响。相比于常规总和生育率，孩次递进总和生育率（简称孩次递进生育率）能更好地反映实际，因为它不仅控制了育龄妇女的年龄结构，还控制了孩次结构的影响。

孩次递进生育率的一个核心思想就是考虑了孩次递进比。所谓递进过程，即孩子是一个一个生育出来的，并且只有未生育过的育龄妇女才能生育一孩，只有生育过一孩且尚未生育二孩者才能生育二孩，如此等等。其实质是各个孩次的生育都是有条件地依次生育，具体到一个年龄组的育龄妇女在一年中某一孩次上的生育量不仅与年龄（代表生育能力和社会规范方面的差异）有关，而且与处于前一孩次的人数有关，但与该年龄组处于其他孩次的人数无关。育龄妇女在各孩次上的人数或所占比例，称为孩次分布。我国的计划生育政策看似是对终身生育子女数量的要求，实质上则是对孩次控制的要求。比如独生子女政策控制的是从孩次 1 向孩次 2 的递进，二孩政策控制的是孩次 2 向孩次 3 的递进。

孩次递进比的思想是法国人口学家亨利（Henry）于 1953 年提出的，是一种基于孩次和孩次间隔的表述方法。其基本思想就是把妇女的生育看成一系列相互关联的事件，并以妇女从出生、结婚到生育第一个孩子、生育第二个孩子的递进生育规律来考察妇女的生育水平。20 世纪 80 年代中期，美国学者菲尼（Feeney）和中国学者马瀛通、王彦祖、杨叔章分别以不同思路创建了孩次递进生育指标方法。其基本思想就是把妇女的生育看成一系列相互关联的事件，并以妇女从出生、结婚到生育第一个孩子、生育第二个孩子的递进生育规律来考察妇女的生育水平。它表示的是本年年初某年龄组 i（$i=0$，1……）孩的妇女在本年生育 $i+1$ 孩的比例，这个比例即为孩次递进比。郭志刚介绍了年龄递进生育模型的推导过程和应用①，并作了进一步说明②。本研究使用孩次递进比方法测算宜昌市的孩次递进生育率，具体步骤如下：

① 郭志刚．关于生育政策调整的人口模拟方法探讨［J］．中国人口科学，2004（2）：2-12.

② 郭志刚．孩次递进比的计算与调整生育指标的理解［J］．中国人口科学，2006（5）：84-88.

一、以普查数据计算年龄别孩次递进比

分年龄一孩递进比为：

$$p_{x,1} = B_{x,1}/(W_{x+1,0} + B_{x,1})$$

其中 x 为年龄，$p_{x,1}$ 为妇女一孩递进比，$B_{x,1}$ 为前一年中生育一孩数，$W_{x+1,0}$ 为普查时点未生育的 $x+1$ 岁妇女人数。上述公式的分子是普查时点前一年中按母亲年龄的一孩出生数，分母是通过普查时点未生育的 $x+1$ 岁妇女数加上一年内生育一孩的妇女人数。

分年龄二孩递进比为：

$$p_{x,2} = B_{x,2}/(W_{x+1,1} - B_{x,1} + B_{x,2})$$

分子 $B_{x,2}$ 考察的是普查前一年中生育二孩数，分母是普查时点生育一孩的 $x+1$ 岁妇女人数 $W_{x+1,1}$ 加上一年内生育二孩的妇女人数 $B_{x,2}$，然后减去前一年中生育一孩数 $B_{x,1}$。

分年龄三孩递进比的计算与二孩递进比类似。

在分孩次的年龄递进预测中，类似于常规总和生育率的是总和递进生育率。它也是分孩次总和递进生育率之和，即 $TPFR = \sum_{i} TPFR_i$（i 表示孩次）；而分孩次总和递进生育率又可以进一步分解为分孩次的年龄别递进生育率 $pf_{x,i}$，$TPFR_i = \sum_{x} pf_{x,i}$（$x$ 为年龄，i 为孩次）。

二、孩次递进生育率与孩次递进比

（一）一孩递进

孩次递进生育率的计算是基于孩次递进的，所以需要将一孩递进生育率与多孩递进生育率的计算区别开来。由于一孩生育前没有其他生育，因此所谓间隔就是距离该队列妇女出生时间之间的间隔，因此年龄别一孩递进比与年龄别一孩递进生育率之间的关系较为简单。

假设不考虑队列中的死亡情况，年龄别一孩递进生育率与年龄别一孩递进比之间的关系可以通过以下若干指标来表达：年龄别递进比 $p_{x,1}$，表示在年初为 x 岁且尚未生育的妇女中在该年递进到孩次 1 的比例，是时期指标。年龄别未递进比 $q_{x,1} = 1 - p_{x,1}$，它可以理解为本年初该年龄未生育妇女中到本年末“继续存活”于未生育状况的比例，它也是时期变化指标。到本年末时，实际上该队列已经为 $x+1$ 岁。年龄别未育比 $N\%_{x,1} = 1 \times q_{15,1} \times q_{16,1} \times L\cdots \times q_{x-1,1}$，1 代表该队列 100%妇

女，每乘一次非递进比得到下一个年龄时尚未生育者占整个队列妇女的比例。当乘以 $x-1$ 岁的非递进比后，得到的便是 x 岁时期初的未育比例。年龄别递进生育率 $pf_{x,1}=N\%_{x,1}\times p_{x,1}$，表示是以往年份未递进水平与本年递进水平共同影响的结果，并且，它以队列全体妇女人数为基数。一孩总和递进生育率为 $TPFR_1=\sum_x pf_{x,1}$（x 为年龄，i 为孩次）。

（二）二孩及多孩递进

二孩及更高孩次的递进都是在前一孩次已生育条件下的生育，因此在计算年龄别递进生育率时既要考虑本次生育与前次生育之间的间隔，又要考虑这一特定批次的规模①。我们用一个简单例子来示意 18 岁二孩递进生育率的计算过程。该队列 18 岁时，处于孩次 1 的妇女由三部分组成，即分别在 15、16、17 岁曾生育一孩且尚未生育二孩的妇女（设 15 岁之前无生育），那么这三部分人各自在 18 岁递进二孩生育者占队列人数的比例，即该年龄的间隔别生育率，分别可表达为：

15 岁生育一孩且 18 岁生育二孩，孩次间隔为 $d=3$ 年，则

$$pf_{18,2,3}=pf_{15,1}\times q_{16,2}\times q_{17,2}\times p_{18,2}$$

16 岁生育一孩且 18 岁生育二孩，孩次间隔为 $d=2$ 年，则

$$pf_{18,2,2}=pf_{16,1}\times q_{17,2}\times p_{18,2}$$

17 岁生育一孩且 18 岁生育二孩，孩次间隔为 $d=1$ 年，则

$$pf_{18,2,1}=pf_{17,1}\times p_{18,2}$$

于是，18 岁二孩递进生育率为 $pf_{18,2}=pf_{18,2,1}+pf_{18,2,2}+pf_{18,2,3}$

按照以上规则，我们可以计算出所有年龄的二孩递进生育率，然后进一步计算出二孩总和递进生育率：$TPFR_2=\sum_x pf_{x,2}=\sum_x\sum_d pf_{x,2,d}$，因此，分孩次总和递进生育率中既包含年龄别信息，也隐含着各年龄生育中的间隔分布信息。

第三节　超低生育地区总和生育率

一、宜昌市 2000—2014 年总和生育率变动趋势

根据分孩次总和递进生育率的计算方法，本研究计算出 2000—2014 年宜昌市

① 为了简便，模型中不考虑同一年生育多个孩子的情况（包括双/多胞胎及一年生育两次）。

的总和生育率。由于样本数据包含的是 15~60 岁育龄妇女抽样信息，考虑到妇女生育子女的年龄范围，本研究在计算分孩次总和递进生育率时仅考虑 15~49 岁育龄妇女，那么在计算2000—2003年的 TPFR 时就缺失了年龄 x，取 46~49 的 B（x，i）（i=1，2，3）值和W（x+1，i）（i=0，1，2）值。为了确保数据的完整性，计算某年 TPFR 时我们根据后三年 B（x，i）和 W（x+1，i）取值的平均数来进行预测。以 2003 年为例，要计算普查前一年中 x 岁妇女生育一孩数和普查时点生育一孩的 x+1 岁妇女人数，要取 2004—2006 年三年 B（x，1）和 W（x+1，1）的相应平均值。图 6-2 是计算出的宜昌市 2000—2014 年总和生育率及分孩次递进总和生育率变动趋势。

图 6-2 显示，从 2000 年到 2014 年，宜昌市总和生育率 TPFR 整体呈波动下降趋势，15 年间，2002 年的总和生育率最高，为 0.9913，2013 年的总和生育率最低，为 0.8819。近 15 年来，宜昌市总和生育率在波动下降的同时，一孩递进总和生育率 TPFR1 也呈现下降趋势，并且下降速度快于前者。TPFR1 下降变动可以分为三个阶段：第一阶段是 2000 年至 2007 年，TPFR1 缓慢下降，其中 2004 年和 2007 年出现了两次生育小高峰；第二阶段为 2008 年到 2011 年，TPFR1 下降速度加快，第三阶段也就是 2012 年到 2014 年，TPFR2 下降幅度更大。一孩总和生育率的下降速度加快，一方面反映了宜昌市育龄妇女结婚年龄逐年推迟，另一方面是婚育间隔年龄增大。

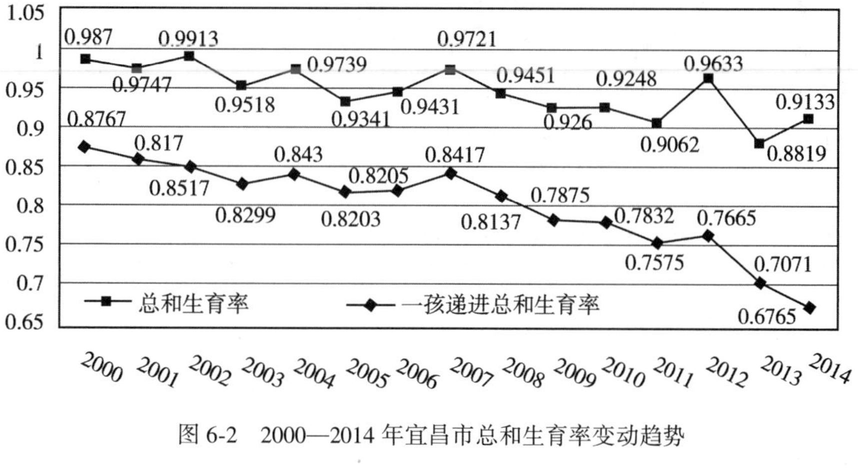

图 6-2　2000—2014 年宜昌市总和生育率变动趋势

随着生育政策调整，二孩生育率的变动具有更为重要的意义。从 2011 年到 2014 年，二孩孩次递进生育率 TPFR2 呈现迅速上升趋势。从 2003 年到 2006 年，二孩孩次递进生育率没有明显变动；2007 年到 2011 年呈现缓慢上升趋势；2012 年和 2014 年二孩孩次递进生育率都有明显增加。三孩递进生育率 TPFR3 在 2008 年后也呈现缓慢上升趋势，同样是在 2012 年和 2014 年增加比较明显（图 6-3）。

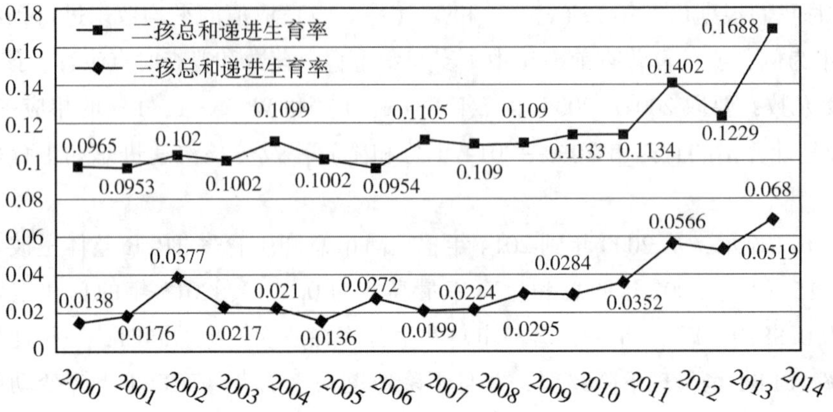

图 6-3　二孩和三孩总和递进生育率变动趋势

2000—2014 年间，宜昌市总和生育率的下降主要是由于一孩的生育比例下降造成的。尽管二孩和三孩的生育比例逐渐上升，但对于总和生育率的贡献却非常小，分别为 18. 48%和 7. 45%。通过分析不同孩次总和递进生育率对总和生育率的贡献度发现，2000 年一孩对总和生育率的贡献最高，随后一孩贡献度呈现下降趋势，特别是 2011 年以来，一孩对总和生育率的贡献下降幅度较大。相应地，二孩和三孩的贡献度却在 2011 年后有了很大幅度的上升，这说明宜昌市育龄妇女的一孩生育比例下降，但二孩和三孩的生育比例却在上升（表 6-1）。

表 6-1　　**分孩次总和递进生育率对总和生育率的贡献度（%）**

年份	一孩贡献度	二孩贡献度	三孩贡献度
2000	0. 8882	0. 0978	0. 0140
2001	0. 8841	0. 0978	0. 0181
2002	0. 8592	0. 1029	0. 0380
2003	0. 8719	0. 1053	0. 0228
2004	0. 8656	0. 1128	0. 0216

续表

年份	一孩贡献度	二孩贡献度	三孩贡献度
2005	0. 8782	0. 1073	0. 0146
2006	0. 8700	0. 1012	0. 0288
2007	0. 8659	0. 1137	0. 0205
2008	0. 8610	0. 1153	0. 0237
2009	0. 8504	0. 1177	0. 0319
2010	0. 8469	0. 1225	0. 0307
2011	0. 8359	0. 1251	0. 0388
2012	0. 7957	0. 1455	0. 0588
2013	0. 8018	0. 1394	0. 0589
2014	0. 7407	0. 1848	0. 0745

二、总和生育率的城乡差异

我国的计划生育政策在城乡间存在差异，导致育龄妇女的总和生育率存在差异。城市中生育政策更为严格，加上城市地区育龄妇女的文化程度、收入水平较高，一般来说城市的总和生育率会低于农村地区。但是本次研究发现，在超低生育水平地区，存在不同于一般规律的特征：城市地区育龄妇女的总和生育率高于总体育龄妇女的总和生育率，更高于农村地区的总和生育率。孩次递进比总和生育率计算结果显示，城市地区育龄妇女的总和生育率为 0. 9213，农村地区的总和生育率为 0. 8834（表 6-2）。

表 6-2　**2014 年宜昌市城乡总和生育率**

	TPFR	TPFR1	TPFR2	TPFR3
全市	0. 9133	0. 6765	0. 1688	0. 0680
城市	0. 9213	0. 7191	0. 1318	0. 0704
农村	0. 8834	0. 6369	0. 1715	0. 0750

分孩次来看，城市地区的一孩总和递进生育率高于农村，但二孩和三孩总和递进生育率低于农村。农村地区二孩和三孩生育率偏高，与农村地区的二孩生育政策有很大关系。

第四节　二孩放开后低生育地区的政策响应

在我国，总和生育率的降低速度已远远超过以往的预期。对于生育潜力较大的低生育率地区，生育政策的调整对生育率的变化有着更为重要的意义。为了验证"单独二孩"政策下低生育率地区的政策响应问题，本研究按照孩次递进比方法计算宜昌市的总和生育率后发现，宜昌市总和生育率在2000年至2014年间波动下降，其中一孩总和递进生育率波动下降但对总和生育率的贡献较大，而二孩和三孩总和递进生育率波动上升但对总和生育率的贡献较小。此外，即使是在超低生育水平地区，"单独二孩"政策对原本不符合二孩生育条件家庭、原本符合二孩生育条件家庭和政策外人群分别存在示范效应、释放效应和扩散效应。

一、二孩政策带来生育反弹了吗

由于政策释放效应造成了生育堆积，那么在2013年底放开"单独二孩"政策后，不同年龄段的育龄妇女从政策外生育人群转变为政策内生育人群，那么政策释放效应理应导致总和生育率有所升高。分析结果显示2014年总和生育率的确是有了一定幅度的上升，但是我们并不清楚究竟是由于生育堆积还是政策释放效应或者其他因素导致了这一上升。因此，并不能得出结论，"单独二孩"政策的放开会导致更多的人生育二孩。

我们将波动幅度较大的2011年、2012年和2013年三年的总和生育率取平均数，结果为0.9171，这一数值比2014年的总和生育率高0.038（图6-4），这也可以说明即便"单独二孩"政策造成了释放效应，也是十分有限的。但是，关于2014年总和生育率上升的原因，或者人们对于单独二孩政策响应情况，我们需要进一步的分析。

为了进一步分析造成总和生育率在2011—2014年波动变化的原因，我们需要对符合不同生育政策的家庭进行区分并计算其二孩递进总和生育率变动趋势①。宜

① 由于总和生育率计算需要用到普查年份未育育龄妇女的相关信息，但我们在区分不同政策家庭时已经将这部分未育群体排除在外，所以在这里我们无法计算不同政策家庭的总和生育率，此处用不同政策家庭的二孩孩次递进比进行比较。

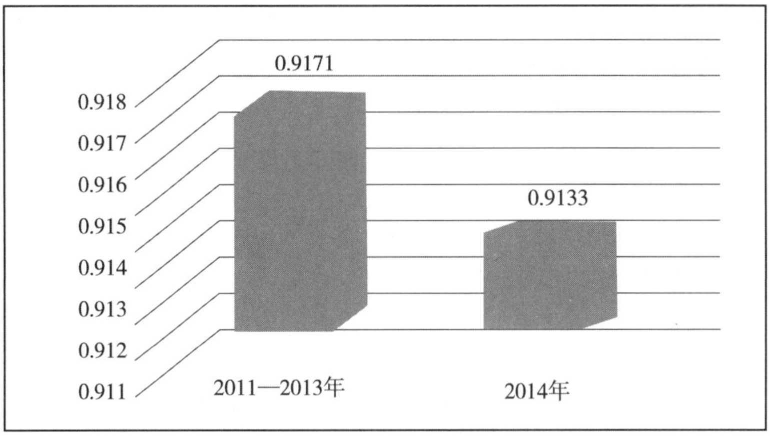

图 6-4 2011—2013 年平均总和生育率和 2014 年总和生育率对比图

昌是一个汉族与少数民族并存的城市，少数民族地区实行特殊的生育政策，其他地区实行统一的湖北省计划生育政策。五峰土家族自治县和长阳土家族自治县是少数民族自治县，在 2000 年开始便有条件地允许生育二孩，但是在宜昌市其他地区，直到 2009 年才开始允许符合政策的人生育二孩。书中我们按照允许二孩生育政策执行的先后顺序，即一孩半政策、少数民族生育二孩政策、双独政策和单独政策，将样本区分为一孩半政策家庭、少数民族家庭、双独政策家庭、单独政策家庭和政策外家庭，分别考察单独政策背景下他们是否做出二孩生育选择。这样划分的一个好处是，如果单独二孩政策确实产生了政策效果，那么我们可以进一步区分政策响应的几种不同的效应。

二、政策响应的示范效应

一孩半政策、双独二孩政策和少数民族地区由于在 2014 年以前就已允许生育二孩，所以我们假设，若是 2014 年这些人群的二孩生育比例升高，则说明单独二孩政策在他们身上产生了示范效应。根据政策实行时间的顺序和前文所述分类，我们依次考察一孩半政策家庭、少数民族家庭和双独二孩政策家庭 2011 年以来的二孩孩次递进比变化。

单独二孩政策实施后，符合一孩半政策家庭的二孩生育率上升明显。从 2011 年到 2014 年，一孩半政策家庭的二孩孩次递进生育率呈现上升趋势。2011 年，不同年龄育龄妇女的二孩孩次递进比差异较大，以 25～33 岁育龄妇女生育二孩居多。

2012 年和 2013 年生育二孩的育龄妇女年龄也以 25～33 岁最多，但年龄分布较 2011 年更加均匀。但 2014 年，各年龄段育龄妇女生育二孩数量都有了很大幅度的提高（图 6-5）。原本就符合二孩生育政策的家庭未在符合政策生育当年生育二孩，而是在单独二孩政策放开后才开始生育，隐含的信息就是，在人们的生育行为背后，有某种更为关键的力量主导着人们是否放弃或推迟政策内二孩生育。

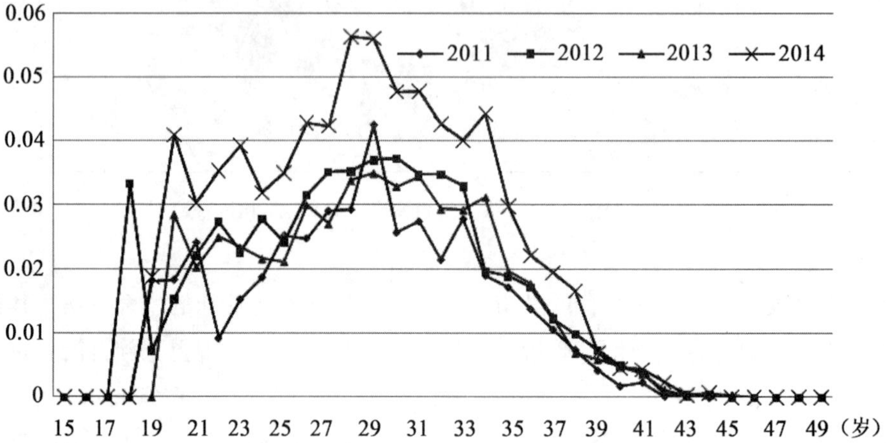

图 6-5　2011—2014 年宜昌市一孩半政策家庭分年龄组二孩生育

少数民族地区家庭二孩孩次递进比在不同年龄段波动较大，但整体的二孩孩次递进比高于非少数民族地区。2011 年到 2013 年，对于少数民族地区符合二孩生育条件的育龄妇女来讲，29 岁和 31 岁是两个高峰期。但是到了 2014 年，二孩孩次递进比总体增幅非常大，其中 28 岁、32 岁和 37 岁育龄妇女的二孩孩次递进比均超过了 0.04（图 6-6）。

符合双独二孩政策家庭的二孩孩次递进比增加，在 24～35 岁育龄妇女中表现得尤为明显。由图 6-7 所知，2011 年到 2013 年间，符合双独政策家庭的二孩孩次递进比基本上为 0，只有在少数几个年龄上才有二孩生育。在宜昌，双独二孩政策于 2011 年开始实行，但实际上却并没有对符合政策的家庭产生影响，而只有到 2014 年单独二孩政策放开后，原符合双独二孩政策家庭的二孩生育比例才有了事实上的提高（图 6-7）。

可见，单独二孩政策实施后，由于生育堆积导致的大量二孩出生，对于那些原本就符合二孩生育政策的家庭带来了示范效应，符合农村一孩半政策、少数民族家

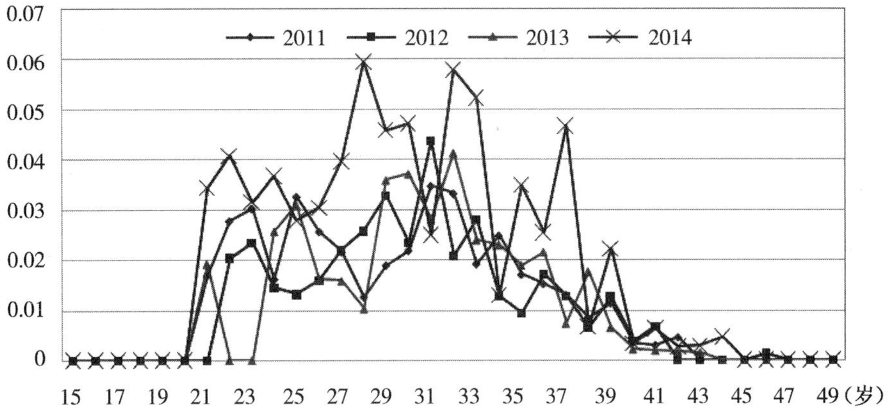

图 6-6　2011—2014 年宜昌市少数民族家庭分年龄组二孩生育

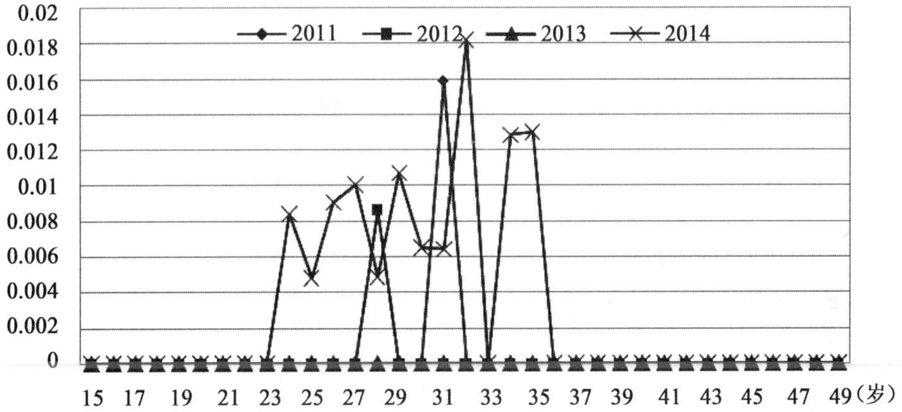

图 6-7　2011—2014 年宜昌市双独二孩政策家庭分年龄组二孩生育

庭、双独二孩政策等二孩生育政策的家庭在 2014 年二孩生育数量也有所上升。

三、政策响应的释放效应

释放效应指的是以前不符合二孩生育政策，但单独二孩放开后符合二孩生育政策。若这类群体的二孩孩次递进比高于政策未放开前，则表明单独二孩政策对其产生了政策释放效应，是因为生育政策压制的原因才导致他们在不符合生育政策时未生育二孩。

单独二孩政策放开一年后，符合单独二孩政策家庭的二孩生育率呈大幅上升趋势。31 岁以上育龄妇女在 2014 年出现生育堆积，这就是政策响应的释放效应所致。尤其需注意的是 37 岁育龄妇女二孩孩次递进比高达 0.039，这说明单独二孩政策对符合二孩生育的高龄育龄妇女产生了比较显著的政策响应。2012 年和 2013 年在 21 岁、29 岁和 32 岁育龄妇女中出现三个凸起值，这些生育行为都是政策外生育人群，原因在于单独二孩政策 2014 年初才正式执行（图 6-8）。

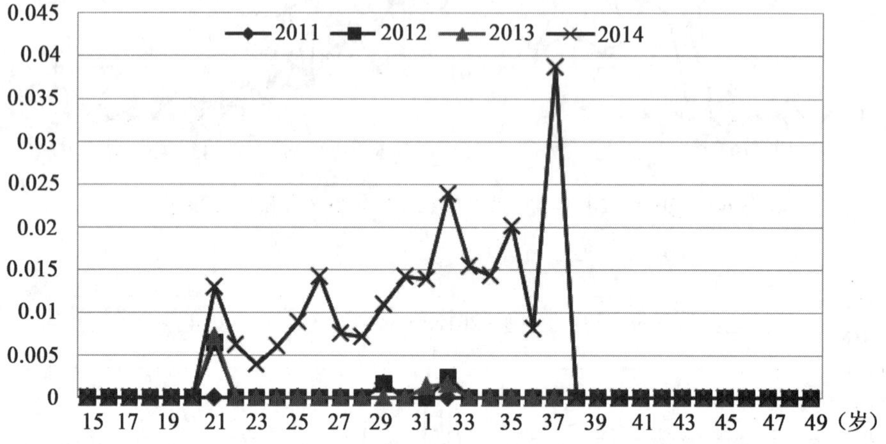

图 6-8 2011—2014 年宜昌市单独二孩政策家庭分年龄组二孩生育

四、政策响应的扩散效应

所谓扩散效应，是指单独二孩政策对仍不符合二孩生育条件的家庭产生了影响。尽管他们并不符合二孩生育条件，但是当身边越来越多的人生育二孩后，他们会“学习”并“模仿”其生育行为，也开始生育二孩，这是政策响应的第三种类型，即政策外人群对单独二孩政策的响应。

单独二孩政策实施后的 2014 年，政策外家庭的二孩和三孩总和生育率均有上升，表明单独二孩政策对政策外家庭产生了扩散响应。2011—2013 年政策外家庭的二孩孩次生育率的变动幅度不大，但在 2014 年，二孩孩次递进比打破了这一平衡状态，政策外人群的二孩孩次生育率有小幅上升，尤其表现在 29~40 岁之间的育龄妇女群体。比如 31 岁育龄妇女的二孩孩次生育率，2014 年较之前三年高出 45%（图 6-9）。

单独二孩政策实施后的 2014 年，不符合二孩生育政策家庭的总和生育率有所

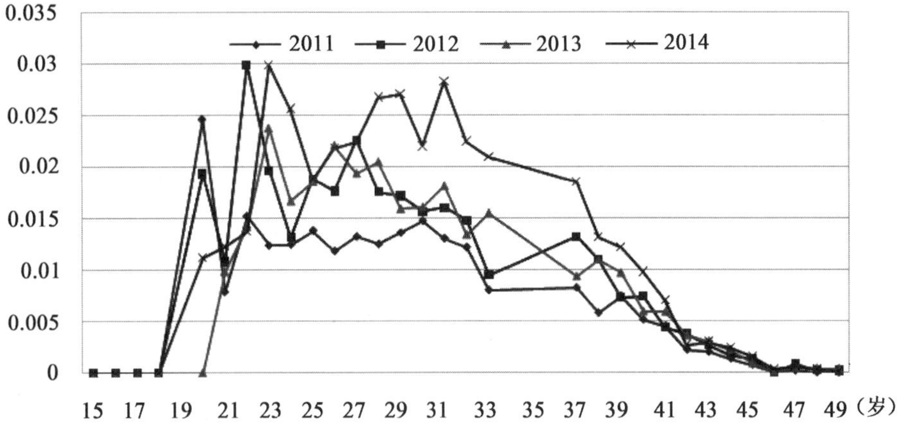

图 6-9　2011—2014 年宜昌市政策外人群分年龄组二孩生育①

降低。但是分孩次来看，一孩总和生育率下降了近 0.12，原因可能是 2014 年宜昌市的人口结构发生了变化，所以未婚女性人数增加②；二孩和三孩总和生育率均有上升，表明单独二孩政策对政策外家庭产生了政策响应，我们认为生育政策一旦放松，选择政策外生育二孩人数就会有所上升（表 6-3）。

表 6-3　　**单独二孩政策实施前后不符合二孩生育政策家庭的总和生育率**

	TPFR	TPFR1	TPFR2	TPFR3
政策实施前：2012 年	0. 8926	0. 6934	0. 1326	0. 0666
政策实施后：2014 年	0. 8107	0. 5783	0. 1400	0. 0924

① 图中 17 岁育龄妇女的二孩孩次递进比为异常值，图中已作了处理。

② 样本数据中 2013 年已婚女性为 31016 人，2014 年已婚女性增加至 31327 人。

第七章　鼓励性生育政策实验：投资二孩？

第一节　二孩生育意愿及其原因分析

一、是否打算生育二孩

在当前低生育率的背景下，长期的低生育水平可能导致低生育陷阱的发生，不利于人口的长期均衡发展。探讨低生育水平地区的生育意愿，对于预测未来生育水平演变，促进人口长期均衡发展具有重要意义。在下面的分析中所使用的数据为2014年8月宜昌市深入访谈样本。

（一）理想子女数

理想子女数是指不考虑各方面条件的限制，育龄妇女希望生育的孩子数量。调查显示，78.24%的育龄妇女理想子女数为2个；而回答为1个或3个的较少，分别占比20.89%和0.76%，平均理想子女数为1.80个。

70后、80后育龄妇女的平均理想子女数基本相同，均多于90后。70后、80后育龄妇女的平均理想子女数分别为1.81和1.80，差异很小；90后育龄妇女的平均理想子女数为1.72（图7-1）。育龄妇女理想子女数随着文化程度提高而下降，从小学及以下到大专以上文化程度，平均理想子女数从1.83个下降到1.68个。

（二）二孩生育意愿

调查数据显示，明确表示要二孩的占35.69%；明确表示不要二孩的占50.16%；没有想好的占14.15%。

30~35岁年龄组的育龄妇女明确要二孩的比例最高，为38.04%；15~25岁年龄组明确要二孩的比例为29.06%。

育龄妇女明确要二孩的比例随着其文化程度提高而下降。文化程度为小学及以下的育龄妇女要二孩的比例最高，为43.4%；本科文化的育龄妇女这一比例最低，为18.75%（图7-2）。

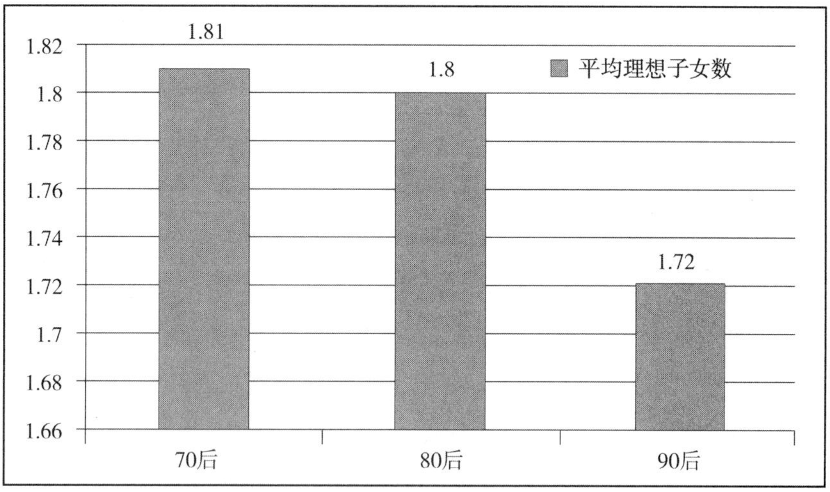

图 7-1　分年代的育龄妇女的理想子女数（个）

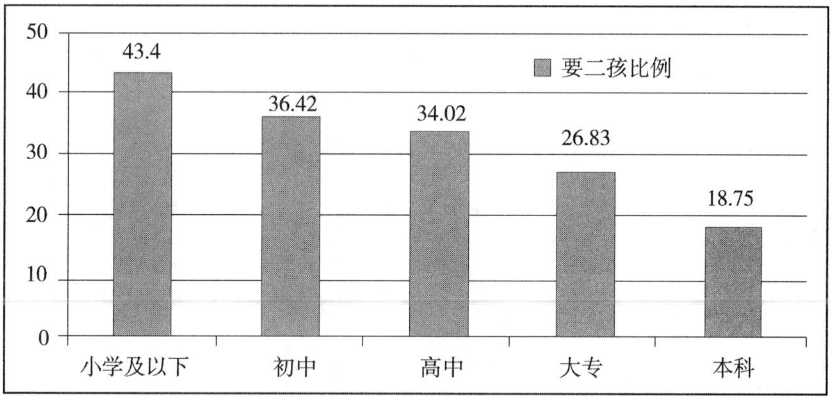

图 7-2　分文化程度的育龄妇女明确表示要二孩的比例（%）

家庭经济水平较高的育龄妇女要二孩概率更高。经济条件处于上等、中上等、中等、中下等、下等的家庭育龄妇女要二孩的比例依次为 40.98%、38.6%、33.8%、34.18%和 16.67%（图 7-3）。另外，家庭地位较高的育龄妇女要二孩的概率相对较低。

双独、单独和一孩半家庭的二孩生育意愿依次提高，分别为 10.5%、26.2%、39.9%，二孩生育意愿依次提高。在目前符合全面二孩生育政策的家庭中，有 33.0%的家庭想要二孩（图 7-4）。

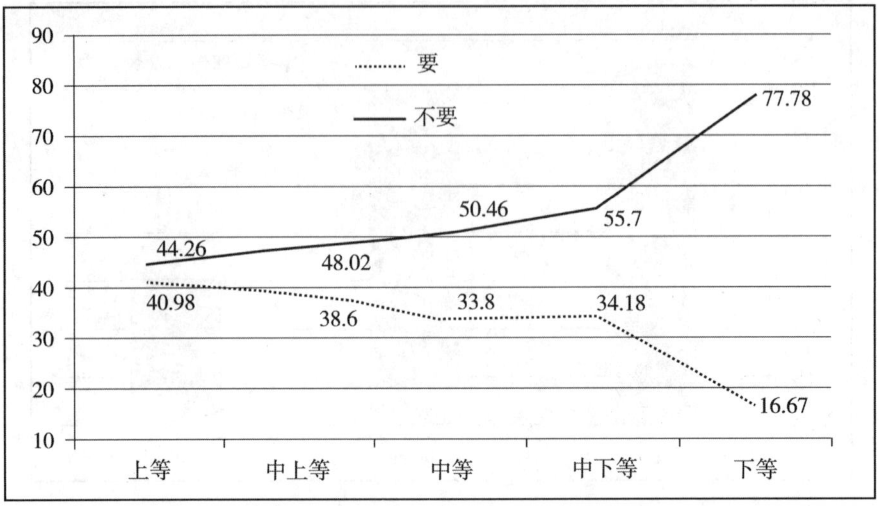

图 7-3　不同家庭经济水平下育龄妇女的生育意愿（%）

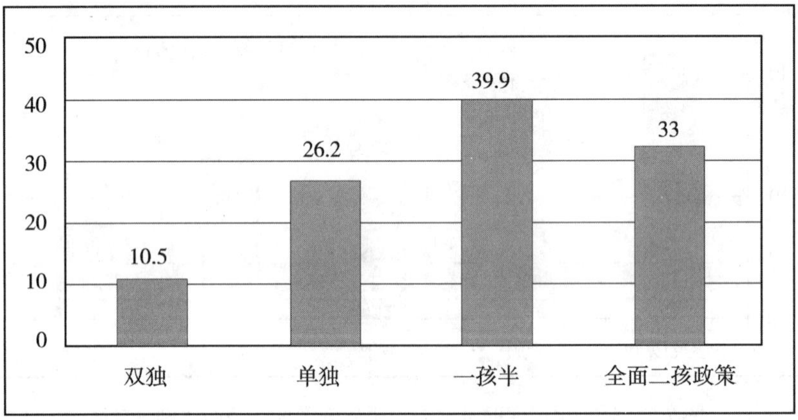

图 7-4　符合不同生育政策家庭的二孩生育意愿（%）

（三）生育意愿、生育行为与理想子女数的背离

育龄妇女理想子女数为 1 个、2 个、3 个的分别占 20. 89%、78. 24%和 0. 76%。但是理想子女数和现有子女数的生育行为存在着差异。理想子女数为 1 个的育龄妇女中，现有子女数为 1 个的只占 94. 27%，没有孩子或孩子数为 2 个的占 5. 73%。理想子女数为 2 个的育龄妇女中，现有 2 个孩子的仅占 19. 19%，没有或者 1 个的占 80. 39%。此外，理想子女数和生育意愿也存在差异。表 7-1 中显示，理想子女

数为 1 个的育龄妇女中，仍然有部分有要二孩的生育意愿；理想子女数为 2 个的育龄妇女中，现有一个孩子的一部分人明确表示不再要二孩。可见，在超低生育水平地区人们的生育行为会明显低于理想子女数和生育意愿。

二、已有一孩家庭的二孩生育意愿

已有一孩家庭的二孩生育意愿是本次调查的核心内容。全部样本中二孩生育意愿比重为 35.8%，二孩的生育意愿相对较低。由于男孩性别偏好以及少数民族偏好多生的传统，一孩半家庭和少数民族家庭二孩生育意愿比重分别为 39.9%和 44.1%，略高于地区平均水平。

2014 年湖北省单独二孩政策放开，但符合单独政策的家庭二孩生育意愿比重为 26.2%，比地区平均水平低 7.6%，并没有出现预期的大幅度增长。

对于符合全面二孩生育政策的家庭，我们询问其二孩生育意愿时，这些家庭二孩生育意愿比重为 33%，比平均生育水平低 2.8%。

90 后育龄妇女具有二孩生育意愿的比重为 29.1%，低于 80 后（37.3%）和 70 后（35.4%）。当第一个孩子年龄到 3 岁以后，育龄妇女的二孩生育意愿上升，第一个孩子年龄在 2 岁以内时，家庭的二孩生育意愿为 23.8%，到 3 岁以后二孩生育意愿上升到 39.6%。另外，二孩生育意愿随着女性文化程度的上升而下降（图 7-5）。

表 7-1　　　　生育意愿、生育行为与理想子女数的差异

理想子女数	现有子女数	要二孩的生育意愿
1 个（20.89%）	0（3.65%）	
	1（94.27%）	要（2.22%）
		不要（86.67%）
		没想好（11.11%）
	2（2.08%）	
2 个（78.24%）	0（3.48%）	
	1（76.91%）	要（32.19%）
		不要（50.45%）
		没想好（17.36%）
	2（19.19%）	
3 个（0.76%）	0	0

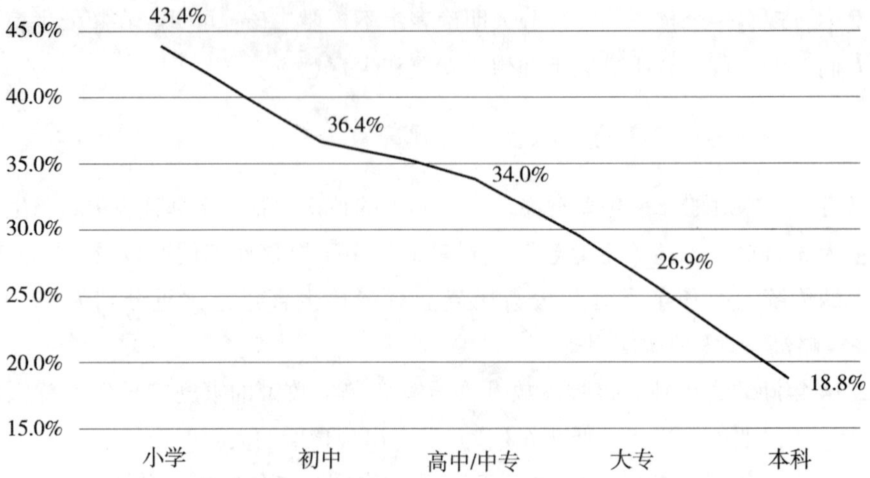

图 7-5　不同文化程度女性的二孩生育意愿

外出务工经历提高了育龄妇女的二孩生育意愿。正在外出务工的女性二孩生育意愿为 37.8%，已经返乡的外出务工女性二孩生育意愿为 36.5%，没有外出务工经历的女性二孩生育意愿为 34%。其可能的原因是当前宜昌女性二孩生育意愿已经较低，外出务工带来的收入效应大于替代效应（图 7-6）。

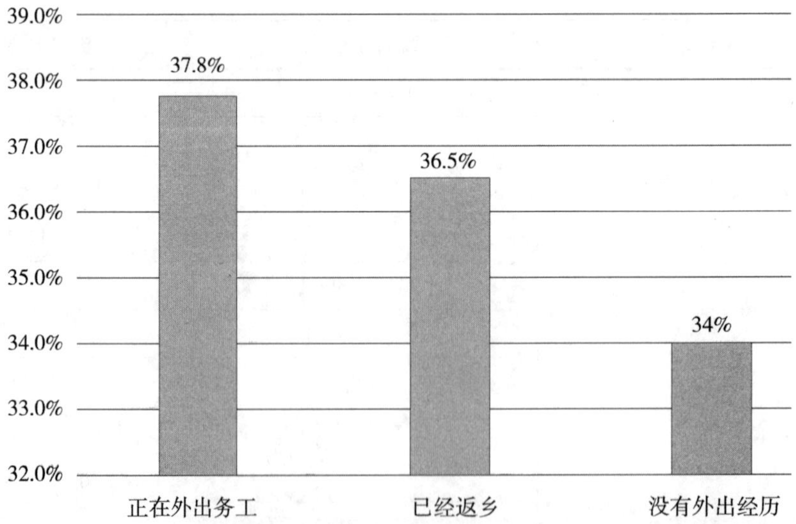

图 7-6　不同外出务工经历女性的二孩生育意愿

有二孩生育意愿的家庭生育二孩的时间计划并不迫切。计划在三年内生二孩的家庭占 28. 6%，计划在三年以后生二孩的家庭占 24. 4%，还没想好何时生二孩的家庭占 47. 0%。计划在三年以后生二孩和没想好何时生二孩的家庭合计 71. 4%，在有二孩生育意愿的家庭中占较大的比例（图 7-7）。

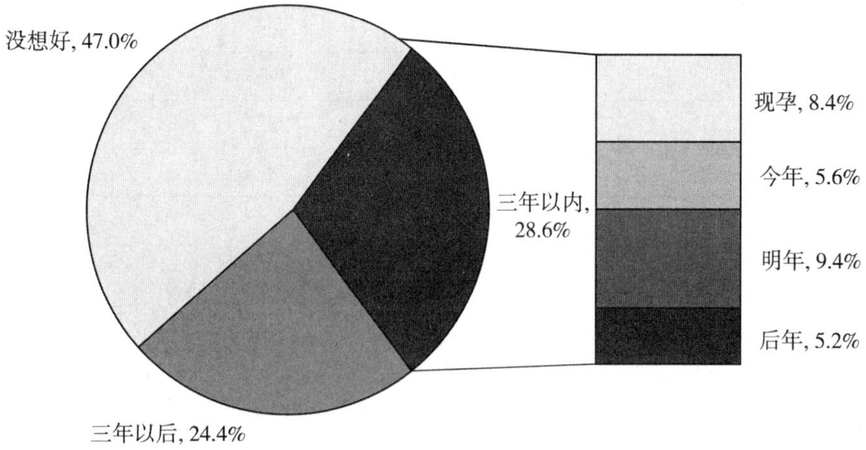

图 7-7　二孩生育时间安排

男孩偏好弱化，男孩偏好不是生育二孩的主要原因。在有二孩生育意愿的家庭中，期待二孩是男孩的家庭占 11. 9%，期待二孩是女孩的家庭占 39. 8%，对二孩性别无所谓的家庭占 48. 3%，也即没有男孩偏好的家庭占总数的 88. 1%。一孩为男孩的家庭，期待二孩性别为女孩和无所谓的占 99. 2%。一孩为女孩的家庭，期待二孩性别为女孩的和无所谓的占 78. 6%（表 7-2）。

表 7-2　**不同一孩性别家庭的二孩性别期待（%）**

二孩性别期待	一孩性别	
	男孩	女孩
男孩	0. 8	21. 4
女孩	70. 5	15. 7
无所谓	28. 7	62. 9

对符合全面二孩生育政策的家庭而言，希望二孩是男孩的仅占 4. 9%，当一孩

是女孩时，这一比例上升到38.5%，但仍有23.1%的家庭希望二孩是女孩，38.4%的家庭对二孩性别无所谓，换言之有61.5%的家庭没有男孩偏好（表7-3）。

表7-3　　**符合全面二孩生育政策家庭的二孩性别期待（%）**

二孩性别期待	一孩性别		合计
	男孩	女孩	
男孩	0	38.5	4.9
女孩	77.8	23.1	65.7
无所谓	22.2	38.4	29.4

三、不打算生育二孩的原因

不想要二孩的首要原因源于经济压力，孩子的教育费用太高是造成经济压力的主要原因，婚嫁成本高是造成经济压力的第二大原因。图7-8对育龄妇女不想要二孩的原因进行了排序。有52.8%的育龄妇女认为孩子的教育费用太高；有22.8%的育龄妇女是由于婚嫁成本太高而不愿意要二孩。该图还显示了不想要二孩的第三大原因是育龄妇女认为没有精力带孩子，比例达21.8%。其他类型的原因所占比例均在20%以下。

35岁以上育龄妇女因“年龄大了”而不要二孩的比例显著增加，成为她们不要二孩的第二大原因。如图7-9所示，36~40岁育龄妇女因年龄大了不要二孩的比例是29.0%，41岁及以上接近一半，是48.3%。

35岁及以下育龄妇女因为“没有精力带孩子”的比例较高，35岁以上的比例显著减少（图7-10）。

随着文化程度的降低，人们认为经济方面的压力越大，包括教育费用和婚嫁成本，她们不想要二孩的原因的可能性也就越大。初中及以下学历的育龄妇女不想要二孩的前三个主要原因是，第一，孩子的教育费用太高，为55.3%；第二，婚嫁成本高，为24.2%；第三，没有精力带孩子，为14.5%。文化程度越高的妇女因“没有精力带孩子”而不要二孩的比例增加（图7-11）。

经济富裕的育龄妇女不要二孩的原因主要是自身发展和孩子照料之间的矛盾。在“教育费用高”这一原因上，经济条件上等的有20.6%，中上等有47.8%，中等有57.4%，中下等是61.2%，而下等有73.3%。经济条件上等的家庭因为“没

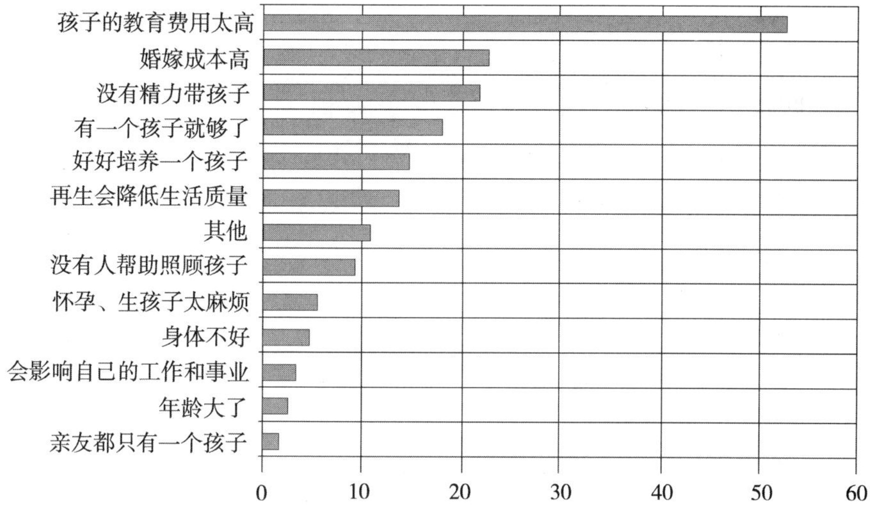

图 7-8　不想要二孩原因的分布图（%）

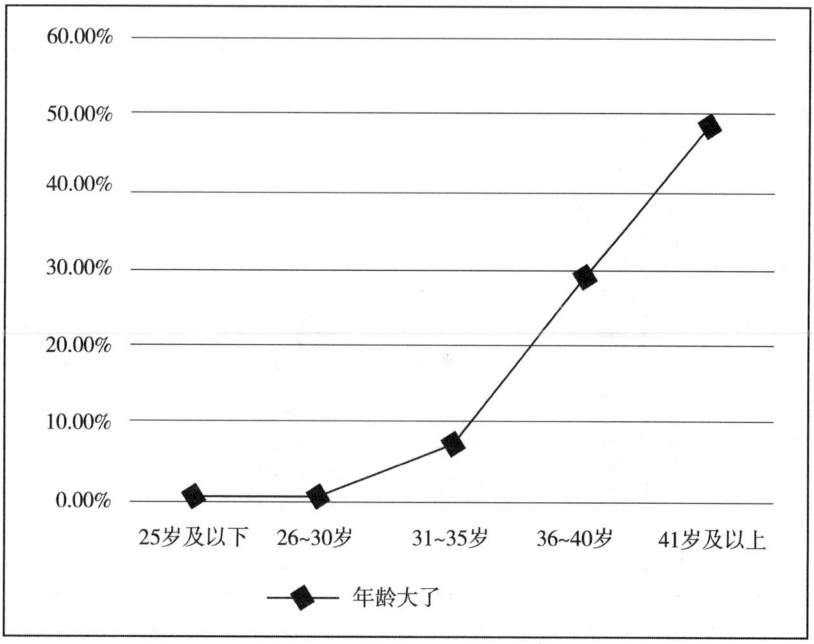

图 7-9　女性年龄与不生育二孩原因（年龄大了）

有精力带”和“降低生活质量”的比例分别是 35. 3%和 23. 5%。随着经济条件的降低，这两项的比例逐渐减少（图 7-12）。

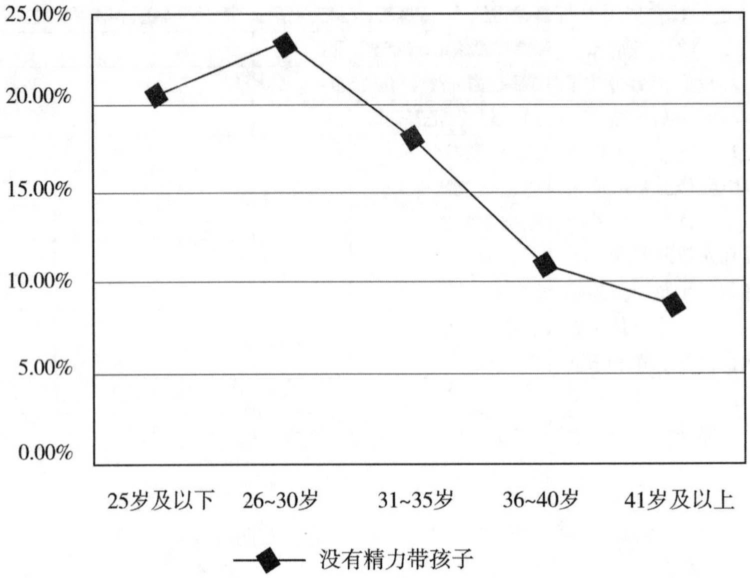

图 7-10　女性年龄与不生育二孩原因（没有精力带孩子）

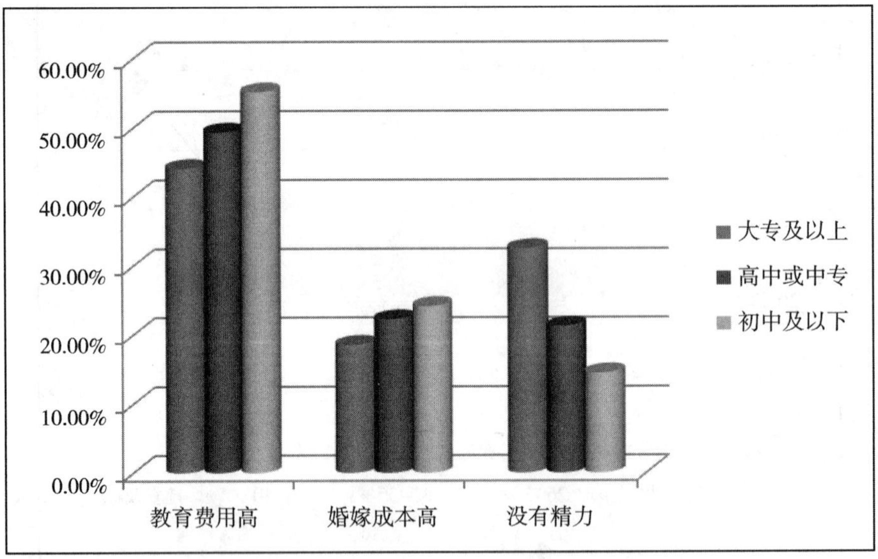

图 7-11　育龄妇女的文化程度与不想要二孩的主要原因对比图

如果一孩是男孩，育龄妇女会因为婚嫁成本高而放弃生二孩；如果一孩是女孩，人们会重视女孩的教育和自身生活的质量，满足于一个孩子而放弃二孩。一孩是女孩的比一孩是男孩的妇女认为教育费用太高而不想要二孩的比重更高，分别占

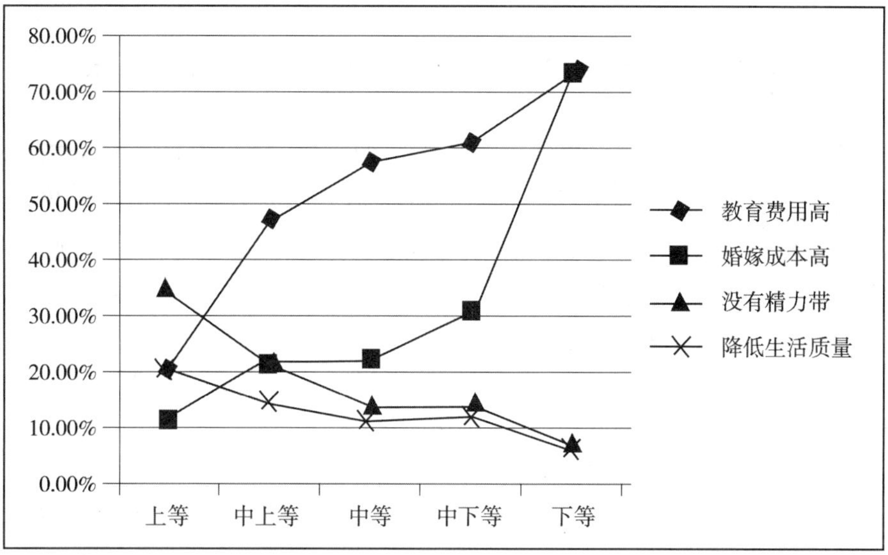

图 7-12　家庭经济条件与不想要二孩的主要原因对比

总样本数的 54. 6%和 51. 0%。婚嫁成本高是一孩男孩家庭不想要二孩的重要原因，30. 3%的一孩是男孩的妇女认为子女的婚嫁成本太高，她们担心二孩会再生一个男孩，所以不愿意再要二孩；对一孩女孩家庭来说不想要二孩的重要原因是“有一个孩子就够了”，有 18. 9%的人选择这一项（图 7-13）。

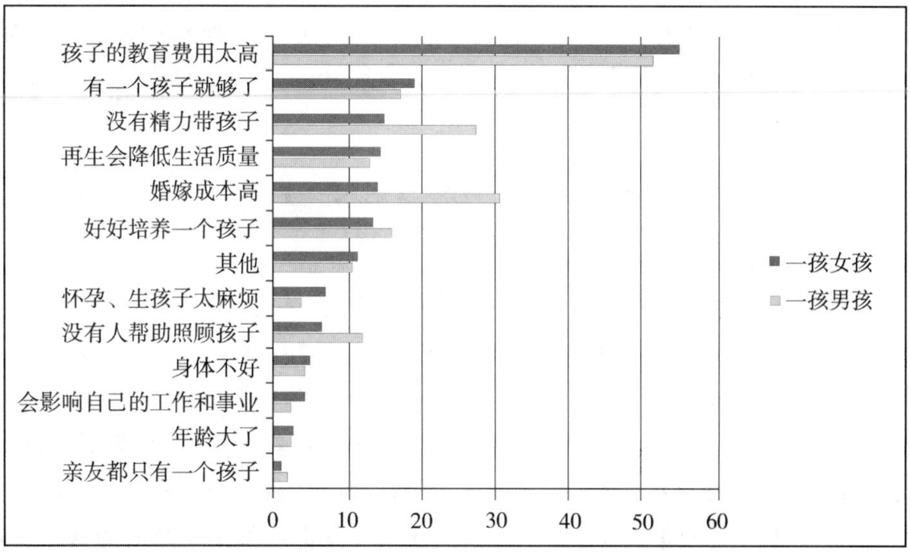

图 7-13　第一个孩子性别与不想要二孩的原因对比图（%）

第二节　从生育限制到生育激励：韩国经验借鉴

严重阻碍重振经济的高人口增长率促使韩国政府于20世纪60年代初期果断地实行了计划生育政策，在经历了70年代政策目标与手段多样化，80年代政策目标强化之后，韩国以出人意料的速度于80年代中期实现了生育率控制与普遍避孕两大计生目标。与经济社会现代化相伴而来的超低生育事实，迫使韩国政府于2005年正式启动鼓励生育政策，但当前超低生育率仍未见好转。

韩国的生育政策基本可以划分为四个阶段：放任生育阶段、计划生育政策实施阶段、新人口政策阶段、鼓励生育政策阶段。

一、放任生育阶段：建国初期

1948年韩国建国后不久，朝鲜战争爆发，韩国经历了三年战争动乱，经济遭受沉重打击。战争结束后，韩国得到了美国大量的无偿援助和优惠贷款，经济得以快速复苏和发展。

韩国人口普查数据发现，从1944年到1949年韩国年平均人口增长率为4.7%，人口从1590万增长到2200万。人口增长的一个主要原因就是1945年后在海外居住的韩国人回国。之后朝鲜战争爆发，受战争影响，国民经济崩溃，人民生活没有保障，导致人们生育意愿低下。1949年到1955年的人口增长率只有1%。1953年朝鲜战争结束，韩国生育率出现补偿性快速增长，而同时社会经济快速恢复，死亡率也迅速下降，再加上有三百万难民的涌入，导致1960年人口增长率达到3%，当时的总和生育率高达5.99。

二、计划生育政策实施阶段：严格限制人口数量

二战后的韩国，自然资源十分匮乏，70%的人口靠农业来生存，工业设施、住房和公共设施均被战争所破坏，经济已经处在崩溃的边缘。当时的失业率极高，人均年收入也只有80美元，而且经济增长在很大程度上被人口高速增长所抵消。

1961年韩国社会咨询委员会（SAC）咨询委员高凰京教授向韩国政府提出人口控制政策建议，认为“高人口增长率会加剧贫困阻碍经济增长”。两个月后，该提议就被国家重建最高委员会采纳。同年10月，朴正熙在一次全国性新闻会议上宣布将出台计划生育政策，10月19日韩国《东亚日报》报道了政府的这一决定，简短的历史性报道表明，推动经济增长是人口控制政策的目的，劝说与非强制是推

行政策的手段。

实施生育计划的任务交给了健康与社会事务部（类似中国目前合并成立的卫生和计划生育委员会），负责计划生育工作全民运动的是计划生育联合会（PPFK），该组织是一家主要由医务人员、社会工作者和社会学家构成，最早在韩国致力于生育控制活动的民间志愿组织，在全国183个县和地区的卫生中心都设立了计划生育服务办公室。

1963年，为进一步加大计划生育工作推进力度，韩国政府协同诸多部门参与到计划生育工作中来。教育部学习如何将人口教育引入学校课程，并利用教师资源参与计划生育宣传活动；卫生部每年五月开展全民计划生育月活动，并动用了2.9万“重建人民运动”工作者；国防部动员医务人员为士兵提供包括输精管手术在内的计生服务；司法部在全国范围内倡导居民学习优生保护法；经济计划部还专门设立了人口政策委员会。

和中国计划生育政策类似，韩国也将计划生育政策纳入社会经济发展计划，在制订经济发展计划的同时制订人口增长计划。计划生育初期提出了20年工作目标，拟将人口增长率从1960年的2.9%降低到1971年的2.0%，到1981年将人口增长率降至1.3%。计划生育“十年计划”还包括20~44岁已婚妇女避孕率在1971年达到45%，其中由政府支持的应该占到31.5%，个人承担的占13.5%。到第五个“五年计划”时，韩国政府又提出了新的人口控制目标，即到1988年将总和生育率控制到2.1的更替水平①。在1986年3月制订的第六个“五年计划”（1987—1991）中，政府又进一步提出了新的人口控制目标，即将总和生育率从1984年的2.05降低到1995年的1.75。

1960—1983年是韩国生育率从高水平向更替水平急速下降时期。人口增长率从1960年的2.9%下降到1971年的2%，随后一直保持下降趋势。韩国总和生育率也从1960年的高达5.99下降到了1990年的1.70，远远低于当时韩国政府的计划目标。学术界普遍认为，韩国生育率在这个阶段的下降，是快速经济发展和社会变革与国家有效的计划生育项目共同作用的结果②。

60年代韩国经济开始起步，以第1个“5年经济发展计划”为标志，韩国开始工业化进程。此时，韩政府开始实施以促进出口为特征的外向型经济发展战略，

① Yang J M. *Family Planning Program in Korea* [J]. Yonsei Medical Journal, 1977, 18(1): 64-74.

② Kwon, Tai-Hwan. *Exploring Socio-Cultural Explanations of Fertility Transition in Korea* [M]. The Revolution in Asian Fertility, 1993.

鼓励出口和外资流入。外资在当时占有十分重要的地位，据统计，1962 年外资在韩国内投资中所占的比重高达 83%。70 年代，韩开始着力促进重化工业的发展。1973 年韩公布并开始实施“重化工业发展计划”，大量投资向重化工业倾斜。1963—1979 年平均 GDP 增速达到 9.8%，城市化率由 28.6%上升到 55%，工业化率由 17.3%上升到 36%，资本形成占 GDP 比重由 13.4%上升到 36.1%，商品出口规模由 0.41 亿美元上升到 150.57 亿美元。

进入 20 世纪 80 年代，韩国从劳动力过剩经济转变为劳动力短缺经济。Eichengreen 等认为，韩国到 80 年代剩余劳动力从农村流向工业部门的潜力基本耗竭①。加上 1987 年民主化运动爆发以后，工会活动活跃，劳资矛盾突出，工人工资水平迅速提高。韩国政府及时做出推动经济转型的重要决策，将经济发展目标由“增长第一”转为“增长与稳定并重”，在追求经济发展、人民富裕的同时兼顾收入分配公平，最终实现普惠式发展。社会经济发展方面，1980—1990 年城市化率从 57%提高到 74%，女性高中入学率从 44%上升到 77%。

三、生育政策转变时期：1996—2004 年的新人口政策阶段

1985—1995 年的十年间，韩国总和生育率从 2.05 下降到 1.65，并且呈现持续下降趋势。同时自 20 世纪 80 年代开始，韩国的出生性别比出现失衡，并且逐年攀升，到 1990 年达到 116.5 的最高峰，并出现了明显的性别比随孩次上升现象。

面对迅速下降的生育率和性别失衡，针对是应该坚持还是取消当时的生育控制政策，专家们出现了激烈的争论。一部分人认为控制生育的政策应该立即取消，因为它会对社会经济发展产生负面影响，比如劳动力人口的长期下降和快速老龄化，并认为即使取消了政策，生育率也不可能提高；另一部分人则表示，控制生育的政策应该继续坚持，原因是国家土地和资源有限，如果取消控制生育的政策，避孕率会下降，同时生育率会上升，从而导致以往工作的前功尽弃②。

1994 年 12 月，由 20 名专家、学者和政府官员组成的人口政策审议委员会成立，目的是全面分析和评估现行的生育控制政策所产生的效果，以及未来人口规模和结构变化对经济社会的影响，以确定新的人口政策方向和 21 世纪的措施。

这个委员会经过一年的调查和研究，给出的结论是：强烈建议立即取消生育控

① Eichengreen B, Perkins D H, Shin K. *From miracle to maturity: The growth of the Korean economy* [M]. Harvard University Press, Asia Center, 2012.

② 乔晓春．从韩国取消生育政策看中国加快生育政策调整的必要性［J］．东南大学学报：哲学社会科学版，2015（4）：21-27.

制政策，政府应该将人口政策转变为提高人口素质和改善福利，因为在持续低生育率条件下，不仅会出现劳动力下降，由于人口快速老龄化导致的福利需求增长和劳动生产率的下降，以及由于人口结构变化导致的社会保险财政负担的加重，而且还会使出生性别比偏高更为严重，青少年性问题突出，以及人工流产率升高问题等。人口政策审议委员会的具体建议包括：（1）使生育率保持在目前的更替水平，并且将降低疾病发生率和死亡率作为实现可持续社会经济发展过程的一部分；（2）增进家庭健康和福利；（3）阻止出生性别比升高，降低人工流产率；（4）通过为妇女提供就业机会和福利使妇女获得更多的权利；（5）为老年人提供工作机会和充分的健康照料和福利；（6）平衡人口空间分布；（7）构建实施区域人口计划和收集统计信息的基础平台；（8）为了成功地实施新的人口政策，提升有关机构及管理人员实施改革方面的能力，包括组织建设和功能建设①。

1996年在金泳三总统主持的内阁会议上采纳并宣布了人口政策审议委员会提出的新人口政策，正式将人口政策重点从人口数量控制转移到质量与福利上来。新人口政策包括保持生育和死亡在有利于国家可持续发展的水平，倡导家庭健康和福利，防止新生婴儿性别比失调，解决青少年生殖健康服务需求，鼓励妇女参与生产劳动，改善老年人的生活，实现人口平衡分布等内容②。

尽管新人口政策顺利实施了，但是韩国的总和生育率并没有像期望的那样出现反弹或回升，反而是一路走低。金融危机推波助澜下的新生育观使韩国生育率出现了1997—1999年连续三年下滑。1996年新人口政策实施时韩国总和生育率为1.58，到1999年下降到1.42，2001年为1.30，2005年下降到1.08（图7-14）。

四、鼓励生育政策阶段：2004年至今

20世纪80年代末90年代初，韩国已逐渐实现了工业化，国民收入大幅度提高，适龄青年大多数进入大学，青年男女晚婚晚育的趋势开始出现。虽然从1996年到2004年取消了人口控制政策，将人口政策转为提高人口素质和改善福利。但是韩国的生育率并没有出现预期的反弹或者回升，反而是表现为持续下降的趋势。面对人口生育率偏低、出生人口性别比严重失调的问题，韩国开始出现了是否应该鼓励生育政策的辩论。

---

① 乔晓春．从韩国取消生育政策看中国加快生育政策调整的必要性［J］．东南大学学报：哲学社会科学版，2015（4）：21-27.

② Choe M K, Park K A. *Fertility decline in South Korea*: *Forty years of policy-behavior dialogue*［J］. Korea Journal of Population Studies，2006，29（2）：1-26.

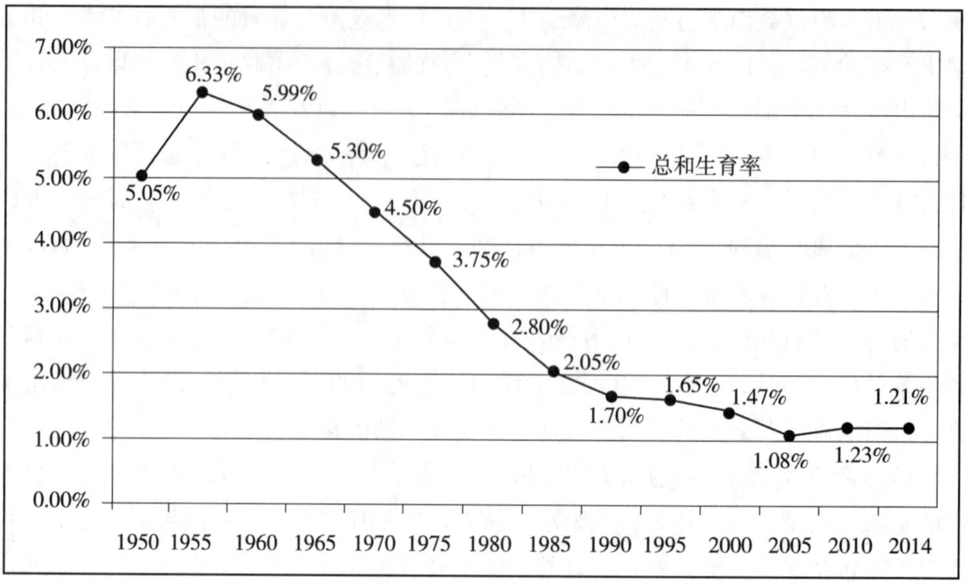

图 7-14　韩国总和生育率变动趋势

数据来源：http：//kostat. go. kr/portal/eng/index. action

从 2004 年开始，韩国成立了老龄化和未来社会委员会，来处理与低生育率和老龄社会有关的中长期政策制定和实施策略问题；2005 年又设立了由总统担任主席的低生育率与高龄化委员会，并通过国会颁布了《低生育率与高龄社会基本法》，拟通过立法的方式来推动人口增长，解决人口老龄化问题。

2005 年韩国颁布了《低生育行动框架与人口政策》，同年新成立了“低生育与人口政策总统委员会”，并在卫生福利部设立了政策实施团队。根据《低生育行动框架与人口政策》的规定，卫生福利部在咨询了相关中央行政机构后，决定每五年要制订出一个基本计划①，2006 年至今已发布了五个基本计划②。第一个综合性五年计划（2006—2010）和第二个五年计划（2011—2015）包括一系

① 袁蓓，郭熙保．韩国计划生育政策演变及对我国的启示［N］．光明日报，2015-04-29（16）．

② 第一个五年计划（2006—2010）是要建立有利于生育与保育的环境，为老龄化社会反应系统的建立奠定基础；第二个五年计划（2011—2015）是要稳步恢复生育率，建立起老龄化社会反应系统；第三、第四和第五个五年计划是将生育率提高到 OECD 国家平均水平并成功应对老龄化。

列政策和项目，目标是将总和生育率提升到一定水平，同时推动社会环境建设，以期在人口老龄化社会中保证持续的经济发展，保证无论年龄和性别，所有人都享有高质量的生活。这些政策与项目包括为兼顾工作和家庭生活提供经济和社会支持，提供生育补偿，改善生殖健康服务，构建家庭友好型社会环境，促进性别平等等。

据统计，韩国政府近年已投入至少 3.7 万亿韩元用于无偿保育政策，鼓励韩国人生育。政府将投入的资金用于支援普通家庭的托儿和育儿教育，并对结婚、生育、子女养育各个环节给予相应奖励。例如，政府面向月收入低于一定水平的新婚夫妇每年提供 5 万套保障住房；为怀孕女性提供一定的产前诊疗检查费用；子女不满 6 岁时，女性可以有 1 年假期在家养育子女，期间每月可领取 40 万至 50 万韩元的底薪，并且雇主必须保留生育妇女的职位。

在鼓励性生育政策下，韩国生育率有所回升。政策实施前的 2005 年，生育率降到最低点 1.08，2006 年实施鼓励性生育政策之后当年生育率就有所回升，达到 1.123，到 2007 年生育率进一步回升到 1.25，但是在 2008 年和 2009 年，可能是受到经济形势的影响，这两年生育率有所下降。之后三年又开始回升，从 2009 年的 1.149 回升到 2012 年的 1.297。但是近两年韩国生育率又波动下降，2014 年生育率为 1.205。整体来看，鼓励性生育政策实施后有一定的正向影响，但是效应微弱，综合生育率依然在 1.3 以下徘徊（图 7-15）。

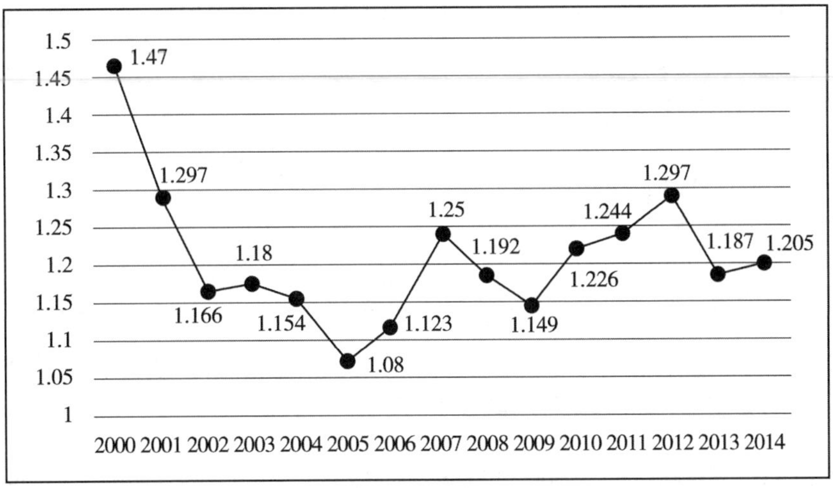

图 7-15　鼓励性政策实施后的韩国生育率

第三节　生育补贴下人们的二孩生育意愿：模拟实验

在调查中，我们首先询问了受访者的再生育意愿，对于“是否生育二孩”回答“否”或“没想好”的受访者，追问其对于激励政策的态度。激励政策的模拟试验包含四个方面的内容：

第一，“如果对第二个孩子，每个月发放抚养补贴100元，直到孩子18周岁，你会再生育吗”？

第二，“如果对第二个孩子，由国家提供2000元的婚嫁保险，你会再生育吗”？

第三，“如果对第二个孩子，实行入托或入幼儿园免费，你会再生育吗”？

第四，“如果对第二个孩子，直接追加分配一人份的田地和宅基地，你会再生育吗”？

每个题目有5个选项，依次为“会”、“可能会”、“不知道”、“可能不会”和“不会”。

表7-4　　激励政策试验的效果（%）

是否再生育	激励政策	会	可能会	不知道	可能不会	不会
否	抚养补贴	7.2	15	3.9	5.9	68.1
	婚嫁保险	5.2	15.6	4.1	8.5	66.6
	入托免费	9.1	21.5	2.2	4.1	63.1
	农地补偿	5	13.9	2.8	5.6	72.7
没想好	抚养补贴	11	34.6	15	5.5	33.9
	婚嫁保险	11.8	30.7	15	10.2	32.3
	入托免费	20.5	38.6	10.2	7.1	23.6
	农地补偿	11.8	29.1	13.4	10.2	35.4

一、响应政策选择再生育的总比重低于50%

对于受访者，当其对激励政策试验的回答为“会”或者“可能会”的时候，我们称其对激励政策产生了响应。调查数据显示，受到各种政策激励后，响应政策选择再生育人群的总比重为44.1%。该数据结果是在最为宽泛的响应标准下测得的，从试验的角度来看，该比重值具有政策激励效果的上限意义。换言之，设计实施鼓励再生育的政策，在特定的政策措施之下，育龄妇女响应政策而选择再生育的比重不会超过50%。

二、激励政策组合越丰富越容易获得响应

44.1%的总政策激励响应比重分别由不同的政策组合得出。其中，只对任意一项激励政策产生响应的人群比重为13%；对任意两项激励政策产生响应选择再生育人群的比重累积为21.4%；对任意三项激励政策产生响应选择再生育人群的比重累积为29.6%；对全部四项激励政策均产生响应选择再生育人群的比重累积为44.1%。数据显示，当激励政策组合逐渐丰富时，其所获得的响应比重越大，激励效果也就越明显。

三、早期教育补贴的政策激励效果更为明显

在四个方面政策激励效果的横向比较中，"入托免费"的政策激励效果最为明显（图7-16），且明显高于其他政策试验的激励效果。对于原本不准备再生育的人群（"是否生育二孩"回答为"否"），该激励政策的响应比重可以达到30.6%；对于原本犹豫不决的人群（"是否生育二孩"回答为"没想好"），该激励政策的响应比重则可以达到59.1%。其他三项模拟政策的激励效果之间差异不大，其中效果最弱的是"农地补偿"。

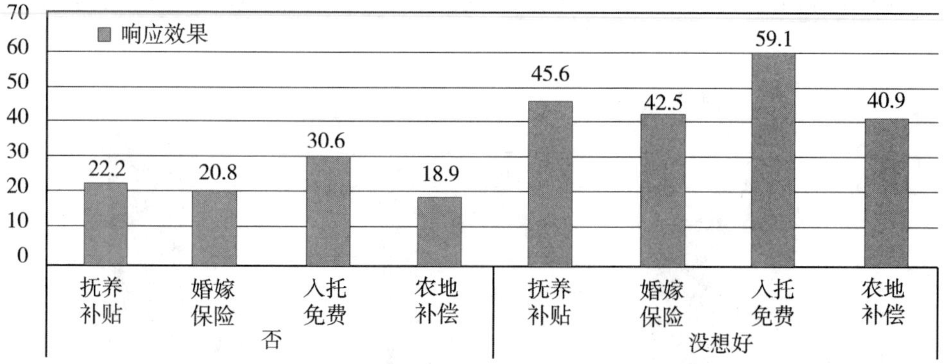

图7-16　不同激励政策响应效果

四、受教育程度高的育龄妇女更易响应激励

数据表明，随着受教育程度的逐渐升高，育龄妇女响应激励的比重也逐渐升高。大专及以上学历的育龄妇女响应激励的比重接近一半，达到48.8%（图7-17）。

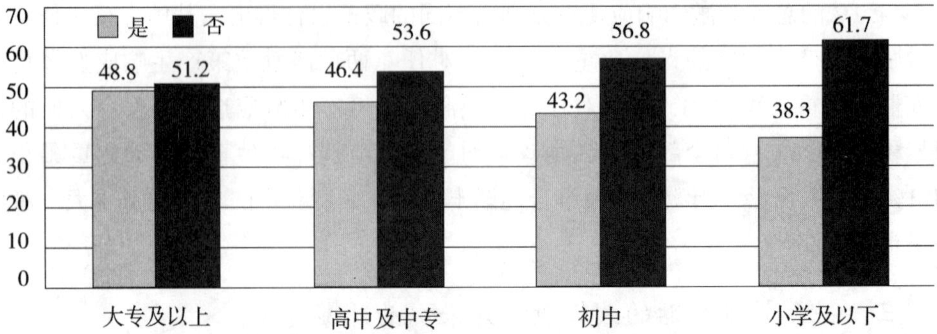

图7-17　不同受教育程度响应激励比重

五、有务工经历的育龄妇女更易响应激励

数据表明，有无务工经历也会明显影响育龄妇女受到再生育激励政策的反应。比较而言，正在务工的育龄妇女最易响应激励，其比重超过了一半，达到55.4%。有过外出务工经历但已经返回的育龄妇女次之，响应激励的比重为49.5%，接近一半。而没有务工经历的妇女激励响应的比重远低于前两者，为32.4%（见图7-18）。

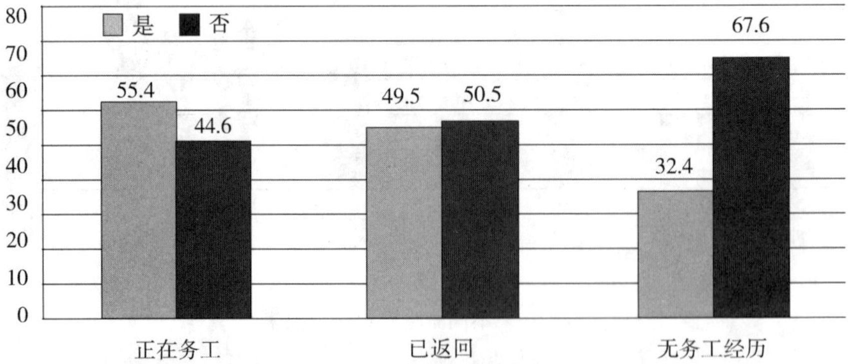

图7-18　不同务工经历响应激励比重

第四节　低生育率陷阱与持续低生育率的危害

一、宜昌市已进入“低生育率陷阱”

奥地利学者 Lutz 于 2005 年提出低生育率陷阱理论，该理论认为一旦总和生育率低于 1.5，那么生育率如同掉入陷阱一样长期处于低水平状态，扭转生育率下降趋势将会变得十分困难甚至不可能。在这个逻辑下，我们认为，如果生育率在 1.5 以下持续走低，甚至当采取鼓励性生育政策时，政策响应效果依然不明显，就表明已经进入了低生育率陷阱。

本研究依据孩次递进比计算出了宜昌市的总和生育率，相比于常规总和生育率，按孩次递进生育比计算的总和生育率能更好地反映实际情况，因为我们获取的不仅包括育龄妇女的年龄、婚育和户口等信息，还包括孩次信息，这样既可以控制育龄妇女的年龄结构，还可以控制孩次结构的影响，所以与真实的总和生育率更加接近。计算结果显示，2000 年至 2014 年 15 年间，宜昌市的总和生育率均未超过 1.0，远低于 1.5 的低生育率陷阱临界值，并且呈波动下降趋势，所以我们认为，宜昌市已经进入低生育率陷阱。我们将从以下几个方面加以论证：

（1）宜昌市总和生育率持续走低，虽然二孩和三孩使总和生育率缓慢上升，但贡献度很低。前文计算结果显示，2000 年到 2014 年，宜昌市总和递进生育率一直处于 1.0 以下的水平，并表现出持续下降趋势。其中，一孩生育率的下降是导致总和生育率下降的主要原因。尽管二孩和三孩的孩次递进比在逐渐上升，但二孩和三孩对总和生育率的贡献度低，并且保持着下降的趋势，这说明总和生育率的升高难以靠二孩和三孩生育来拉升。

（2）生育政策调整后，符合相应政策人群生育二孩的比重较低，对总和生育率回升影响不大。例如，2011 年“双独二孩”政策放开后，并没有对符合双独政策家庭的生育行为产生影响，这类群体在 2013 年“单独二孩”政策放开后生育二孩的比例才有所提高。另外，2013 年“单独二孩”政策实行后，也仅对少数几个年龄组育龄妇女的二孩孩次递进比产生影响，但增幅不大。这说明生育政策调整对总和生育率回升的影响十分有限。

（3）农村总和生育率开始低于城市，也就是说，低生育率是人们自愿选择的结果，而不是政策压制的结果。以往研究都认为农村地区生育率普遍高于城市地区，但我们通过计算发现，2014 年宜昌市农村地区的总和生育率开始低于城市地区。尽管一孩半政策和民族地区生育政策的出发点是鼓励农村地区符合政策人群的二孩生育行为，但事实上却存在大量放弃政策内二孩的现象。另外，由于独生子女的政策宣导，例如比较典型的近几年湖北省农村独生女高考加分政策，更加刺激了农村家庭选择性地生育独女而放弃二孩生育。

（4）少数民族地区放开二孩生育已多年，但其总和生育率并未显现大幅的增加。以宜昌市的五峰土家族自治县和长阳土家族自治县为例，它们已在2000年允许符合条件者生育二孩，但十多年的生育实践中，总和生育率增长的幅度并不大。文中计算了2011—2014年宜昌市少数民族地区的二孩孩次递进比发现，尽管在2014年育龄妇女的二孩孩次递进比有所上升，但也仅仅局限于少数几个年龄组，这说明即便是在二孩政策已放开多年的少数民族地区，二孩生育比例也并不高。

目前，宜昌市这样的低生育率水平在全国尽管不多见，但如果未来这种现象蔓延到其他城市甚至全国，会给社会造成十分严重的危害，最直接后果就是人口结构老龄化和劳动力资源的短缺，进而影响到全社会劳动生产率与国家竞争力。因此，生育政策目前的调整和将来的调整是完全必要的，相关部门必须引起高度重视，并加以合理引导。

二、持续低生育率的危害

宜昌的生育率多年来持续走低，单独两孩政策实施以后，总和生育率也没有突破1。宜昌市这样的超低生育水平在全国不多见。如果未来这种现象持续下去，会给宜昌市社会经济发展和群众家庭发展带来十分严重的风险和危害，最直接后果就是人口结构老龄化、劳动力资源的短缺和城市化进程滞后。宜昌人口老龄化进程与劳动力减少、人口红利衰减同步，与经济发展不同步，呈现“总量大、速度快、高龄化、不均衡、未富先老”等特点，进而影响到宜昌市的劳动生产率与区域竞争力①。

1. 持续的超低生育水平和超少子化现象突出，造成未来劳动力供给短缺，不利于宜昌市经济持续发展

从宜昌人口发展现状及未来发展趋势看，排除人口机械增长因素，持续的超低生育水平导致宜昌人口总量负增长的时间大大早于全国、湖北省。2015年，宜昌市15岁至59周岁劳动年龄人口为286万人，14周岁以下少年儿童所占比例仅为

① 宜昌市卫生计生委基层指导科陈天明科长在宜昌调研报告基础上对此部分作了完善和发展。

11.33%，随着这部分人陆续进入劳动年龄阶段，每年劳动年龄人口将减少约2.8万人。如果继续维持这一水平，未来劳动年龄人口规模可能难以担当起建设宜昌的重任，未来的宜昌会面临无人可用的困境。缺乏人力资源的支撑，经济社会将很难实现可持续发展。

2. 人口结构失衡，老龄化社会养老负担重，势必给未来经济社会发展造成巨大压力

受人口发展惯性影响，宜昌人口年龄结构将长期处于失衡状态，除了前述少年儿童比重低以外，人口老龄化程度日益加重，传统的人口红利面临终结。宜昌人口老龄化的特点是总量多、增速快。2015年，宜昌市60周岁以上的老年人达到82万多人，占总人口的比例为19.80%；这个比例5年后将提高到26%左右；10年后将提高到36%左右。也就是说，到2025年前，宜昌市每3个人当中就至少有一个老年人。宜昌人口老龄化程度加剧的趋势不可逆转，到时候会大量出现“老人依靠老人，老人赡养老人”的现象。人口老龄化加剧，将从多个方面影响宜昌市经济的持续增长能力。一是带来社会抚养比不断提高，劳动力的负担和成本加大，并对社会保障体制形成巨大挑战。二是加大消费性人口比例，降低生产性人口比例。三是劳动力年龄结构“老化”将直接影响劳动生育率的提高。伴随而来的是老年人口生活照料、日常护理、医疗卫生、心灵慰藉、业余文化等需求增加，社会保障压力加剧，抚养负担重。特别是中国第一代独生子女的父母已陆续进入老年期。“四二一”倒金字塔式家庭结构，80、90后的独生子女将面临巨大养老压力，在目前“居家养老为主、社会养老为辅”的格局下，未来可能需要承担父母、爷爷奶奶、外公外婆的养老义务，无疑会给独生子女们的家庭发展和日常生活带来巨大压力。这种情况，在和宜昌同为全国计划生育工作“红旗单位”的江苏省如东县早已出现。该县2014年底人口老龄化率即接近30%，且逐年攀升，从1997年起连续18年出现人口负增长。严重的老龄化对这个全国“百强县”拖累极大。在社会竞争日趋激烈、生活节奏加快的背景下，无论是城市还是农村，都存在大量的空巢家庭。原有居家养老模式受到很大冲击，显得力不从心。而社会养老所面临的问题也很突出。从宜昌市的养老状况看，城市养老院现仅有57家，开设床位7509张，其中公立养老院17家，开设床位3382张，社会办养老院40家，开设床位4127张；城区25家，开设床位3641张，县市32家，开设床位3868张。即使加上农村“五保”供养机构，集中供养能力远不能满足现在82.5万老年人的需求。巨大的养老负担，从某种程度上限制了群众响应全面两孩政策。

3. 一孩家庭占比高，独生子女家庭面临的风险大

实行计划生育以来，广大人民群众积极响应国家号召，自觉实行计划生育，有效控制了人口过快增长，有力促进了经济社会发展。截至 2015 年底，宜昌市一孩家庭积存率达到 77.47%。也就是说 100 个家庭中就有 77 个家庭只有一个子女。随着时间的推移，一些家庭由于独生子女伤残死亡，在生活保障、养老照料、大病医疗、精神慰藉等方面遇到一些特殊困难，成为一个贯彻落实基本国策过程中出现的特殊群体。近 5 年来，宜昌市计划生育特殊困难对象每年以 15%速度递增。现有女方年满 49 周岁的“失独”对象 3946 人，独生子女伤残对象 1963 人。其中城区“失独”对象 951 人，伤残对象 647 人。宜昌市人口总量不到全省的 7%，但“失独”对象人数占全省 16%。一方面，说明宜昌市过去 30 多年计划生育工作抓得紧；另一方面，说明独生子女的风险太大，宜昌市“失独”对象信访维稳压力巨大。近几年来，“失独”对象进京赴省上访问题越来越突出。

4. 长期以来的低生育文化及自我约束的生育行为，使得突破低生育风险的现状难度较大

调查结果表明，绝大多数群众非常拥护国家调整完善生育政策，但“单独两孩”乃至全面两孩政策陆续实施以后，又出现应者寥寥的尴尬情形。宜昌市符合“单独两孩”政策的对象有 6.7 万户，截至 2015 年 12 底，在 1 年 9 个月时间里，宜昌市仅出生“单独两孩”2434 例，只占 3.63%。这说明，目前人们少生的主要原因是低生育文化和自我约束的结果，不是政策限制的结果。

截至 2016 年 3 月，宜昌市已婚育龄妇女中，无孩妇女占 7.1%，一孩妇女占 77.22%，二孩妇女占 14.74%，生育多孩的比例为 0.94%。分城乡来看，城市生育过二孩的妇女比例为 9.76%，农村生育过二孩的妇女比例为 19.81%。近年来，宜昌市育龄妇女中生育过二孩的比例虽然小幅上升，但总体仍处于较低水平。2015 年 8 月，宜昌市卫生计生委和中南财经政法大学联合组成课题组，对宜昌一孩家庭的二孩生育意愿进行了为期半年的调研。调查数据显示，接受调查人员中，明确表示愿意生二孩的占 35.69%；表示不再生二孩的占 50.16%；表示没有想好的占 14.15%。宜昌群众的二孩生育意愿，不仅远低于全国、全省平均水平，也远低于此前相关机构在京津沪等大城市调查得到的结果。

宜昌群众对国家调整完善生育政策，陆续推出的“单独两孩”和“全面两孩”政策响应不够的内在原因是复杂的。长期以来，宜昌市人口和计划生育工作基础较好，经过持之以恒的宣传、教育和综合施治，多子多福、传宗接代、养儿防老等观念逐渐淡化，计划生育基本国策意识深入人心，宜昌群众的生育观念发生了深刻变化。一是子女不在多，生一个就够了。绝大多数群众出于望子成龙、望女成凤的愿

望，认为“生多不如养好”，想把更多的精力、金钱投到现有子女的培养上，不愿降低生活品质。所谓“再苦不能苦孩子”，宁可少生，也不愿让孩子“受苦”。二是不重男轻女。不管男孩女孩，同样喜欢。这是宜昌群众的生育观念区别于全国绝大多数地区最重要的特点。宜昌市出生人口性别比一直保持在正常范围，绝大多数老百姓不仅没有重男轻女的封建思想，甚至还认为生女儿比生儿子要好。民间有生女孩是“招商银行”、生男孩是“建设银行”，“生了女儿打麻将，生了儿子提沙浆”的说法。除了思想观念以外，群众不愿意生或者说不敢生的现实原因主要有以下几个方面。

一是经济压力。其中尤其是孩子的教育费用和婚嫁成本压力。52.8%的育龄妇女认为孩子的教育费用太高；22.8%的育龄妇女认为当前婚嫁成本太高。二是时间成本。有21.8%的育龄妇女因为没有精力带孩子而放弃生育二孩。三是职业发展和生活质量限制等。认为再生育会影响自己的工作和事业，降低生活质量，或只想好好培养一个孩子等原因所占比例均在20%左右。

调查显示，宜昌35岁以上育龄妇女因“年龄大了”而不要二孩的比例显著增加，成为她们不要二孩的第二大原因。35岁及以下育龄妇女因为“没有精力带孩子”的比例较高。同时，文化程度越低，人们认为经济方面的压力越大，导致她们不敢尝试再生育的可能性越大。文化程度越高，因“没有精力带孩子”而不愿再生育的妇女的比例越高。一孩是女孩的家庭再生育的愿望比一孩是男孩的家庭要强。一孩是女孩的比一孩是男孩的妇女认为教育费用太高而不愿再生育的比重更高。婚嫁成本高是一孩男孩家庭不想要二孩的重要原因。

第八章　城乡生育率的反转：偶然还是必然？

生育水平测算及其变动趋势研究一直以来都是人口学和社会学关注的重点，但是对于生育率空间差异的相关研究并不多见。近些年，国外学者越来越关注城乡生育率差异及其变动趋势①②③。无论对于发达国家，还是对于发展中国家的研究，基本结论均显示，城乡生育率的差距在逐渐缩小，但是依然存在明显的城乡差异：城市地区总和生育率明显低于农村地区，比如发达国家中 Glusker 等研究的美国，Tromans 等研究的英国④，Kulu 研究的芬兰⑤；发展中国家中 Shapiro、Tambashe 对非洲国家的研究⑥，Dodoo、Tempenis 对肯尼亚的研究⑦等。

由于近些年中国生育水平的持续降低以及国家生育政策的调整需要，已有大量文献对中国实际生育水平进行了测算研究，研究方法涉及去进度效应总和生育率⑧、

---

① De Beer J, Deerenberg I. *An explanatory model for projecting regional fertility differences in the Netherlands* [J]. Population Research and Policy Review, 2007 (26): 511-528.

② Kulu H, Vikat A, Andersson G. *Settlement size and fertility in the Nordic countries* [J]. Population Studies, 2007, 51 (3): 265-285.

③ Kulu H. *Why do fertility levels vary between urban and rural areas?* [J]. Regional Studies, 2013, 47 (6): 895-912.

④ Tromans N, Natamba E, Jefferies J. *Have women born outside the UK driven the rise in UK births since* 2001? [J]. Population Trends, 2009 (136): 28-42.

⑤ Kulu H. *Why do fertility levels vary between urban and rural areas?* [J]. Regional Studies, 2013, 47 (6): 895-912.

⑥ Shapiro D, Tambashe O. *Fertility transition in urban and rural areas of Sub-Saharan Africa* [M]. Population Research Institute, Pennsylvania State University, 2000.

⑦ Dodoo F, Tempenis M. *Gender, power, and reproduction: rural-urban differences in the relationship between fertility goals and contraceptive use in Kenya* [J]. Rural Sociology, 2002, 67 (1): 46-70.

⑧ 郭志刚. 从近年来的时期生育行为看终身生育水平——中国生育数据的去进度效应总和生育率的研究 [J]. 人口研究, 2000, 24 (1): 7-18.

孩次递进比总和生育率①、人口模拟测算法②以及生育率的间接估计方法③等，使用的数据不仅有对人口普查数据的修正④，还有和教育数据、公安数据等其他系统收集统计的数据的对比，以期获得更为真实的生育水平。但是关于中国持续20多年的低生育率到底是多少的争论，至今没有一致的结论⑤，毫无争议的是中国总和生育率已经远低于更替水平，并且生育水平存在明显的地区差异，部分地区长期处于低生育水平。国内学者缺乏对生育水平地区差异的关注，尤其是对城乡生育水平的差异及其变动趋势关注较少。我们可以将提前进入低生育水平地区作为中国总体生育演变的局部性先行实验，对超低生育水平地区生育率的城乡差异研究能够加深我们对生育水平的认识。

超低生育水平地区一个典型特征是，人们的实际生育水平比政策限定的水平还要低，也就是说很多家庭并没有将符合生育政策的指标用完，比如很多农村独女户，双独夫妻只要一个孩子等。如果人们的意愿生育子女数量是1个，那么二孩生育政策的实施又会产生怎样的效果呢？进入21世纪，我国城乡居民的生育水平持续降低，国家采取逐步放开二孩生育政策的战略，首先是2003年实施双独二孩政策，十年后于2013年实施单独二孩政策，然后于2015年实施普遍二孩政策。随着二孩生育政策的放开，超低生育水平地区城乡居民的生育响应及其生育率演变趋势，是本研究关注的重点。

本章研究发现，宜昌市农村地区生育率持续降低，城市地区生育率呈现先下降后上升趋势，且在2014年反超了农村。进一步研究发现，二孩生育政策调整对城乡生育行为影响的差异以及农村生育推迟加快是导致城市地区生育率反超农村的主要原因。

---

① 郭志刚．孩次递进比的计算与调整生育指标的理解［J］．中国人口科学，2006（5）：84-88.

② 朱勤．2000—2010年中国生育水平推算——基于“六普”数据的初步研究［J］．中国人口科学，2012（4）：68-77.

③ 陈卫，张玲玲．中国近期生育率的再估计［J］．人口研究，2015（2）：32-29.

④ 王金营，戈艳霞．2010年人口普查数据质量评估以及对以往人口变动分析校正［J］．人口研究，2013（1）：22-33.

⑤ 最根本的问题在于数据的真实性。在我国严格的计划生育政策控制下，无论是人口普查数据还是户籍登记数据都很难获得准确的生育数据。

第一节 差异化生育政策与城乡生育率变动趋势

中国的生育水平和生育政策从来不是均质的。中国地域广阔，文化多样，这也导致不同地区间人们的生育行为和生育水平一直存在着明显差异，由此也导致了中国地区差异化的生育政策，其中最为典型的就是城市和农村之间的生育水平和生育政策差异。

一、城乡差异化生育政策

生育政策不仅是影响中国城乡居民生育水平和人口变动的重要因素，而且是随着人口社会经济发展不断调整的。新中国成立初期，尤其是经过三年恢复时期，我国社会经济迅速发展。1949 年至 1953 年，我国对人口增长及生育完全采取放任态度，加上集体的生产和分配制度调整，有效刺激了中国人口的快速增长，也使得中国经济发展长期处于马尔萨斯“均衡陷阱”状态。人口迅速增长给社会经济带来的严重后果逐步显现，节制生育的思想开始形成。1973 年 12 月，国务院计划生育领导小组办公室召开全国第一次计划生育工作汇报，会上提出“晚、稀、少”① 的生育政策。但是由于中国人口基数过大，当时采取的计划生育政策仍不能有效地减缓人口的过快增长，中国政府决定出台更为严格的计划生育政策。1980 年 9 月，第五届全国人民代表大会第三次会议决定，在今后二三十年内采取坚决措施以解决人口问题，除了在人口稀少的少数民族地区以外，在全国范围内普遍提倡一对夫妇只生育一个孩子。1982 年 11 月，计划生育政策写入新修改的《中华人民共和国宪法》，明确规定“夫妻双方有实行计划生育的义务”，以法律的形式，结合行政力量，强力推行计划生育政策。但是受到农村小农经济和生育文化的影响，严格的一孩政策在农村地区遭受了强大的阻力。了解到严格一孩政策在部分地区推行的困境，1984 年，中央 7 号文件对农村夫妻生育二孩的条件给予适当放宽，同时对计划外生育二孩或者多孩的情况予以严惩。

在此基础上，中国逐渐形成了以户籍为标识的城乡二元的生育政策。城市户籍人口生育政策基本是同质的，即实行严格的一孩生育政策。农业户籍人口生育政策相对较为复杂，基本可以分为三种类型，一是严格一孩政策地区，北京、上海、天津、

① “晚”是指男性晚于 25 周岁、女性晚于 23 周岁，“稀”是指生育间隔达到三年以上，“少”是指一对夫妻最多生育两个子女。

四川和江苏五个省（市），在农村地区依然坚持一对夫妇只生一个孩子，特殊情况严格按照规定可以生两个孩子，但是比重不能超过10%。二是一孩半政策地区，包括河北、山西、辽宁等19个省份规定允许农村一孩为女孩的可再生育一个孩子，但同时对生育间隔作了规定，需间隔4~5年或者女方需达到28周岁①。三是二孩政策地区，在海南、云南、青海、宁夏、新疆5省（区）的农业户籍人口普遍允许生育二孩②。

二、中国城乡生育率变动趋势

在社会经济发展和严格的计划生育政策共同作用下，中国实现了快速的人口转变③。1949—1957年，人口出生率年均为35.56‰，其中5年在37‰以上，死亡率由20‰下降到10.80‰，1949年全国人口为5.4亿人，1958年超过6.5亿人，超过20世纪前50年的增加量。三年困难时期过后，在人口补偿性生育的推动下，我国生育率又一次迅猛增长。1964年第二次全国人口普查结果显示，全国人口总数达7.23亿。1953年第一次全国人口普查，中国育龄妇女的总和生育率在6左右，1964年以后补偿性生育率达到了7.5。

20世纪70年代末，随着改革开放以及计划生育政策的严格执行，我国实现了人口增长模式的迅速转变④，总和生育率从1970年代末开始急剧地下降，由1970年的5.81下降到1978年的2.75，80年代总和生育率处于水平波动阶段，到90年代生育水平下降到更替水平以下，稳定在1.7~1.8之间，到21世纪初期总和生育率稳中有降，从2000年的1.41下降到2010年的1.28⑤⑥⑦⑧。但是有些学者认为

---

① 包括河北、山西、内蒙古、辽宁、吉林、黑龙江、浙江、安徽、福建、江西、山东、河南、湖北、湖南、广东、广西、贵州、陕西、甘肃19个省（区）的农村居民。

② 部分地区少数民族农牧民还可以生育三个孩子。包括青海、宁夏、新疆、四川、甘肃等地区的少数民族农牧民，海南、内蒙古等地前两个孩子均为女孩的少数民族农牧民，云南边境村和人口稀少的少数民族农村居民、黑龙江人口稀少的少数民族居民。

③ 类似幅度的人口转变，欧洲国家用了超过100年时间，而中国不到30年。

④ Lavely W, Freedman R. *The origins of the Chinese fertility decline* [J]. Demography, 1990, 27 (3): 357-367.

⑤ 李仲生．中国生育率转变的因素分析［J］．西北人口，2003（4）：13-16.

⑥ 翟振武，陈卫．1990年代中国生育水平研究［J］．人口研究，2007，31（1）：19-32.

⑦ 原新．新中国人口60年［J］．人口研究，2009（5）：42-67.

⑧ 朱勤．2000—2010年中国生育水平推算——基于“六普”数据的初步研究［J］．中国人口科学，2012（4）：68-77.

2008—2014年间，我国总和生育率有上升趋势，基本维持在1.6左右①②（图8-1）。

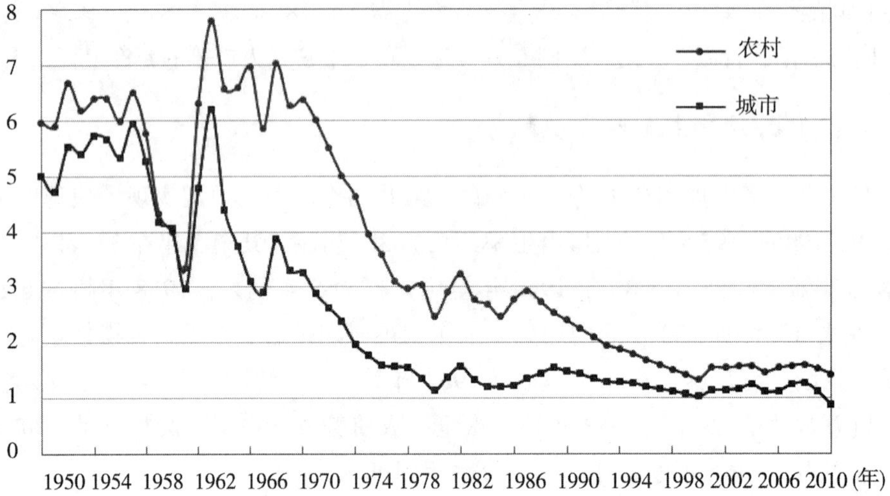

图8-1　我国城乡生育率的变动趋势

由于城乡差异化生育政策和生育观念的影响，中国人口变动在城市和农村之间极不平衡。已有文献普遍认为与城市人口相比，农村人口转变的进程大大滞后，农村总和生育率始终高于城市③。2000年以来，城市总和生育率始终处于0.94~1.22之间，农村在1.43~1.73之间波动④。研究表明近年来农村生育率比城市降低得更快，与2005年相比，"六普"时非农户口居民生育率降低0.04，而农业户口居民降低0.22⑤。郝娟、邱长溶认为，总和生育率的变化主要是由一孩生育率的变化引起的，近年来城乡一孩总和生育率的差距正在逐渐减小，差值从2000年的

① 翟振武，陈佳鞠，李龙．现阶段中国的总和生育率究竟是多少？——来自户籍登记数据的新证据［J］．人口研究，2015，39（6）：22-34.

② 陈卫．中国近年来的生育水平估计［J］．学海，2016（1）：67-75.

③ 张车伟．中国人口转变的城乡差异及其政策选择［J］．中国人口科学，2000（4）：46-50.

④ 李汉东．中期2000年以来生育水平估计［J］．中国人口科学，2012（5）：75-83.

⑤ 郭志刚．中国人口生育水平低在何处——基于"六普"数据的分析［J］．中国人口科学，2013（2）：2-10.

0.164 降低到 2009 年的 0.091①。人口的城乡结构是影响城乡生育率的关键因素，“十一五”期间，全国非农业人口的生育率为 1.023，农业人口的生育率为 1.686；全国居住在本地的户籍人口生育率为 1.584，而外出人口的生育率只有 0.672；居住在城镇的农业人口的生育率为 1.251，非农业人口的生育率为 1.011，居住在农村的农业人口的生育率为 1.983，非农业人口的生育率为 1.196②。近 30 年来城市人口理想子女数量基本稳定在 1.55 人左右，而农村人口的理想子女数量显著下降，平均子女数量从 1980 年代的 2.18 人下降到 2000 年的 1.82 人③。以上研究表明，虽然城市生育率依然高于农村，但是城乡生育率的差距正在逐渐缩小。宜昌市的城乡生育率反转的现象未来是否会成为我国的普遍现象，有待进一步研究。

第二节　超低生育水平地区的城乡生育率及其变动

一、超低生育水平地区城乡生育状况

由以上的综述发现，在中国总和生育率逐渐降低的前提下，城乡生育率水平的差距也在逐渐缩小，那么超低生育率地区城乡居民的生育行为到底在发生什么样的变化呢？接下来我们具体分析超低生育率地区城乡居民的生育行为。首先我们简单介绍宜昌市现有生育状况，图 8-2 为宜昌市不同年龄组已婚妇女现有孩子数量。城乡 25~29 岁年龄组未生育的已婚妇女所占比例均是最高的，城市为 48.6%，农村为 58.8%；城市 35~39 岁年龄组和 40 岁以上的已婚且只有一个孩子的妇女所占比例高于农村，城市分别为 80.3% 和 86.3%，农村分别为 20.7% 和 31.6%；农村不同年龄组中有两个孩子的已婚妇女所占比例均高于城市；城乡 40 岁以上且有两个孩子的妇女所占比例最高，城市为 8.3%，农村为 31.6%。

二、城乡总和生育率的反转

根据研究数据，我们首先用常规的方法计算出宜昌市 2000—2014 的总和生育

① 郝娟，邱长溶．2000 年以来中国城乡生育水平的比较分析［J］．南方人口，2011，26（5）：27-33.

② 尹文耀，姚引妹，李芬．生育水平评估与生育政策调整——基于中国大陆分省生育水平现状的分析［J］．中国社会科学，2013（6）：109-128.

③ 侯佳伟，黄四林，辛自强．中国人口生育意愿变迁：1980—2011［J］．中国社会科学，2014（4）：78-97.

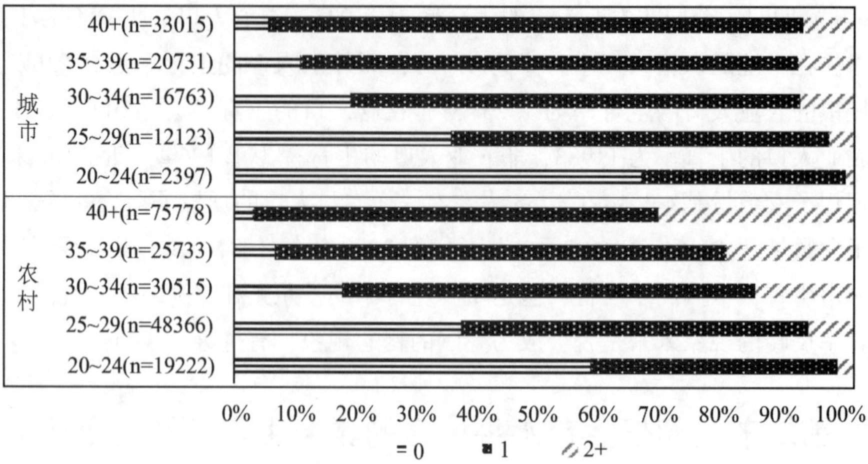

图 8-2　各年龄组已婚妇女现有孩子数量

率的变化趋势。结果发现农村总和生育率从 2000 年开始在波动中逐渐降低，从 2000 年的 0. 869 降到 2014 年的 0. 776；城市总和生育率先下降后上升，从 2000 年的 0. 796 下降到 2008 年的 0. 658，之后又开始上升，到 2014 年达到 0. 799。生育率到 2014 年城市却高于农村，这一现象违背了以往的研究，以往研究认为农村生育率始终高于城市。是否由于计算过程的失误或者是一些未知的因素导致结果出现问题，接下来我们排除一些可能导致生育率出现差异的因素后，用其他方法计算总和生育率。

由于一些地区差异化的生育政策，不仅导致终身生育子女数量存在差异，而且育龄妇女孩次结构也存在差别。为了排除这些因素的影响，郭志刚和姜全保在排除孩次结构影响的条件下，提出并完善了用孩次递进比求生育率的方法。根据这种方法，计算出宜昌市的孩次递进总和生育率，如图 8-3。结果显示虽然不同年份的总和生育率虽然有所提高，但是城乡生育率的变化趋势基本相同。农村总和生育率由 2000 年的 1. 037 下降到 2014 年的 0. 886，城市总和生育率由 2000 年的 0. 891 下降到 2009 年的 0. 803 后又开始回升，到 2014 年达到 0. 893。2014 年城市总和生育率仍然高于农村，这也证明之前的计算结果并没有错误，城乡生育率的反转确实已经发生。那么不免会有人追问：为什么会发生城乡生育率的反转呢？这就是本书接下来要回答的问题。

超低生育率地区城乡总和生育率反转的现象是偶然还是必然？这种现象是否会

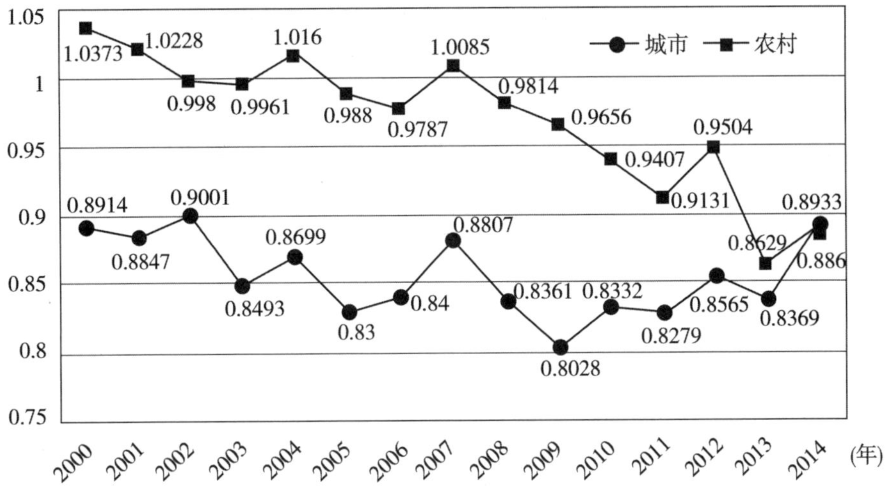

图 8-3　城乡孩次递进总和生育率的变化趋势

成为一种普遍的现象？出现这种结果的原因又是什么？本书从第二次人口转变和二孩生育政策调整来解释超低生育率地区城乡生育率反转的现象。首先是婚育时间推迟，其次是人口迁移和婚姻推迟，再者是二孩生育政策影响。从这三方面来详细解释宜昌市城市总和生育率高于农村的原因，为解决超低生育率地区生育水平的问题提供帮助，同时为我国生育政策的调整提供参考。

第三节　第二次人口转变与城乡生育率的反转

严格的计划生育政策，限制了人们的生育意愿，导致我国城乡总和生育率逐渐下降。但在中国，城乡生育政策存在差异，城市实施的是更为严格的一孩化政策，导致农村总和生育率始终高于城市。但是随着时代的发展，城乡之间的生育水平差异在逐渐缩小。2000 年以后宜昌市的生育率下降到更替水平以下，生育率的下降涉及不同社会地位、职业、受教育程度的人群。城市地区生育率的下降早于农村，随后城市地区的生育率开始反弹，出现一定水平的回升，到 2014 年城市生育率开始高于农村，导致生育率出现城乡反转。

为了探究城乡生育率反转的原因，也即解释生育率持续降低的机制，本研究基于第二次人口转变理论提出如下假说。伴随着生育率下降的是一系列婚姻和生育模式的变化。随着女性社会地位的上升，传统的女性依附男性的思想被抛弃，越来越多的女性追求家庭和职业双重角色，如果这种理想难以实现，人们就倾向于推迟建立婚姻关系。在农村地区就表现为越来越多的育龄妇女外出务工，由传统的务农转为外出打工、经商等，同时妇女的受教育水平也在逐渐提高。妇女长时间离开农村在城市工作、学习，受城市生育文化观念和城市生活方式的影响，农村育龄妇女的生育时间推迟、生育数量降低。农村计划生育政策一直以来都比城市要宽松，随着二孩生育政策放开，城市符合二孩生育政策的人群逐渐增多，这在一定程度上提高了城市的生育水平。

一、城乡生育推迟

随着生育率水平的逐渐降低，影响生育水平的因素不仅仅是生育数量，婚育年龄也会对生育行为产生一系列的影响。婚育年龄的推迟会对时期总和生育率产生进度效应，从而导致时期生育率的上升或下降。初婚年龄的推迟会导致初育年龄的推后，进而影响多孩的生育。

（一）初婚年龄变化

1. 平均初婚年龄变化

首先我们要了解妇女的初婚年龄的变迁。总体来说，从 2000 年开始，城乡妇女的平均初婚年龄在逐渐推迟。宜昌市的城乡妇女初婚年龄分别高于全国妇女的平均初婚年龄。从平均年龄的变化趋势看，宜昌市和我国妇女的初婚年龄都逐渐推迟，宜昌市农村妇女的初婚年龄从 2000 年的 22.689 岁增长到 2014 年的 26.188 岁，平均初婚年龄增长了 3.499 岁，城市从 2000 年的 23.704 岁增加到 2014 年的 27.411 岁，平均增长 3.707 岁，但是到 2014 年城市的初婚年龄又出现了略微的下降。男性的平均初婚年龄也在推迟，但是男性初婚年龄推迟的幅度小于女性，城市男性推迟了 2.956 岁，农村推迟了 2.191 岁。到 2014 年城市育龄妇女的初婚年龄又开始下降（图 8-4）。

在这里我们将晚婚定义为 30~40 岁初婚的育龄妇女，晚婚比率①的高低在一定程度上反映了该地区婚育年龄是否推迟。从晚婚比率的变化看，农村育龄妇女的晚婚比率逐渐升高，从 2000 年的 5.14%上升到了 2014 年的 12.33%，城市育龄妇女的晚婚率先升高，到 2010 年达到最高值为 21.51%，然后又降低，到 2014 年为 19.73%。农村育龄妇女的结婚时间逐渐推迟，城市育龄妇女的晚婚率

---

① 在这里我们将晚婚人群定义为 30~40 岁的育龄妇女，一般认为 40 岁以上还未结婚的妇女为终身不婚人群。晚婚率为某一年内初婚人群中晚婚育龄妇女的人数与该年内初婚的育龄妇女人数总和之比。

始终高于农村，但是有下降的趋势，这也正好和前面提到的城市生育率先下降，到 2010 年左右生育率达到最低后开始上升吻合（图 8-5）。

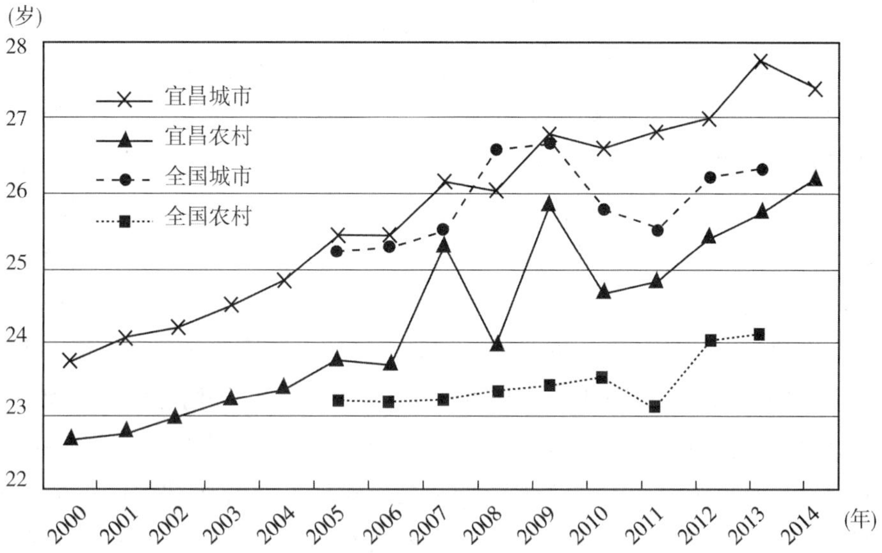

图 8-4　平均初婚年龄变迁①

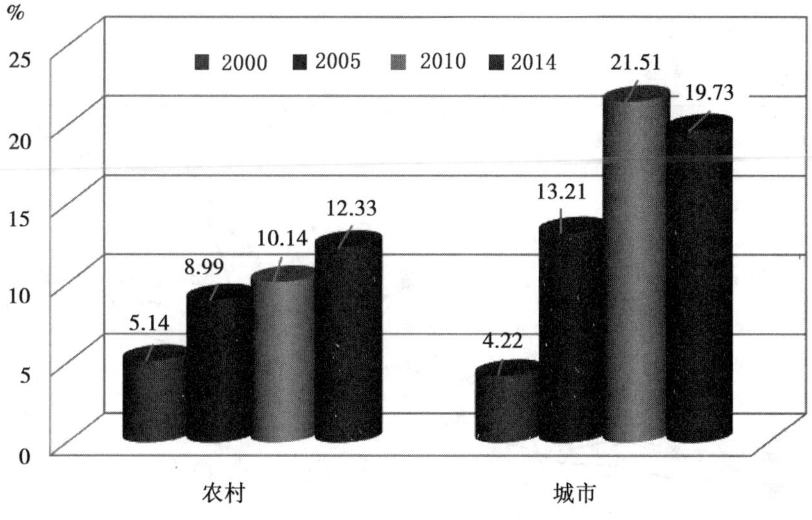

图 8-5　城乡育龄妇女晚婚率的变化

① 全国城乡生育率数据来源于姜玉．我国女性初婚年龄变动研究［J］．中国统计，2015（1）.

2. 不同职业的育龄妇女初婚年龄变化

由于职业的差异，妇女的社会和经济地位也存在差别，社会地位高和经济独立的女性会减少对男性和父母的依赖，她们在寻找结婚伴侣的时候就会更加自由，不会受到父母和周围人的催促，结婚时间就会推迟。由于社会经济地位的提高，她们对结婚对象的要求就会提高，比如要求家庭背景好、受教育水平高、有共同语言等，这就导致适合结婚的对象范围缩小，进一步推迟了育龄妇女的结婚年龄。

城市妇女中的商人和国家工作者的平均结婚年龄最大，由于商人一般经济状况较好，而国家工作者社会地位提高、工作稳定，对结婚对象的期望值增大，适合结婚的对象较少，因此结婚时间会更晚。而农村的商人结婚时间明显晚于别的职业的妇女，由于商人长期离开家乡在外工作，受父母的约束较少，经济条件的提高也会推迟结婚年龄，而从事国家工作的育龄妇女结婚较早，可能是由于她们工作条件较好的原因，相较于城市从事国家工作的妇女，她们可以寻找和自己同等甚至比自己条件更优秀的农村男性，甚至是城市男性（图 8-6）。从图 8-7 中可以明显地看出农村中职业为“工人”的女性结婚时间推迟最快，而这部分人就是我们经常提到的农民工。农民工长期在外流动与原来的社会关系长期发生断裂，在外地建立起新的社会关系又需要一定的时间；另外农民工进入城市务工和生活，还会受到城市婚育文化和生活方式的影响。这两者共同作用，导致农民工群体的结婚时间推迟。

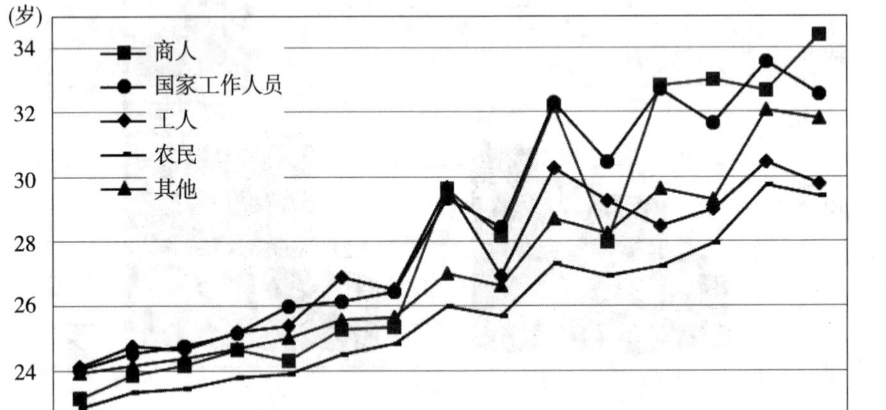

图 8-6　城市妇女初婚年龄变化趋势

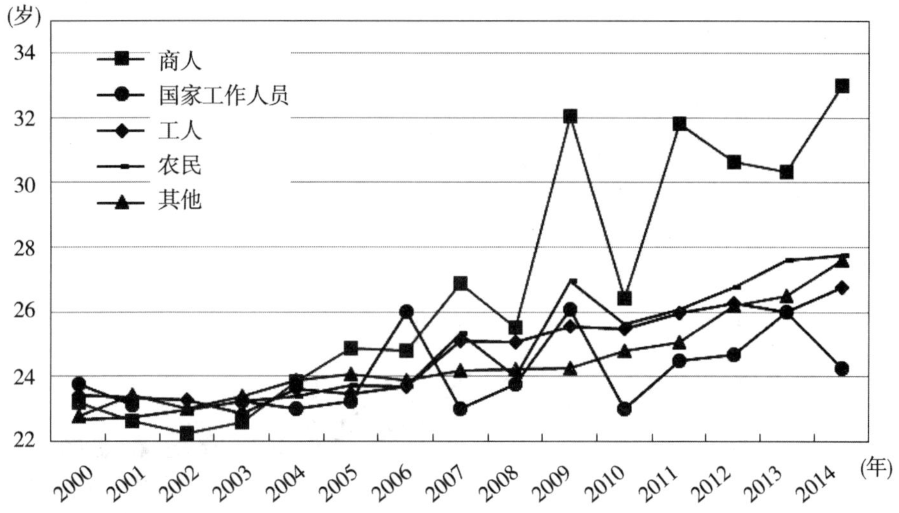

图 8-7　农村妇女初婚年龄变化趋势

（二）初育模式变迁

1. 初育年龄变化

妇女的初育年龄在一定程度上是由初婚年龄决定的，由上文可知，妇女的初婚年龄普遍推迟，这就导致妇女的初育年龄也普遍推迟。从图中可以看出城市妇女的平均初育年龄从 2000 年的 24.887 岁上升到 2014 年的 28.873 岁，平均上升了 3.986 岁；农村初育年龄从 2000 年的 23.205 岁上升到 2014 年的 25.944 岁，平均初育年龄上升了 2.739 岁，由此可以看出城市平均初育年龄上升得比农村更快（图 8-8）。数据分析表明，2000 年时 30 岁以后生育的城市和农村妇女分别占 3.0%、1.9%，2014 年时 30 岁以后生育的妇女城市和农村分别占 27.1%和 7.6%。说明城市妇女由于生育推迟的影响，到 2012 年开始，30 岁左右的妇女大量开始生育，这也是城市生育率高于农村的一个原因。

2. 不同受教育水平妇女初育年龄变化

由于农村文化程度在大专以上的妇女，从读书到后来的工作基本都在城市，长时间受城市生活的影响。这部分群体比重低，身份特殊，我们将单独考虑。

如表 8-1 所示，不同文化程度的妇女，初育年龄都在逐渐推迟。城市妇女文化程度越高初育年龄推迟得越快。初中及以下文化程度的城市妇女平均初育年龄从 2000 年的 24.65 岁推迟到 2014 年的 27.82 岁，平均推迟了 3.17 岁；文化程度在大

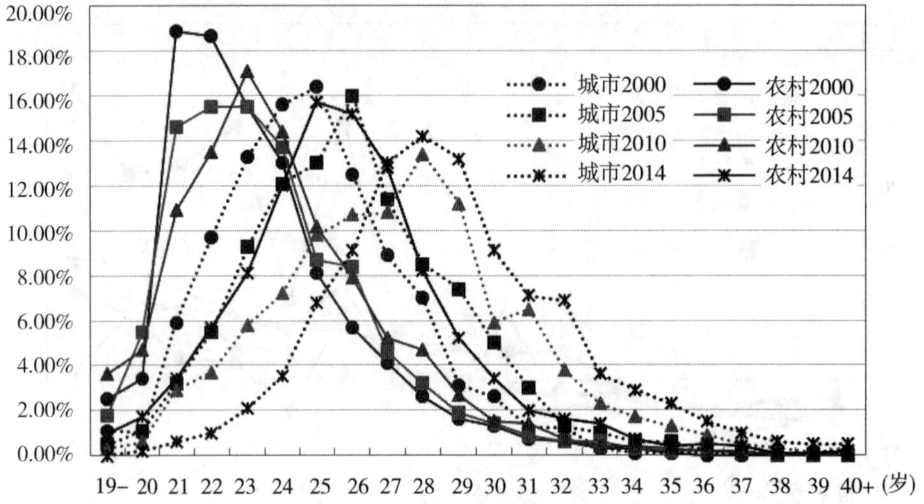

图 8-8　妇女初育年龄变迁

专以上的城市妇女的平均初育年龄从 2000 年的 25.72 岁推迟到 2014 年的 29.06 岁，平均推迟了 3.34 岁，城市妇女文化程度越高，初育年龄推迟得越快。但是农村妇女文化程度越高，初育年龄推迟得越慢，小学文化水平以下的妇女，初育年龄平均推迟 2.31 岁，初中文化水平的妇女平均推迟 2.31 岁，高中和中专文化水平的妇女平均推迟 1.84 岁。

表 8-1　　不同受教育程度妇女初育年龄变迁

年份	城市			农村		
	初中及以下	高中与中专	大专及以上	小学及以下	初中	高中和中专
2000	24.65	24.69	25.72	23.04	23.24	23.20
2001	24.85	24.91	25.98	23.09	23.24	23.34
2002	25.10	25.03	26.33	23.39	23.27	23.33
2003	25.30	25.14	26.48	23.03	23.34	23.46
2004	25.21	25.61	26.75	23.77	23.42	23.81
2005	25.61	25.87	27.03	24.06	23.50	23.96
2006	25.82	26.37	27.44	23.52	23.39	24.02
2007	26.22	26.63	27.53	23.70	23.53	24.05

续表

年份	城市			农村		
	初中及以下	高中与中专	大专及以上	小学及以下	初中	高中和中专
2008	26. 48	26. 99	27. 78	24. 05	23. 50	23. 97
2009	26. 41	27. 25	27. 77	24. 48	23. 56	24. 08
2010	26. 45	27. 37	27. 82	24. 08	23. 89	24. 11
2011	26. 88	27. 54	27. 94	24. 19	24. 23	24. 23
2012	27. 21	27. 20	27. 77	25. 06	24. 60	24. 54
2013	27. 70	27. 59	28. 04	26. 26	25. 02	24. 64
2014	27. 82	27. 63	29. 06	26. 07	25. 55	25. 04

图 8-9 是 2014 年大专以上文化水平的育龄妇女的一孩孩次递进生育率。

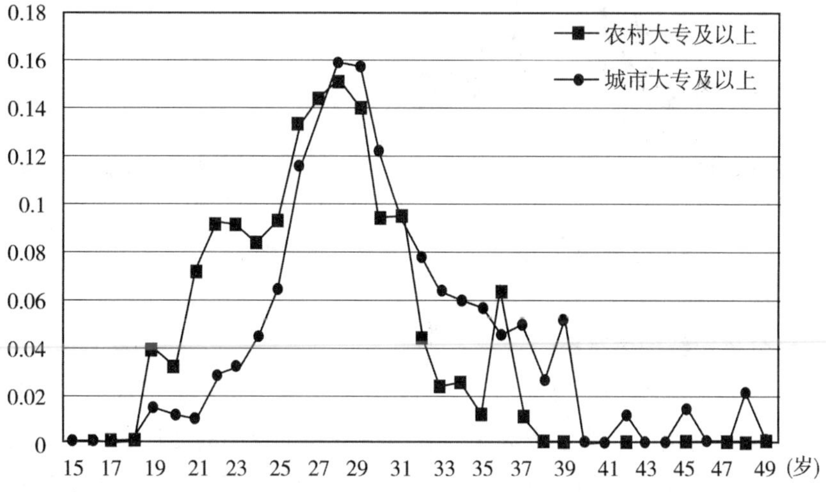

图 8-9　大专以上文化水平的育龄妇女一孩生育率

3. 生育系数变化

由于社会的变迁以及计划生育政策的不断调整，不同年代结婚的妇女初婚年龄也发生了很大的改变。随着我国经济水平的提高，女性社会地位以及独立意识逐渐提高，婚姻模式由以前的早婚转变为现在的晚婚或者是不婚。法定结婚年龄的推迟，也限制了早婚早育现象的发生。由于离婚率的上升，导致结婚的经济和时间成本的增加。在现在开放的社会条件下，人们有更多的机会遇到可以结婚的对象。职业的发展和婚姻对象选择性的增加，也会使妇女的生育年龄逐渐推迟。

图 8-10 是各年龄组育龄妇女的生育系数（某年各年龄组育龄妇女的生育率与该年总和生育率的比值）。统计分析表明，城市地区妇女生育高峰期持续推迟，生育高峰期逐渐向高年龄组平移，低年龄组的生育率降低；农村地区妇女生育高峰期生育系数有所下降，但是低年龄组和高年龄组生育系数逐渐提高，生育高峰期年龄组变宽。城市地区妇女高年龄组的生育率逐渐上升正是生育年龄推迟的结果。

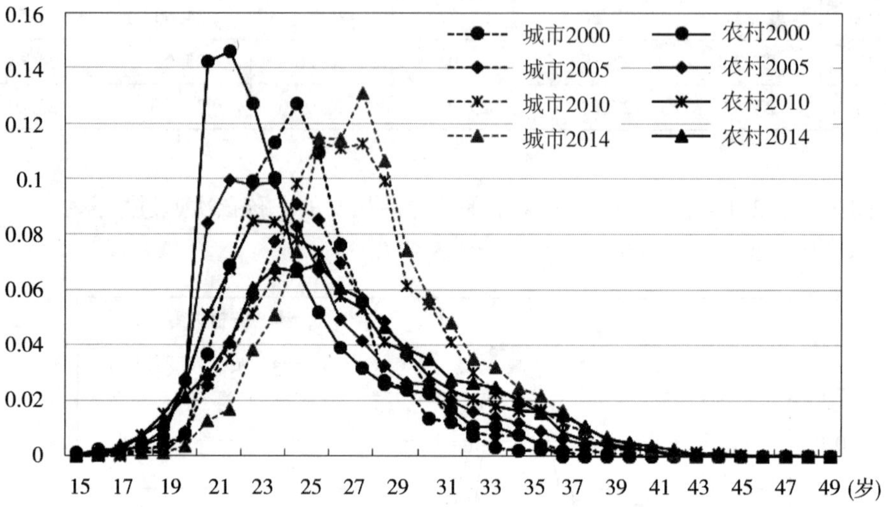

图 8-10 城乡生育系数的变化趋势

（三）分孩次结构生育率

育龄妇女的孩次结构不仅反映了育龄妇女的生育历史和生育水平，同时也反映了育龄妇女的生育潜力。为了准确了解宜昌市总和生育率的变迁的影响因素，接下来分孩次考虑总和生育率的变迁是由于第几个孩子的生育水平引起的。我们将总和生育率进行分解，计算不同孩次的生育水平。从图 8-11 可以看出，宜昌市一孩生育率逐渐下降，2012 年之前城市一孩生育率一直低于农村，从 2012 年开始，城市的一孩生育率反超农村。2012 年城乡一孩的生育率为 0. 7416 和 0. 7393，到 2014 年城乡一孩生育率分别变为 0. 7191 和 0. 6369。二孩及以上的生育水平一直比较稳定，但是 2014 年城乡多孩生育率却有明显的上升。

（四）育龄妇女年龄结构变动

从前文分析可以看到，农村生育率的降低主要是一孩孩次生育率快速下降导致

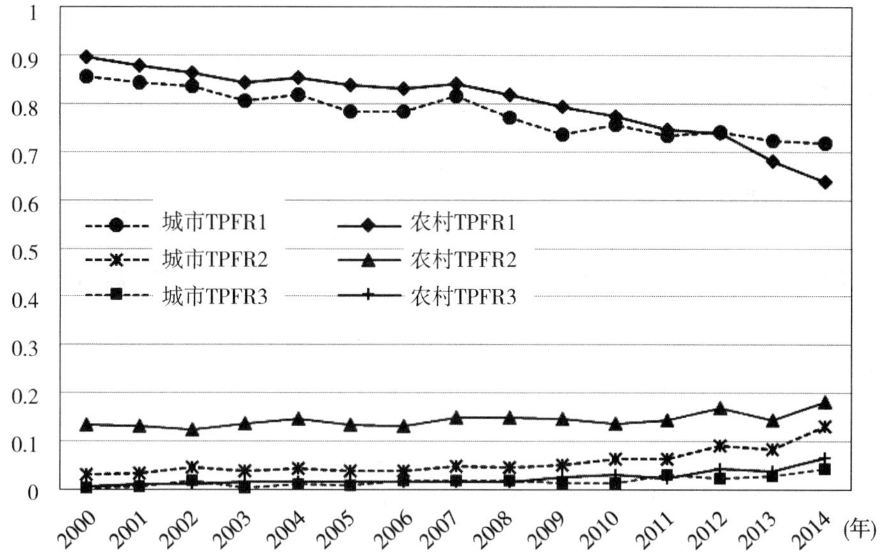

图 8-11　分孩次结构生育率的变化趋势

的。从图 8-12 可以看到，在 2014 年初，城市地区未生育的育龄妇女年龄结构分布相对比较平缓，从 15 岁到 27 岁初婚未育的育龄妇女比重都在 4%以上。农村地区初婚未育的育龄妇女结构变动较大，从 15 岁到 25 岁比重逐渐上升，26 岁及以后开始快速下降。而从 2014 年一孩生育模式来看，农村地区生育旺盛期在 23~27 岁，导致 19~23 岁农村育龄妇女，虽然人口比重高，但是大部分未选择生育一孩。这部分人口的增多带来的分母效应，导致农村地区一孩生育率快速下降。而在城市地区，30 岁以后未育妇女比重明显高于农村地区，这些城市女性依然有着较高的生育率（图 8-13）。

二、人口流动、职业发展与婚姻推迟

（一）农村人口流动①

近年来，人口流动的规模不断增加，流动频率也在逐渐加大。2010 年全国第六次人口普查数据显示，居住在农村地区的人口比例仅为 50%，2015 年全国流动人口近 2.77 亿人，农村户籍流动人口约占流动人口总量的 80%。人口的大规模流动势必会导致生育水平的变化。

① 根据调查数据，以妇女的居住地和户籍地是否一致来界定流动人口，居住地和户籍地一致则认为是非流动人口，不一致则认为是流动人口。

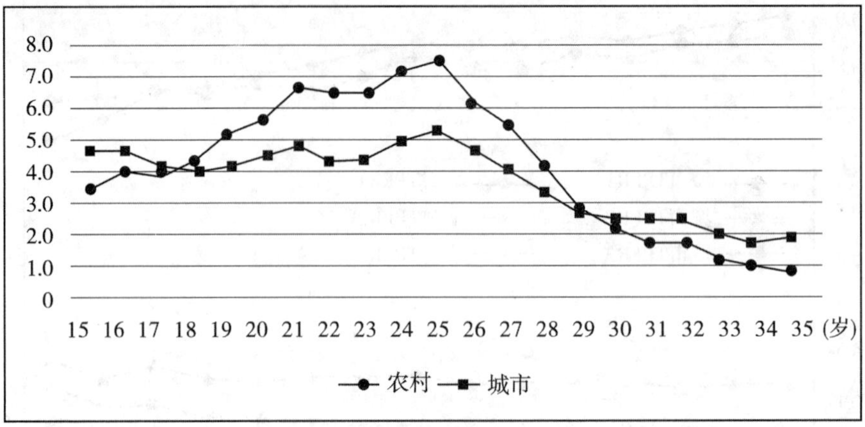

图 8-12　2014 年初未育育龄妇女各年龄结构占比

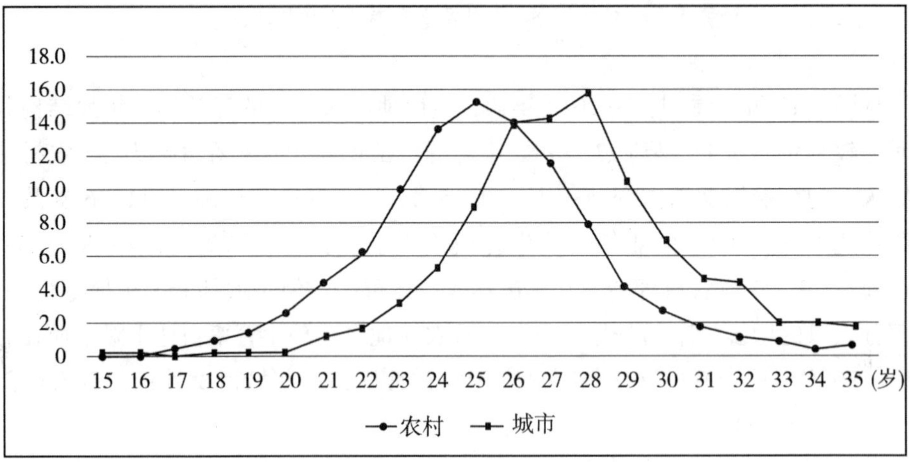

图 8-13　2014 年内生育一孩育龄妇女各年龄结构占比

图 8-14 提供了农村流动人口和非流动人口的一孩和二孩的分年龄别孩次递进生育率。由于城市户籍流动人口比例较少，即使发生流动大部分人也是在城市间发生流动，所以在这里不考虑城市妇女的流动状况。宜昌市农村流动的育龄妇女数量占农村育龄妇女的 34.29%（90760 人）。15~22 岁农村流动妇女的一孩生育率明显是高于非流动人口的，然而这部分人 90%的文化水平在高中以下，她们过早地进入社会到城市工作，思想受到城市生活的影响，较为开放，所以比农村非流动妇女结婚早。由于宜昌市的二孩生育水平非常低，不管是否存在流动，二孩的生育水平

都没有发生太大的变化。

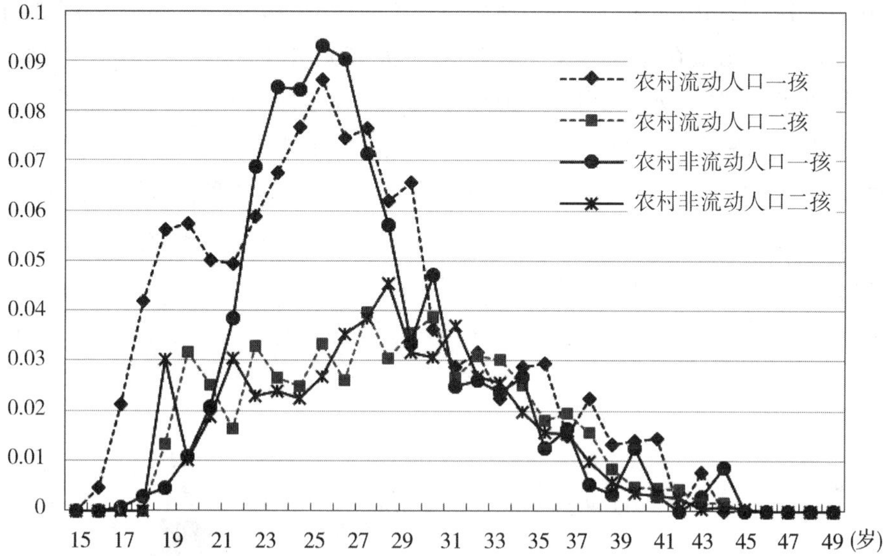

图 8-14 农村分孩次和流动状况的生育率

（二）人口流动导致的婚姻推迟

从育龄妇女的初婚年龄分布可以看出 30 岁以后结婚的育龄妇女所占比例逐渐增多。2010 年 30 岁以后结婚的育龄妇女所占比例较低，农村有 5.0%，城市有 4.1%，到 2014 年城乡 30 岁以后结婚的妇女所占比例明显增加，农村 30 岁以后结婚的占 13.6%，城市占 21.1%。在结婚年龄普遍推迟的前提下，农村 30 岁以后结婚的妇女所占比例远低于城市。由于受就业流动或者职业发展的影响，仍然有一部分育龄妇女 30 岁以后还没有结婚，30~49 岁仍未结婚的妇女中农村所占比例为 10.1%，城市为 17.0%。由此可见城市 30 岁以后还没有结婚的育龄妇女所占比例高于农村，如果这部分育龄妇女接下来陆续结婚生育，又将会引起城市生育水平的提高。

30 岁没有结婚的妇女中，文化程度在大专以上的农村育龄妇女所占比例为 3.5%，城市占 26.9%，城市妇女所占比例远高于农村。结果表明城市妇女中文化程度较高的受职业发展的影响程度更高。由于农村文化程度较高的妇女可以把目光放大到城市从而找到合适的对象，而城市一些优秀的女性，由于目标更高，从而成为“剩女”。

（三）结婚 5 年后不生育孩子的育龄妇女数量增加

社会经济发展，女性社会地位增强，同时她们在劳动力市场的竞争压力增大，为了避免生育带来工作方面的损失，她们往往不会在婚后立即生育。充分高效的避孕措施，减少了非意愿生育，使人们倾向于晚生育甚至是不生育。图 8-15 反映的是到统计年份为止已经结婚 5 年以上但没有生育孩子的育龄妇女比重。结婚 5 年后没有孩子的育龄妇女的比重在逐年增加，农村地区从 2000 年的 1.94%增加到 2014 年的 3.8%，增加了 1.86%。城市地区从 2000 年的 2.89%增加到 5.37%，增加了 2.48%。在农村地区，结婚 5 年后妇女没有生育孩子，她们往往是由于生理原因不能生育，因为在中国农村妇女结婚后不要孩子的现象还是很少的。在城市地区女性结婚 5 年后不生育，往往是自愿选择不生育，或者推迟生育时间，也可能是生理原因不能生育。晚育比例的增加势必会引起多孩生育数量降低，因为初育推迟后，育龄妇女年龄较大，一方面增大生育风险，另一方面职业发展带来社会地位的上升导致再生育孩子的成本增加。

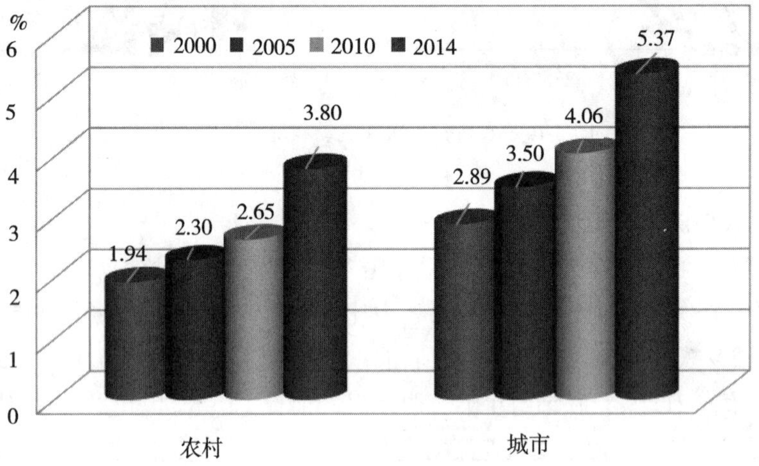

图 8-15　结婚 5 年后没有生育的育龄妇女所占比重的变化①

三、二孩生育政策影响效应的城乡差异

（一）不同年代妇女的二孩生育结构

随着时代的变化，城乡妇女的生育观念逐渐发生改变，因此在生育孩子数量上

① 结婚 5 年后仍然没有生育的 25~49 岁育龄妇女的数量占结婚时间大于 5 年的全部 25~49 岁育龄妇女数量的比重。

存在差别。图 8-16 反映了生育二孩的妇女出生年代的变化。整体来看，在农村地区 1965—1972 年出生的妇女生育二孩比重较高，城市地区 1972—1982 年出生的女性生育二孩比重较高。由此可以看出生育政策限制对城市地区二孩生育的重要影响。从 1964 年到 1978 年出生的妇女中，城市生育二孩的妇女所占比例逐渐增多，1978 年以后该比例逐渐下降。而农村生育二孩的妇女所占比例从 1968 年开始迅速下降。1964—1972 年出生的妇女，农村生育二孩的比例高于城市。1972—1984 年出生的妇女中，城市妇女生育二孩的比例高于农村，这部分妇女截止到 2014 年，年龄在 30~42 岁之间，可见 70 后出生的城市妇女才有机会生育二孩，而且生育二孩的比例较高。这也说明城市总和生育率从 2009 年开始逐渐回升是由于二孩生育政策逐步调整，城市二孩生育数量逐渐增多引起的。

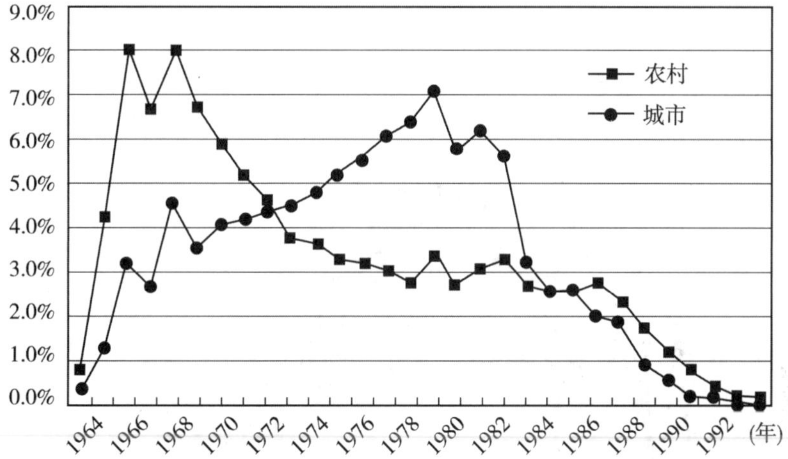

图 8-16　不同年份出生的妇女生育二孩的比例

2013 年底“单独二孩”政策实施以后，部分家庭从政策外人群转变为政策内人群，符合二孩生育政策的育龄妇女数量增加。那么政策的实施是否会对城乡妇女的生育行为产生影响？通过图 8-17 的对比发现，农村 2011—2014 年的二孩孩次递进比没有发生较大的改变，城市 2011—2013 年二孩孩次递进生育率虽然变化不大，但是 2014 年二孩孩次递进生育率明显升高。“单独二孩”政策放开后，城市妇女产生比较显著的政策响应，29 岁到 35 岁的妇女二孩孩次递进比上升得较快，其中 28 岁育龄妇女的二孩孩次递进生育率高达 0. 21。“单独二孩”放开后，由于政策的释放效应、生育的示范效应以及扩散效应，导致城市生育政策响应比农村显著。

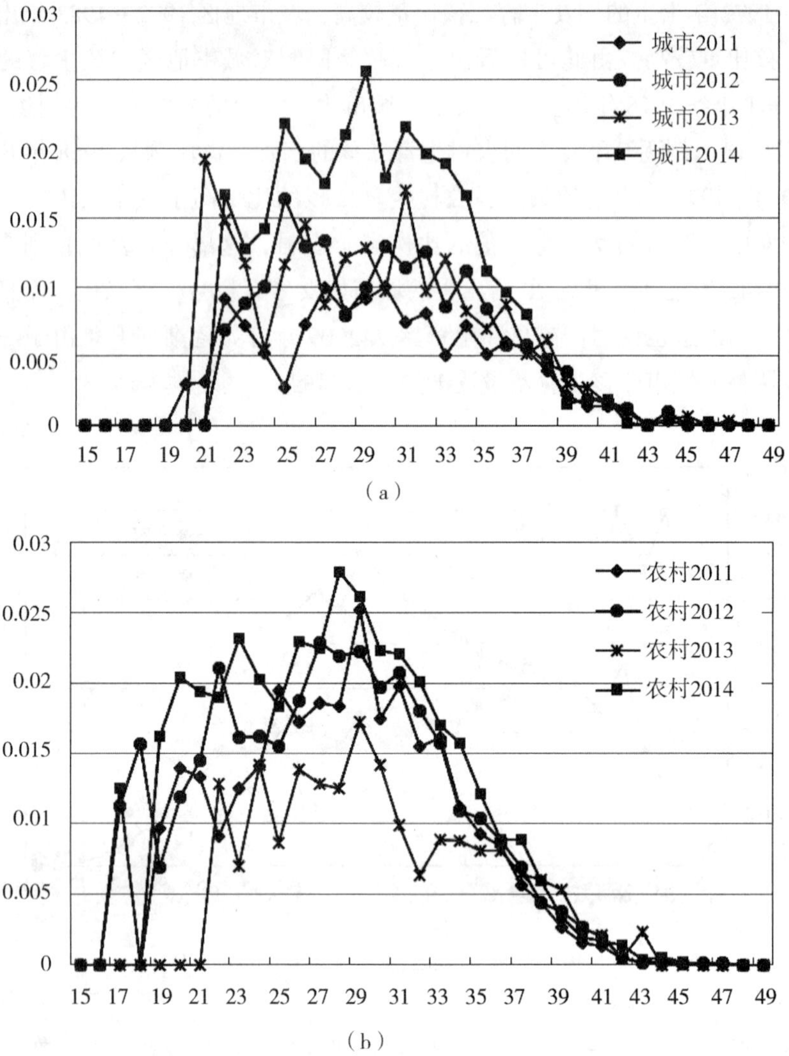

图 8-17　城乡二孩孩次递进比

（二）不同类型家庭①的政策响应

“单独二孩”政策实施后，刺激了原本符合二孩生育政策的其他家庭，或者周

① 不同类型家庭有三种：“一孩半”家庭是指夫妻双方均为农村户口，且第一个孩子是女孩的家庭；“双独”家庭是指夫妻双方均为独生子女的家庭；“单独”家庭是指夫妻双方有一方是独生子女的家庭。

围人群二孩生育数量的增加带来了示范效应，使原本不打算生育二孩的家庭生育了二孩。城市地区 2011 年到 2013 年，符合二孩生育政策的家庭（“一孩半”家庭和“双独”家庭）的二孩孩次递进比非常低，几乎为 0，2013 年底“单独二孩”放开后，城市的二孩孩次递进比明显升高，尤其是在 32 岁、35 岁和 37 岁高龄育龄妇女中出现三个凸起值，37 岁育龄妇女二孩孩次递进比高达 0.042。由于政策在 2014 年初正式实施，这一部分人中年龄较大的育龄妇女生育较急迫，政策响应比较明显。农村 17~25 岁育龄妇女中，政策响应比较显著，大于 25 岁的育龄妇女，对政策的实施基本没有反应（图 8-18）。

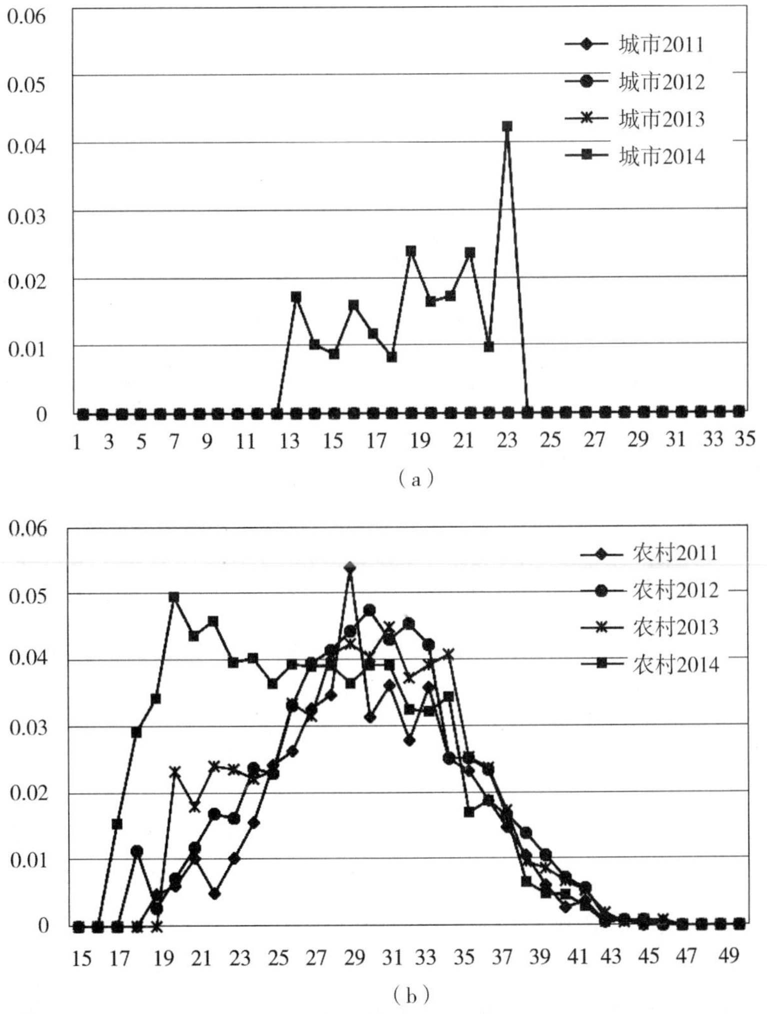

图 8-18　符合二孩生育政策的家庭二孩孩次递进比

“单独二孩”政策同时也刺激了不符合二孩生育政策家庭，或者是他们认为生育政策有所放松，所以选择政策外生育二孩的家庭数量增加。2014 年城市地区政策外生育二孩的家庭有明显增加。23~34 岁之间的育龄妇女的政策响应都很明显，其中 25 岁育龄妇女的二孩孩次递进比为 0.482。相反，农村地区 2014 年的二孩孩次递进比却下降了，原因可能是由于政策的放开，农村政策外的育龄妇女数量减少，导致二孩生育水平有所下降（图 8-19）。

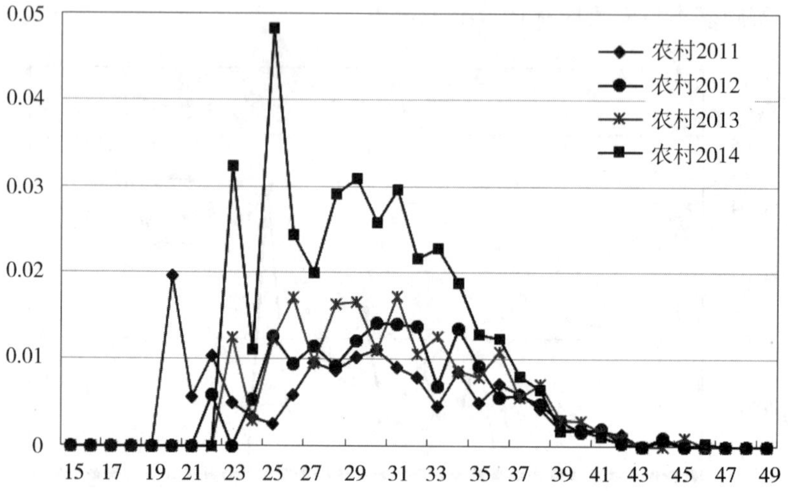

图 8-19　城市地区不符合二孩生育政策的家庭的二孩孩次递进比

2015 年“全面二孩”政策已经放开，宜昌市 21~40 岁育龄妇女中只生育一个孩子的妇女中，城乡所占比例分别为 52.47%和 47.33%。城市符合政策的还没有生育二孩的比例高于农村，因此政策放开后，如果城市对政策的响应程度仍然高于农村，城市生育率又会出现一定的上升，因此城市总和生育率就会继续高于农村。

从以上研究可以发现，在宜昌地区，农村地区生育率低于城市地区，有政策实施的偶然因素，更多的是人口转变的必然结果。由于我国一直实施的城乡二元生育制度，在城市地区实施较之农村地区更为严格的一孩政策，而农村地区基本是一孩半政策，并且农村地区受生育文化的影响，政策外生育的比重更高。所以二孩政策的实施影响的重点人群在城市地区，生育反弹幅度城市也会更为明显。从第二次人口转变的角度来看，城市和农村地区婚育时间都在推迟，只是城市地区推迟得较早，农村地区近几年婚育推迟速度才有所加快。农村地区近几年的生育推迟正好赶上第四次生育高峰，处于生育旺盛期育龄妇女生育时间的推迟，导致总和生育率结构性下降。另外，农村地区劳动力外流以及婚姻挤压，也进一步降低了农村地区的总和生育率。在巴基斯坦的早期研究也发现，在20世纪70年代巴基斯坦城市地区生育率略微高于农村生育率，其主要原因是这一时期巴基斯坦总体生育水平非常高，处于生存推动生育阶段。由于城市妇女母乳喂养时间较短，缩小了生育间隔，所以导致在生育旺盛期年龄段城市地区生育率超过了农村，随着年龄的上升农村地区的生育率开始高于城市地区①。这是同一个故事的两端，在宜昌地区是超低生育率的特征显现，在巴基斯坦则是高生育率的特征显现。

① Yusuf F, Retherford R D. *Urban-rural fertility differentials in Pakistan* [J]. Journal of Biosocial Science, 1981, 13 (04): 491-499.

第九章　低生育率自我强化机制：生育的成本—收益失衡

在前几章中，我们以宜昌市为例讲述了处于超低生育水平下人们的生育模式和生育水平特征，并以二孩生育政策调整为契机进一步分析了超低生育率的实际状况，以上的经验观察如何在理论层面进行阐释，则是社会科学研究中无法回避的问题。如果按照 Lutz 的定义，宜昌市很早就进入了低生育率陷阱，并且深陷其中难以自拔。但是换个角度看，陷阱并不是说掉进去就上不来，而是积重难返，形成恶性循环。低生育率陷阱的背后存在某种自我强化机制，使得生育意愿降低，这种行为选择由触发、产生到形成习惯。人们的行为习惯一旦形成，要改变则需要一个较长的时间过程。

本章首先分析了影响家庭生育决策的因素，构建生育子女成本—收益失衡理论来解释低生育率地区的自我强化机制，然后以养老模式变迁和女性社会地位提升分别表示生育子女的收益和成本，来实证分析生育的成本收益变迁对人们生育意愿的影响。本章实证研究使用的数据为 2015 年 8 月在湖北省宜昌市进行的深度访谈数据①。

第一节　成本收益失衡、学习演化与生育选择

本部分重点分析两个层面的问题：第一，对宜昌市的单个家庭而言，什么原因导致了家庭生育决策的变化，使得家庭的生育意愿下降。第二，单个家庭生育意愿的下降如何对整个区域的生育水平造成影响？鉴于此，本研究在以往研究文献综述分析的基础上，首先通过对生育孩子的成本和收益的变化分析家庭的生育决策行为，生育孩子成本的增加和收益的下降导致家庭生育决策的变化。而家庭养老的弱

---

① 本章的部分内容是由本书作者和课题组成员赵伟锋博士、徐玮博士、田瑞靖博士、曹立斌博士和朱明宝博士共同写作完成，对于他们的工作和对本书出版的支持特表示感谢。

化和女性的职业发展是导致生育子女成本收益失衡的核心因素。农村外出务工人数的增加强化了生育子女的成本增加和收益下降的机制。其次，当部分家庭的生育决策发生变化之后，其他家庭对生育决策变化了的家庭的成本和收益进行比较，从而对自身的期望收益和期望成本进行理性的估计，也降低了自身的生育意愿，这是一个低生育水平扩散的过程。

一、低生育水平的自我强化：综述性回顾

关于生育行为的研究最早可追溯至17世纪的马尔萨斯人口理论，该理论从宏观和历史的视角对生育行为、人口增长和社会发展之间关系作了大胆预测。莱宾斯坦首次把生育行为的研究引入经济学分析框架中，提出了“边际孩子合理选择理论”，指出孩子的成本与效用决定了家庭的生育决策。贝克尔在莱宾斯坦分析的基础上，运用消费者行为理论分析家庭人口的生育行为，并创建了孩子的“数量—质量替代理论”。

近年来，关于生育行为影响因素的研究主要集中在女性的教育、就业、社会地位以及公共政策等方面。基于欠发达地区的大量经验研究都发现，女性的教育程度会降低妇女的生育意愿，但针对部分发达国家的研究发现教育不是一个显著影响因素。此外，女性的就业也会对其生育意愿产生影响。基于东欧国家的经验研究发现，收入的不确定性降低生育意愿；但这一影响关系并不适用于20世纪90年代中早期的俄罗斯，研究发现两者甚至呈现积极的关系。另外从就业方式来看，自我雇佣相对于被雇的就业方式会促进妇女的生育意愿。公共政策也会对妇女的生育意愿产生重要影响。研究表明，农业政策、失业保险补贴政策、养老金等在妇女的生育行为中发挥重要影响。

国内学者们对该问题也已有深入的研究。研究的视角主要从两个方面展开，第一种角度是从宏观经济发展和生育政策展开分析的，从宏观方面对生育水平下降的分析包括计划生育政策和经济发展①两个主要的方面，韦艳和张力通过对翼城生育意愿的考察，认为翼城现有的生育行为更多的是政策干预的结果②。赵锋认为经济

---

① 彭希哲，黄娟．试论经济发展在中国生育率转变过程中的作用［J］．人口与经济，1993（1）：25-30；黄小燕，陈卫．中国的生育率下降：世纪末的回顾［J］．南方人口，1999（3）：4.

② 韦艳，张力．“发展型”或“政策型”生育率下降——基于翼城“农村二孩”试点的分析［J］．人口研究，2012，36（6）.

发展对生育率的下降具有决定性作用①，然而也有学者认为经济因素对生育率下降的作用是间接的。

从宏观的角度去分析生育水平下降是一个很好的视角，但其忽略了两个重要的问题：第一，生育水平的下降是由大量的单个家庭生育决策变化而引发的；第二，不考察影响生育率下降的直接因素则无法分析生育水平下降的内在机制。因此，对生育水平下降的考察应首先从微观角度开始，分析单个家庭生育决策的变化并考察其内在机制。

对生育水平下降的第二种分析视角是从家庭的微观决策展开的。生育行为和生育率变动的微观经济分析，一直受到西方人口经济理论研究的重视。从贝克尔把效用最大化引入家庭生育行为的分析，到莱宾斯坦的成本效用理论，均探讨了相关因素在影响家庭生育意愿中所起的作用。其中莱宾斯坦的孩子的成本效用分析对于描述和解释非农业化过程中人们边际生育决策提供了有力的理论工具。国内对此问题的研究也比较深入，受教育程度②、兄弟姐妹的数量③、性别偏好④、参加新型农村合作医疗⑤、收入水平⑥、生育年龄的推迟⑦、生育的经济成本和心

---

① 赵锋．生育率下降的经济分析理论框架［J］．人口与经济，1998（2）．

② 陈宇，邓昌荣．中国妇女生育意愿影响因素分析［J］．中国人口科学，2007（6）：11；风笑天．青年个体特征与生育意愿——全国 12 城市 1786 名在职青年的调查分析［J］．江苏行政学院学报，2009（4）：62-68；李建新，彭云亮．我国实际低生育水平的影响因素分析——邦戈茨低生育率模型应用［J］．人口与经济，2012（4）：13-20；石智雷，杨云彦．符合“单独二孩”政策家庭的生育意愿与生育行为［J］．人口研究，2014，38（5）：27-40.

③ 陈宇，邓昌荣．中国妇女生育意愿影响因素分析［J］．中国人口科学，2007（6）：11.

④ 郭志刚．中国的低生育水平及其影响因素［J］．人口研究，2008（4）：1-12；李建新，彭云亮．我国实际低生育水平的影响因素分析——邦戈茨低生育率模型应用［J］．人口与经济，2012（4）：13-20；宋健，陶椰．性别偏好如何影响家庭生育数量？——来自中国城市家庭的实证研究［J］．人口学刊，2012（5）：2.

⑤ 王天宇，彭晓博．社会保障对生育意愿的影响：来自新型农村合作医疗的证据［J］．经济研究，2015，50（2）：103-117.

⑥ 梁宏．广东人口意愿生育数量的影响因素分析［J］．南方人口，2007，22（3）：5-10；风笑天．青年个体特征与生育意愿——全国 12 城市 1786 名在职青年的调查分析［J］．江苏行政学院学报，2009（4）：62-68.

⑦ 郭志刚．中国的低生育水平及其影响因素［J］．人口研究，2008（4）：1-12；李建新，彭云亮．我国实际低生育水平的影响因素分析——邦戈茨低生育率模型应用［J］．人口与经济，2012（4）：13-20.

理成本①等都是学者们关注的内容。从研究方法上来看，一些学者针对特定群体的生育行为进行了细致的描述分析②，更多的学者采取实证方法③进行了分析。梁宏在对广东省居民的生育行为进行分析后，认为大部分夫妇在考虑生育数量时，并没有与经济成本相联系④。郑真真、李玉柱等针对江苏省生育行为调查研究发现，满足精神需求是大多数育龄妇女生育孩子最重要的理由，生育的经济成本和心理成本对妇女生育二孩的计划有显著影响⑤。徐映梅、瞿凌云也认为生活压力大及抚养成本高是制约育龄妇女生育二孩的重要因素⑥。

从微观角度对低生育水平进行研究，能够更好地从生育的目的出发分析生育水平的抑制因素，但已有文献多是针对影响生育行为的某一因素进行研究，没有形成完整的分析框架，从而无法全面分析生育水平降低的内在机理。另外，部分家庭的少子化生育决策如何对整个区域的生育水平造成影响，其内在机制如何，并没有学者进行深入的分析，这也将是本研究的一个创新点。

二、养老模式变迁、女性职业发展与生育成本收益的失衡

（一）城市化背景下家庭模式的变迁

城市化表现为农业人口向非农业人口的转化，在我国首先表现为农村劳动力向城市的大量转移，城市化进程的加速使得人口迁移和劳动力流动日趋活跃。由于农业机械化水平较低，农业生产的收益低下，农民在理性的驱动下“用脚投票”，选择通过外出务工来改善家庭的经济收入。从 20 世纪 80 年代开始，大量的“农民工”开始向城市流动，我国农村人口占城乡人口的比重从 1982 年的 78.9%下降到

① 郑真真，李玉柱，廖少宏．低生育水平下的生育成本收益研究——来自江苏省的调查［J］．中国人口科学，2009（2）：93-102；徐映梅，瞿凌云．基于调研数据的总和生育率发展趋势及影响因素分析——来自湖北鄂州、黄石、仙桃的调查数据［J］．南方人口，2011，26（5）：34-42.

② 石智雷，杨云彦．符合“单独二孩”政策家庭的生育意愿与生育行为［J］．人口研究，2014，38（5）：27-40.

③ 宋健，陶椰．性别偏好如何影响家庭生育数量？——来自中国城市家庭的实证研究［J］．人口学刊，2012（5）：2；王天宇，彭晓博．社会保障对生育意愿的影响：来自新型农村合作医疗的证据［J］．经济研究，2015，50（2）：103-117.

④ 梁宏．广东人口意愿生育数量的影响因素分析［J］．南方人口，2007，22（3）：5-10.

⑤ 郑真真，李玉柱，廖少宏．低生育水平下的生育成本收益研究——来自江苏省的调查［J］．中国人口科学，2009（2）：93-102.

⑥ 徐映梅，瞿凌云．基于调研数据的总和生育率发展趋势及影响因素分析——来自湖北鄂州、黄石、仙桃的调查数据［J］．南方人口，2011，26（5）：34-42.

2013 年的 46.3%①。

农村居民的流动（外出务工）同时也加剧了农业劳动力与家庭土地的分离，这种分离带来了家庭规模的缩小，农村人口流动的过程必然伴随着核心家庭在农村家庭中比重的上升，核心家庭逐渐开始取代复合家庭，家庭核心化的趋势愈加明显。从历年的统计数据来看，我国户均人口从 1980 年的 4.6 人下降到 2013 年的 3.8 人，家庭规模一直呈现缩小的趋势。

人口流动对家庭生育决策产生了重要的影响，尤其显著降低了农业户籍人口的生育水平。原因在于，首先，流动一方面阻隔了夫妻之间的联系，从生育的过程来看存在降低生育行为的可能性；其次，人口流动使得农村居民的收入水平迅速提高，变化了的收入水平对农村家庭的生育决策也会产生影响，此外，城市的生育观念和生育文化也会对流动人口的生育观念产生潜移默化的影响；再次，子女外出务工还使其对老年人的生活照料减少，空间距离的拉大使得老年人家庭养老质量出现了下降，子女养老功能的下降也使得家庭的生育决策发生了相应的变化；最后，家庭的核心化进一步阻隔了子女对父母的赡养，这进一步改变了农村家庭的生育决策。总之，城市化的快速发展导致的农村人口外流，加速了农村家庭核心化趋势，导致了家庭养老功能的弱化，由此强化了低生育率的自我强化机制。

（二）家庭养老模式变迁与低生育水平强化机制

中国农村历史上一直实行严格的父系家族体系和从夫居住形式，子女所承担的养老责任存在很大的性别差异。儿子是家庭财产的继承者和家庭养老的承担者，而女儿都会出嫁到其他家族，结婚时女儿的权利、生产力、服务也同时转移到了丈夫家庭。结婚后女儿既没有继承财产的权利，也没有为父母养老的正式责任，儿子在养老中的核心作用非常明显。这样一种家庭养老模式在中国农村已经延续和运作了上千年，成为乡村养老模式的常态。

然而近些年来，一些农村地区的出嫁女儿却参与到父母的养老过程②，女儿在农村家庭养老中的支持功能日渐上升并日益重要③，而儿子对父母的赡养、照料和

---

① 按照常住人口的统计口径进行计算，53.7%的城市人口中包含了大量的农村外出务工劳动力，这与我们的分析是一致的。

② 范成杰．农村家庭养老中的性别差异变化及其意义——对鄂中 H 村一养老个案的分析［J］．华中科技大学学报：社会科学版，2009，23（4）：104-109.

③ 唐灿，马春华，石金群．女儿赡养的伦理与公平——浙东农村家庭代际关系的性别考察［J］．社会学研究，2009（6）：18-36.

慰藉有所减少①。一方面，在劳动力外流的背景下，女性外出的比例一般低于男性。儿子外出后，部分的养老责任转移到女儿身上，其养老能力和养老意愿都有所减弱。而在此过程中，女儿赡养自己父母（娘家父母）的能力和意愿都有所增强②。宋璐、李树茁发现，劳动力外流会促使儿子和女儿对老年父母代际支持的性别差异缩小，女儿在家庭养老中的地位和作用显著提高③。另外，在快速的人口转变下，独生子女家庭或者有女无儿户家庭显著增加，女儿养老既成为一种需要，也成为一种现实。同时，农村在从传统社会向现代社会的转型中，核心家庭日益成为主要的家庭类型，子代相对父代的权力上升和女性在家庭中地位的上升，女儿能够提供更多的经济资源使得自己父母的收益上升④，而且和儿子相比，女儿受教育年限的提高更有利于农村老年人生活质量的改善⑤。

随着社会经济的发展，更多老年人的温饱已经不成问题，他们的需求层次提高，生活照料和精神慰藉需求增多，此时女儿的养老作用更加凸显。唐灿等通过对浙东地区的实地调研发现，作为没有赡养父母和承担家庭责任和义务的女儿，如今却越来越多地在赡养父母等方面扮演重要角色。基于 2010 年中国家庭追踪调查数据的研究还发现，在控制子女与父母的居住方式后，儿子的直接效应就仅在经济支持方面大于女儿，在生活照料方面，女儿的直接效应已经显著超过儿子，在农村“儿子出钱、女儿出力”的性别分工模式很明显。可见，中国农村传统的以儿子为核心的家庭养老模式已经发生了明显变化⑥。

中国农村家庭养老模式已经和正在发生变迁，即由过去以儿子为核心的传统养老模式转变为当前儿女共同养老的新模式。需要指出的是农村家庭养老模式的变迁并不是表示儿子不再承担家庭养老功能，只是相对在传统养老模式中功能有所降低。这里主要强调的是女儿在农村家庭养老中作用的上升，女儿和儿子同样甚至更

① 贺雪峰．农村家庭代际关系的变动及其影响［J］．江海学刊，2008（4）：108-113.

② 聂焱．农村劳动力外流背景下女儿养老与儿子养老的比较分析［J］．贵州社会科学，2008（8）：114-118.

③ 宋璐，李树茁．劳动力外流下农村家庭代际支持性别分工研究［J］．人口学刊，2008（3）：38-43.

④ 张翠娥，杨政怡．分歧与妥协——农村女儿的分离式养老［J］．人口与经济，2015（5）：50-60.

⑤ 石智雷．多子未必多福——生育决策、家庭养老与农村老年人生活质量［J］．社会学研究，2015（5）：189-215.

⑥ 许琪．儿子养老还是女儿养老？——基于家庭内部的比较分析［J］．社会，2015，35（4）：199-219.

多地承担起赡养父母的责任和义务。而这种儿女共同养老模式的普遍化在未来将可能是一种趋势。

这种农村家庭养老模式的变迁会影响到妇女的性别偏好。这是因为，过去人们出于养老的目的，对男孩有着强烈的偏好；但如今女儿和儿子在养老效用上的缩小会弱化这种传统思想，从而会降低人们的男孩偏好。可以认为，在劳动力外流、人口转变等综合作用下，儿子的养老功能下降，女儿的养老功能上升。家庭内部子女养老性别差异的缩小会弱化育龄妇女的男孩偏好。

男孩偏好往往会导致生育水平的提高，而多生多育是个人或家庭实现“男孩偏好”的重要途径。只有女孩的妇女生育下一个孩子的可能性和动力要大大高于只有男孩的妇女①，没有儿子的夫妇比那些没有女儿的夫妇更可能继续生育②。根据 1997 年全国人口与生殖健康调查数据的估算发现，如果不存在男孩偏好，我国 1993—1997 年生育率可以下降 11.4%，二孩生育率可以下降 36%，三孩生育率可以下降 51%③，这可能是因为在达到理想男孩数量之前，儿子偏好减少了育龄夫妇节育措施的使用。还有研究也证实，男孩偏好的弱化会降低妇女的生育意愿④。所以，男孩偏好的弱化会降低育龄妇女的生育意愿。

农村家庭养老模式的变迁对育龄妇女生育意愿的影响存在代际差异。这可能是因为，年轻一代的育龄妇女在养老观念上不再停留在过去儿子养老的模式上，女儿养老也广为接受，从而女儿养老功能的上升会降低她们要二孩的意愿。而对于年龄相对较大的育龄妇女而言，男孩偏好和养儿防老的传统观念根深蒂固，养老上对儿子的依赖度依然很高，女儿养老难以接受，即使儿子养老的功能下降，她们依然会愿意多生孩子而不受儿子养老功能弱化的影响。可见，农村家庭养老模式变迁会降低年轻一代要二孩的意愿，但对年龄相对较大的育龄妇女群体却没有显著影响。

最为核心的是家庭养老模式变迁导致父母老年收益的下降。家庭养老模式从儿子养老到儿女共同养老，表面上看好像增加了一倍的力量加入家庭养老行列，而实

---

① 陈卫，靳永爱．中国妇女生育意愿与生育行为的差异及其影响因素［J］．人口学刊，2011（2）：3-13.

② Sanjukta Chaudhuri. *The Desire for Sons and Excess Fertility*：*A Household-Level Analysis of Parity Progression in India*［J］. International Perspectives on Sexual and Reproductive Health，2012，38（4）：178-186.

③ 陈卫．性别偏好与中国妇女生育行为［J］．人口研究，2002，26（2）：14-22.

④ Ashesh Das Gupta. *Culture and Fertility*：*Son Preference and Reproductive Behaviour*［J］. Sociological Bulletin，2003，52（2）：186-197.

质上却是养老资源和能力减少了一半。以前是家家户户儿女双全，女方嫁到男方家，照顾男方父母以尽养老义务，以此达成传统父系文化下的家庭养老分工均衡模式。而在儿女共同养老的模式下，夫妻的养老资源从原来供养男方父母，转变为夫妻两边父母一家一半。另外，家庭核心化趋势，空巢老人的增加，更使得生育子女的养老功能进一步弱化。

三、女性职业发展、家庭地位与生育意愿下降

（一）家庭分工的性别差异

传统的父权制下妇女地位低下，处于附属地位，因而形成“男主外、女主内”的家庭分工模式。随着妇女的社会劳动参与增加，这种传统的分工模式得以重构，妇女可以在市场劳动和家庭劳动之间进行选择安排，女性具有了就业的权利和自由，但在目前的分工模式下，家务劳动依然是妇女的主要责任，这对女性的发展将产生不利影响。对于家务劳动的分工模式，学界从多种视角深入探讨了家务分工的性别差异。

贝克尔的比较优势的家庭分工论。贝克尔基于效用最大化原则从人力资本投资、时间和精力配置的角度分析了家庭分工的性别差异。一个有效率的家庭的每个成员都有不同的比较优势，他们会根据比较优势而选择投入于家庭部门或市场部门。一个人投资于两个部门是没有效率的，因此，家庭的每一个成员只能在一个部门实现专业化。而根据男女两性的生物学特征，女性具有生产和喂养的义务，愿意花更多的时间和精力照料子女，因而女性的大部分时间都花在家庭活动上，而男性则把时间花在市场活动中。随着妇女的市场劳动参与率提高，家庭离婚率上升，妇女的生育率下降。一方面，妇女要参与市场劳动以应对高离婚率带来的风险，另一方面，妇女开始在对子女的时间投资和工作之间做出权衡。贝克尔利用精力在不同活动配置中的模型进一步分析了已婚妇女和已婚男性的家庭分工差异。照料孩子和家务活动相对需要大量的精力，那么负有操持家务责任的妇女投入市场劳动的时间就相对减少。这就会减少已婚妇女的工资，影响她们的工作和职业。比如已婚妇女退出劳动市场，或者做更低报酬、时间灵活、劳动强度低的工作。

性别身份准则。Bertrand 最新研究发现，性别身份准则就是社会传统所形成的关于不同性别的人应该如何行事的观念，这种观念具有稳定性。例如“丈夫挣钱养家”，“男人应该比他的妻子挣更多的钱”，等等。这些社会准则影响家庭内部的相对收入、婚姻形成及解散、女性劳动力供给，以及夫妇的家务分工。当女性相对（男性）收入提高，或者妻子收入占家庭总收入的份额增加后，女性婚配、劳动力

参与、家庭生产行为都会发生奇妙的变化，这类变化具有不利于女性的倾向①。基于美国的数据发现，如果将夫妻双方收入之和视为家庭总收入，妻子的贡献接近一半的家庭更为常见，一旦妻子收入超过丈夫，这样的家庭数量骤减，妻子对家庭收入的贡献越接近1，这样的家庭越少。

女性策略视角。杨菊华从女性策略的角度认为从事家务是女性的策略，是主动的选择。地位低的女性通过家务维持自己的家庭地位，地位高的妇女通过家务来实现自己事业与家庭双成功，同时缓和夫妻关系，减轻丈夫的心理压力。从事家务是妇女主动的选择与策略。

我们可以从家庭分工的性别差异研究看到，女性在家庭分工中始终处于相对弱势地位，容易受到婚姻、养育等因素的影响，特别是农村妇女。尽管农村妇女的非农劳动参与率提高，但是在迁移流动的社会背景下农村妇女的职业发展具有较大流动性和不稳定性，婚后她们放弃工作期待和计划，回家操持家务照顾子女的可能性非常高，外出务工的男性多于女性②。一项研究数据③显示，15岁至19岁迁移人口的性别比是106.39，在业率为81.64；20~24岁性别比为123.21，在业率为87.05；25~29岁性别比达到142.29，在业率为82.99。随着年龄的推移，迁移人口性别比持续升高，40~44岁年龄段达到最高值为214.87。这充分说明农村青年在婚前进城务工的比例较高，但结婚后青年女性留在农村照顾家庭的可能性提高，结婚对女性迁移的影响更大。

农村妇女的家庭分工会因为家庭及个人需求等原因发生改变，那么这种分工模式是否会影响其生育决策，目前研究较少涉及。我们通过宜昌农村地区的调研发现，不同家庭分工模式的妇女，其生育意愿形成明显的差别。为什么妇女的家庭分工会强化低生育意愿？是如何强化的？本研究将进一步探讨。

（二）家庭分工与女性职业发展

由于传统家庭分工的差异，女性比男性要承担更多的家务劳动。一旦女性开始工作就要在工作、家庭两个方面进行平衡，因而通常生育意愿较低。而男性通常要

---

① Marianne Bertrand, Emir Kamenica, Jessica Pan. *Gender Identity and Relative Income within Households* [J]. The Quarterly Journal of Economics, 2015, 130 (2), 571-614.

② 金一虹. 流动的父权：流动农民家庭的变迁 [J]. 中国社会科学：英文版，2011 (1)：26-43；谭深. 家庭策略，还是个人自主？——农村劳动力外出决策模式的性别分析 [J]. 浙江学刊，2004 (5)：210-214.

③ 杨云彦. 改革开放以来中国人口“非正式迁移”的状况 [J]. 中国社会科学，1996 (6).

承担更多的社会责任，承担较小的家庭责任，而且男性不是生育的主体，对生育的顾虑要少，因而通常生育意愿较高。Bongaarts 在构建低生育水平下女性生育模型时指出，非意愿生育会提高女性的生育水平，而女性迫于家人压力而多生育是出现非生育意愿的一个重要原因。一些经验研究也证明了生育偏好夫妻间存在差异，妻子对子女数量的偏好通常低于丈夫①。

对有工作的女性而言，职业发展越好，通过职业活动获取的社会资源就越多，因而社会地位就越高②。这里的社会资源指政治资源、经济资源和关系资源三者之和。进一步而言，女性社会地位的提高增强了女性对家庭的贡献和结构性资源，进而提高了女性在家庭内部的相对议价能力，减少了女性对丈夫的依附，增强了女性在家庭的自主权和决策权。在家庭内部议价能力高的女性，具有较高的生育决策权，减少了非自愿生育的可能，因而生育意愿较低。

（三）妇女地位上升与生育意愿的降低

现有关于妇女地位和生育水平关系的研究主要表现在：一方面，妇女家庭地位提高从而降低生育孩子的数量和男孩偏好，原因在于妇女地位提高弱化了父权制下“母以子贵”的观念，妇女家庭经济价值的提高替代了孩子数量的增加。刘启明认为妇女家庭地位的提高将导致孩子作为妇女合法地位的保证价值降低，从而降低对孩子的需求，最终导致生育率的降低③。周俊山、尹银等通过对拉萨市的调查数据分析发现妇女家庭经济地位的提高减少了生育孩子的数量，生育数量和性别偏好都与妇女的家庭地位关系很大④。另一项研究如钱楠筠考察了农村妇女的家庭经济地位与性别偏好的关系，发现提高农村女性的经济收入可以降低男孩偏好，提高女孩的价值和教育投资，此外，妇女在职业发展和家务劳动之间的时间和精力配置出现冲突，导致生育数量的降低⑤。涂肇庆基于中国香港和欧洲的经验表明决定育龄妇女生育意愿的原因是妇女的角色冲突，妇女参与劳动与妇女在家庭中

① John Bongaarts. *Fertility and Reproductive Preferences in Post-transitional Societies* [J]. Population and Development Review, 2001 (4): 260-281.

② 佟新，濮亚新．研究城市妇女职业发展的理论框架 [J]. 妇女研究论丛，2001 (3): 4-10.

③ 刘启明．中国妇女家庭地位研究的理论框架及指标建构 [J]. 中国人口科学，1994 (6): 1-9.

④ 周俊山，尹银，潘琴．妇女地位、生育文化和生育意愿——以拉萨市为例 [J]. 人口与经济，2009 (3): 61-66.

⑤ 钱楠筠．丢失的女人与茶叶价格——与特定性别有关的收入对性别失衡的影响 [J]. 中国劳动经济学，2006 (2): 3.

仍主要承担着照料子女和操持家务之间发生冲突而导致的一部分人少育、不育或者推迟生育以寻求两者之间的平衡①。叶文振针对二孩遇冷的现象也提出女性比男性有更多的性别忧虑，由于二孩生育的机会成本约束，职业妇女二胎生育和职业发展之间出现矛盾②。

现有研究主要针对存在男孩偏好的地区或者从事市场劳动的职业妇女，它们并不适用于解释像宜昌这样男孩偏好较弱，长期处于低生育率地区的农村育龄妇女的生育意愿。在妇女地位普遍提高的今天，面临生育政策的调整，妇女地位如何影响生育意愿的机制仍需要更深入的探讨。因此本书将从家庭分工的角度重点分析农村育龄妇女生育意愿的影响因素，同时考察影响生育意愿的其他因素。

四、中国家庭生育子女的成本—收益失衡模型

莱宾斯坦首先用价格理论对生育的微观行为进行了分析，从生育的成本和收益的角度解释家庭的生育行为，认为家庭既是孩子的需求者，也是孩子的供给者，家庭通过对生育孩子的成本和效用的比较决定家庭的生育行为。我们借鉴该理论，以宜昌市为例，分析家庭生育决策的变化过程。

（一）孩子的成本与效用分析

在家庭生育决策中，孩子是耐用消费品，我们对生育孩子进行的分析可以从成本和效用两个方面展开。生育孩子的成本是指女性从怀孕起到抚养一个孩子能自立生活为止所支付的成本之和，这个成本不但包括花费在子女身上的直接费用，还包括父母抚养孩子所花费的时间成本。具体来说，包括直接成本和间接成本，直接成本是指抚育孩子所花费的抚养费、教育费、医疗费等直接花费在子女身上的费用③；间接成本是指父母抚育孩子的机会成本，包括因此所损失的工资、受教育水平和消费水平的下降等。即：

$$C_T = C_d + C_i$$

孩子的效用构成主要包括三个部分：消费效用是指生育孩子所能获得的亲情上

① 涂肇庆. 生育转型、性别平等与香港生育政策选择［J］. 人口研究，2006，30（3）：10-15.

② 叶文振. “单独二胎”生育政策的女性学思考［J］. 中共福建省委党校学报，2014（12）：58-63.

③ 在国外的研究中，生育孩子的直接成本一般是不包括子女的婚嫁成本的，而在我国，由于风俗习惯的不同，一般婚嫁成本是包含在养育子女的直接成本之中的，这也是我们在下文中分析子女效用成本变化的一个重要的依据。

的满足和精神上的愉悦；经济效用是指预期孩子成为劳动力而给家庭带来的经济收入效应；保障效用是指预期孩子作为未来养老和其他方面保障的来源而存在的一种效用。即：

$$U_T = U_s + U_e + U_g$$

对生育孩子的成本和效用的分析，我们从外出务工人口比重的变化展开，外出务工人口比重的变化是分析成本和效用变化的一个角度，虽然这不是唯一的角度，但从这个角度展开，我们能够很好地分析成本和效用的变化情况，从而对育龄妇女生育水平的降低给出一个合理的解释。首先，宜昌市外出务工人口的比重从 1990 年代以来呈现逐步上升的趋势，到 2007 年达到峰值 45. 14 万人，此后流出人口数量逐步减少，但仍处于高位水平。从数据的相关性来看，在人口出生率下降的过程中，流出人口的数量与宜昌市的人口出生率呈现明显的负相关。其次，成本和效用的变化与外出务工人口的比重密切相关。因此，在宜昌地区育龄妇女的生育意愿变化过程中，外出务工人口的比重是一个重要的变量，基于外出务工人口比重的差异对成本和效用的分析是合适的。

首先分析生育孩子成本的变化，随着外出务工人口比重的增加，家庭收入水平提高，原有的工资率水平也呈现上升的趋势，在养育孩子的时间不变的情况下，养育孩子的间接成本 C_i（机会成本）与工资率水平同步上升，即 $\frac{\partial C_i}{\partial r} > 0$。

随着外出务工人口比重 r 的提高，生育孩子的直接成本 C_d 也呈现增加的趋势，其原因在于，外出务工一方面阻隔了父母和子女之间的联系，如果子女随父母流动①，子女的抚育成本和教育成本会迅速增加；如果子女没有随父母流动，流入地对教育的重视和联系的阻隔也会使得父母增加孩子的教育费用和抚养成本。家庭教育成本的迅速上升在我们的调研过程中也得到了印证，在宜昌地区，为提高孩子的受教育水平，父母都趋向于为孩子选择更好的教育资源，父母陪读的现象在宜昌地区普遍存在。此外，从宜昌市人口的受教育水平来看，根据 2010 年全国人口普查数据，宜昌市高中以上文化程度的人口比重为 29. 88%，高于湖北省 26. 13% 的水平，更高于全国 22. 45% 的水平。

在直接成本 C_d 增加的过程中，$\frac{\partial C_d}{\partial r} > 0$ 且 $\frac{\partial^2 C_d}{\partial r^2} > 0$，即直接成本 C_d 相对于外出务工人口的比重 r 的比率大于 0，且呈现出递增的趋势，其原因为对子女教育、抚

① 在宜昌地区，外出务工多数流动到经济更为发达的区域，如珠三角和长三角地区等。

养费和婚嫁成本等投入的增速大于外出务工人口比重的增速，也即在收入增加的情况下，父母会把收入增量中更多的部分用于子女的教育和抚养费用，尤其是子女的婚嫁成本在婚姻出现挤压的情况下会以更快的速度迅速上升。

随着外出务工人口比重的增加，父母的收入水平逐渐提高，父母对孩子作为收入来源的期望就会下降，孩子的经济效用呈现逐步下降的趋势，如图 9-1 中 U_e 所示。同时当外出务工人口的比重增加时，家庭收入水平逐渐增加，收入水平越高，孩子作为父母晚年养老保险和安全的需要也越小，由于收入水平越高，晚年对于自身经济生活的保障能力越强，抵御风险的能力越强，所以其也呈现下降的趋势，同时，子女外出务工也降低了父母对孩子养老保障功能的期望。与 U_e 不同的是，其与收入水平的相关性相对较弱，因此，保障效用 U_g 比 U_e 相对平缓。孩子的消费效用与外出务工人口比重的增加并没有直接的关系，其原因是孩子作为“消费品”，给父母带来的精神愉悦和满足感，对收入的变动弹性为 0，如图 9-1 中 U_s 所示。

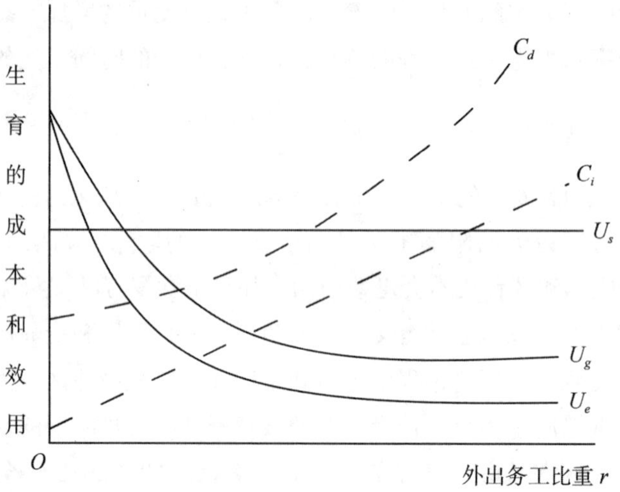

图 9-1 外出务工与生育孩子成本效用的变化

考虑到生育第一个孩子和第二个孩子的效用和成本，其关系如图 9-2 所示，U_1 和 U_2 分别为生育第一个孩子和第二个孩子的效用，C_1 和 C_2 分别为生育第一个孩子和第二个孩子的负效用（成本），从图中可以看出，生育第二个孩子的意愿低于生育第一个孩子的意愿，且随着外出务工的增加，家庭的期望收入水平提高，孩子的边际效用下降，而孩子的边际成本上升。当家庭收入水平低于 X_2 时，家庭愿意生育第二个孩子，而当收入水平介于 X_2 和 X_1 之间时，夫妻只愿意生育一个孩子。也即，随着外出务工比重的增加，家庭的生育决策逐渐发生变化，家庭内生育多孩的意愿开始降低。

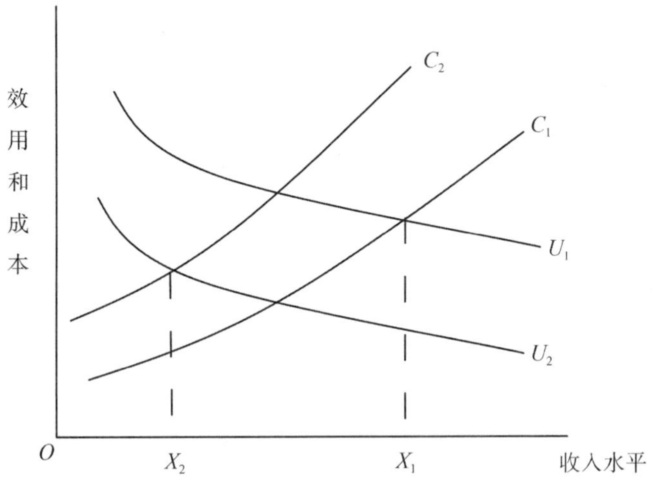

图 9-2 收入水平变化与生育孩子的数量

基于上文的分析，宜昌市生育意愿的下降的机制表现出如下特点：第一，外出务工机会的增加使得生育孩子的间接成本和直接成本同时增加；第二，外出务工增加了孩子的教育成本，教育成本的迅速上升是宜昌地区区别于其他地区的重要因素；第三，外出务工使女性外流的比重增加，婚姻的挤压增加了男性的婚姻成本；第四，外出务工极大地降低了孩子对父母的经济效用和保障效用。

此外，这里仍然存在需要讨论的一个问题，即外出务工的增加所导致的生育孩子成本的增加和效用的下降在全国范围内都是相似的，宜昌地区的低生育水平区别于全国的特点是什么？这里有两个可能的解释：第一，宜昌地区更加重视子女的教育使得生育孩子的直接成本迅速增加；第二，宜昌地区的未婚女性外出务工的比重较高，且婚后返回的比例较大（即“外嫁女”比重较大），这加剧了本地区婚姻的挤压，而婚姻的挤压使得男性的婚嫁成本迅速升高①。造成宜昌地区生育意愿下降

① 在宜昌的调查为我们的理论提供了很好的证明。在宜昌一些山区农村，35 岁以上未婚的大龄男青年数量很多，家庭收入状况较差的男性很难在本地娶妻生子，他们不得不外出务工，而外出务工的主要目的不是增加收入，而是“找个老婆回来”。此外，宜昌地区农村夫妻中丈夫和妻子的年龄差逐渐扩大，婚姻的挤压开始变得明显。

的主要原因仍然是成本和收益的失衡，相对于其他地区，成本和收益的失衡更加明显，且外出务工强化了生育意愿下降的机制，因此农村育龄妇女生育意愿的下降更加明显。

随着务工人口比重的增加，家庭收入水平的提高，为保证家庭的生活质量，家庭生育二孩的意愿逐渐下降。然而，并非每个家庭都会因为成本和收益的比较而选择降低生育意愿，生育的偏好是存在的，据本次调查，仍然有一定比例的育龄妇女认同“多子多福”的观念。接下来的问题则是，何种原因导致了宜昌地区生育率的整体下降？为何个体的观念能够形成整体的社会认知？

（二）低生育水平的扩散效应

在部分家庭的二孩生育意愿下降后，所有家庭仍然是一个同质群体，每一个家庭都有相同的策略集合，即生育两个或两个以上的孩子①或者不生育二孩。首先我们考察不愿意生育二孩的群体（变异的群体）会发生怎样的变化，不生育二孩的策略相对于群体的平均支付使得该群体以怎样的速度变化，这是一个进化博弈的过程。

假设在 t 时期，所有的家庭都采取纯策略，即每个家庭都确定选择生育或者不生育第二个孩子，其支付不存在以概率表示的期望效用。每个家庭都在是否生育二孩的策略上进行选择，假定群体中不存在主动选择不生育孩子和生育多孩的个案（这与实际情况基本相符），每个家庭均愿意生育一个或者两个孩子。如果用 $\varphi_t(s_1)$ 表示在 t 时期使用纯策略 s_1（不生育第二个孩子）的家庭的集合；用 $\theta_t(s_1) = \varphi_t(s_1) \Big/ \sum_{n=1,2} \varphi_t(s_n)$ 表示在 t 时期使用纯策略 s_1（不生育第二个孩子）的家庭在所有家庭中所占的比重。则在 t 时期使用纯策略 s_1（不生育第二个孩子）的支付水平为：

$$u_t(s_1) = \sum_{n=1,2} \theta_t(s_n) u(s_1, s_n) = U_1 - C_1$$

群体中的平均期望支付为：

$$\overline{u_t} = \sum_{n=1,2} \theta_t(s_n) u_t(s_n) = \theta_t(s_1)(U_1 - C_1) + [1 - \theta_t(s_1)](U'_1 - C'_1 + U_2 - C_2)$$

此时，群体规模（参与人的集合）随时间的变化可表示为：

$$\varphi_t(\dot{s}_1) = \varphi_t(s_1) u_t(s_1) = \varphi_t(s_1)(U_1 - C_1)$$

应用除式的求导方法，则

① 我们在这里用生育第二个孩子的成本和效用进行分析，生育两个和多个孩子的行为是相似的。

$$\theta_t(\dot{s}_1) = \left(\frac{\varphi_t(\dot{s}_1)}{\sum\limits_{n=1,2}\varphi_t(s_n)}\right) = \frac{\varphi_t(\dot{s}_1)\sum\limits_{n=1,2}\varphi_t(s_n) - \varphi_t(s_1)\sum\limits_{n=1,2}\varphi_t(\dot{s}_n)}{(\sum\limits_{n=1,2}\varphi_t(s_n))^2}$$

$$= \frac{\varphi_t(s_1)(U_1 - C_1)}{\sum\limits_{n=1,2}\varphi_t(s_n)} - \frac{\varphi_t(s_1)\sum\limits_{n=1,2}\varphi_t(s_n)u_t(s_n)}{(\sum\limits_{n=1,2}\varphi_t(s_n))^2}$$

$$= \theta_t(s_1)(U_1 - C_1) - \theta_t(s_1)\{\theta_t(s_1)(U_1 - C_1) + [1 - \theta_t(s_1)](U_1' - C_1' + U_2 - C_2)\}$$

$$= \theta_t(s_1)\{[1 - \theta_t(s_1)](U_1 - C_1) - [1 - \theta_t(s_1)](U_1' - C_1' + U_2 - C_2)\}$$

$$= \theta_t(s_1)[1 - \theta_t(s_1)][(U_1 - C_1) - (U_1' - C_1' + U_2 - C_2)]$$

因为 $0 < \theta_t(s_1) < 1$(在收益和成本的比较下一定存在不愿意生育二孩的家庭，且仅为整体的一部分)，则 $\theta_t(s_1)[1 - \theta_t(s_1)] > 0$，当 $(U_1 - C_1) - (U_1' - C_1' + U_2 - C_2) > 0$ 时，即 $(U_1 - C_1) > (U_1' - C_1' + U_2 - C_2)$，该式表明，生育一个孩子的净效用(效用与成本之差额)大于生育两个孩子的净效用时，$\theta_t(\dot{s}_1) > 0$，不愿意生育二孩的群体规模逐渐增加，该群体呈现出扩张的趋势，愿意生育二孩的家庭逐渐萎缩，这与群体中采取该策略家庭的比例没有相关性。

如图 9-3 所示，$\theta_t(\dot{s}_1) = 0$ 对应的是 45°线，当在 45°线之上时，$\theta_t(\dot{s}_1) > 0$，选择纯策略 s_1 的群体规模逐渐扩大，反之，当处于 45°线之下时，选择纯策略 s_1 的群体规模萎缩。

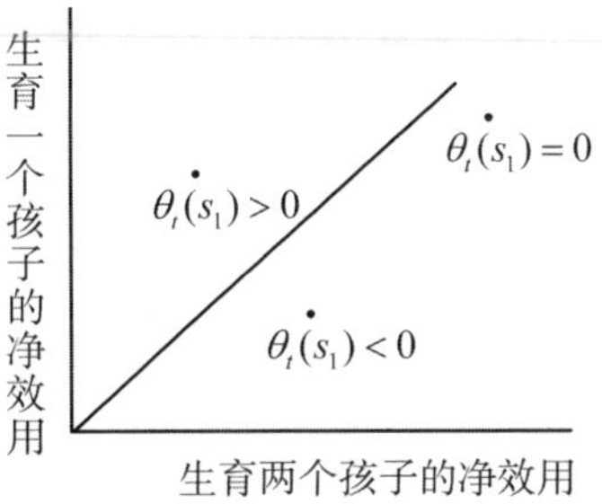

图 9-3　生育不同数量孩子的净效用与人口规模变化

这种比例关系的变化可以反映到相位图当中(图 9-4)，我们也可以据此分析家庭的生育策略选择及其稳定性。与图 9-3 对应，在 $\theta_t(\dot{s}_1) > 0$ 的区域，$\theta_t(s_1)$ 逐渐接近于 1；在 $\theta_t(\dot{s}_1) < 0$ 的区域，$\theta_t(s_1)$ 逐渐接近于 0，$\theta_t(s_2)$ 逐渐接近于 1。根据上

文的分析，在生育一个孩子的净效用大于生育两个孩子的净效用时，$\theta_t(s_1)$ 逐渐趋近于 1 是稳定策略。

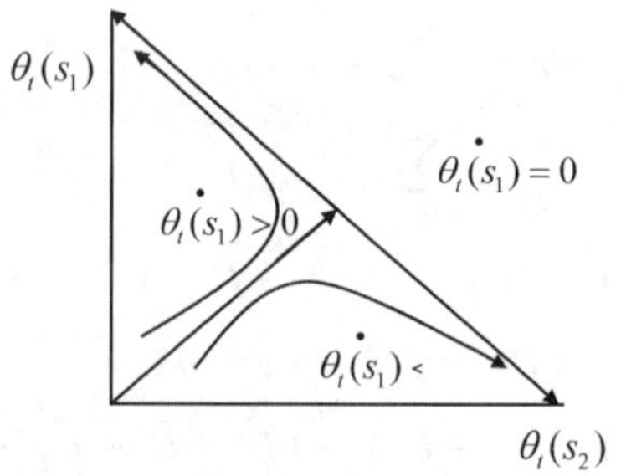

图 9-4　生育策略选择的演化博弈相位图

对生育二孩的家庭而言，由于二孩的生育并未形成事实，是否选择此策略的依据不可能是真实的效用和成本的比较，新的参与家庭只能询问原参与家庭成本和效用的状况而进行相应的策略选择，在此过程中，随着时间的推移，$\theta_t(s_1)$ 的比例会逐渐升高，原因在于生育二孩的育龄妇女逐渐退出生育年龄，这也会增强生育一孩家庭的示范效应。

当家庭中的策略选择稳定以后，选择不生育二孩的家庭数量也逐渐趋于稳定。此时，由于外出务工机会的增加，人口的流动使得其他区域的生育观念对该地区造成了影响。随着外出务工人口的增加，这是否会对该地区的低生育水平造成冲击呢？外来生育观念的冲击是否会改变原有群体的策略选择？

假定原来的群体最初使用的策略为 s_1 ①，很少的 ε 部分的育龄妇女开始使用策略 s_2，此时其混合策略组合为 $(1-\varepsilon)s_1+\varepsilon s_2$，若为稳定策略组合，则原群体比外来群体获得更高的收益，即对于充分小的 ε，有：

$$u(s_1,\ (1-\varepsilon)s_1+\varepsilon s_2)>u(s_2,\ (1-\varepsilon)s_1+\varepsilon s_2)$$

期望函数是概率的线性函数，上式可改写为：

$$(1-\varepsilon)u(s_1,\ s_1)+\varepsilon u(s_1,\ s_2)>(1-\varepsilon)u(s_2,\ s_1)+\varepsilon u(s_2,\ s_2)$$

若上式对于任何充分小的 ε 成立，则 $u(s_1,\ s_1)>u(s_2,\ s_1)$ 或者 $u(s_1,\ s_1)=u(s_2,\ s_1)$ 且 $u(s_1,\ s_2)>u(s_2,\ s_2)$，这表明在一个进化稳定策略中，新进入的群

① 在本研究中，该策略即为选择减少生育，也即经过改变了的家庭生育决策。为避免与上文的转变过程描述冲突，产生理解上的歧义，故此在这里用符号表示。

体不会影响到原有群体的策略选择。即使 $u(s_1, s_1) = u(s_2, s_1)$ 且 $u(s_1, s_2) \geqslant u(s_2, s_2)$，如果第二个不等式等号成立，也说明新进入的群体不会被驱赶出去，但其也不可能实现增长。

可见，第二次人口转变的思潮对中国农村社会带来极大的冲击。农村地区的社会经济发展远没到欧洲国家发生第二次人口转变时的发展水平。从父母那里继承财富的作用越来越小，人们的生活水平更多取决于自身受教育水平和个人的努力。他们没有必要等到从父母那里继承财产才能结婚，传统大家庭对婚姻和生育行为的影响越来越小。中国农村社会的家庭重心从原来的“父母取向”转向“子女取向”。在这种模式下，父母依然全力养育子女，有能力的父母还要为他们建房或者购置房屋，筹备婚礼。但是等子女成家立业，独立门户时，他们依然是“子女取向”，对父母的供养和照顾越来越少。资源都往下一代转移，养育子女的收益在快速下降。

第二节　家庭养老模式变迁与生育水平下降

一般而言，人们的生育动机可以归纳为以下几个方面：（1）传宗接代，通过生育孩子来保证“香火”的延续。（2）情感慰藉，父母从亲子关系中得到快乐，同时把自己未实现的人生梦想寄托在子女身上，弥补自己的遗憾。（3）社会性需求，通过生育孩子来避免因为没有孩子产生的负面性评价以及通过家族势力的延续和扩张满足社会交往和社会支持的需要。（4）经济性需求，包括对劳动力的需求和养老的需求①。而生育的养老需求则是本研究关注的重点。

众所周知，家庭养老是我国农村传统的养老模式。从家庭内部子女养老的性别分工来看，长久以来，父系家庭制度促使了儿子在结婚以后负责照顾父母的饮食起居，女儿在出嫁以后不再承担正式的赡养义务。因此，家庭养老重任主要由儿子承担②。而在农村人口流动加剧、社会经济发展、人口转变等综合因素的推动下，儿子养老的功能有所下降，女儿在养老中发挥着越来越重要的作用③。那么这种基于

① 陈俊杰，穆光宗．农民的生育需求［J］．中国社会科学，1996（2）：126-137.

② 陶涛．中国农村妇女家庭重大决策参与权的影响因素研究［J］．妇女研究论丛，2012（5）：4.

③ 唐灿，马春华，石金群．女儿赡养的伦理与公平——浙东农村家庭代际关系的性别考察［J］．社会学研究，2009（6）：18-36；尹银．养儿防老和母以子贵：是儿子还是儿女双全？［J］．人口研究，2012（6）：22-30.

家庭养老功能子女性别差异变化的农村家庭养老模式变迁对育龄妇女的生育意愿会产生怎样的影响？是不是我国当前生育水平偏低的重要原因之一？鲜有文献加以论证，这正是本研究重点探讨的问题。

针对上述的知识空缺，本节基于 2015 年 8 月在湖北省宜昌市的生育意愿最新入户调查数据，从农村家庭养老模式变迁的视角，探讨了其对生育意愿的影响。调研发现，我国农村家庭养老中儿子养老功能的下降、女儿养老功能的凸显会显著降低人们的生育意愿，并且这一结论是稳健的。男孩偏好弱化可能是作用机制之一。此外，我们还发现，这种农村家庭养老模式的变迁对生育意愿影响存在代际差异，对年轻一代的影响更为显著。本研究的结论或许可以为当前我国居民生育水平偏低提供一种新解释，也有助于我们进一步认识人口转变的内在机理。

一、计量方法与模型设置

本研究采用的计量模型为基于个人层面的 Probit 模型，假设个人是否想要二孩由以下方程决定：

$$\text{Probit}(\text{Seconfertility}_{ij}=1)=\Phi\ (\beta' X_{ij}+\pi_1 \text{Personal}_{ij}+\alpha' \text{Family}_{ij})$$

其中下标 i 和 j 表示居住在县市 j 中的个人 i，被解释变量是一个有关受访者是否愿意要二孩的 0-1 变量，在回归方程右边 X_{ij} 表示儿子养老或女儿养老功能的变量，Personal_{ij}表示个人特征变量，Family_{ij}表示受访者家庭特征变量。在此，我们尽量选取全面的解释变量，这是因为，若轻易丢掉一些变量，虽然剩下的变量系数显著了，但它的系数可能存在严重的估计偏误①。与此同时，为了避免变量之间的相关性或共线性影响估计系数的显著性，我们也做了变量之间的共线性或相关性检验，发现变量之间并不存在高度的共线性或相关性②。具体的变量设置如下：

（一）被解释变量

本研究的被解释变量采用问卷中的问题是“您是否要二孩？1. 是 2. 否 3. 没想好。”我们把回答为“是”赋值为 1，回答为“否或者没想好”赋值为 0。

（二）核心解释变量

参考现有的文献，核心解释变量选取两个，其一是儿子养老评价；其二是和女

① 陆铭. 建设用地使用权跨区域再配置：中国经济增长的新动力［J］. 世界经济，2011（1）：107-125.

② 除了年龄存在较高的共线性外，其他变量之间并不存在高度的共线性。限于篇幅，文中未列出相关性和共线性检验表。

儿同住户数的比例。

第一，儿子养老评价。为了反映儿子养老功能，我们采用以下问题作为代理变量，即问卷中的问题："您如何看待'养儿防老'的观念？1. 非常赞同；2. 比较赞同；3. 一般；4. 不太赞同；5. 完全不赞同。"这是一个主观评价指标，它虽然容易受到受访者心理状态的影响，但它是一个综合了复杂信息的判断，避免了一些客观指标的狭窄单一，能更全面地反映受访者家庭儿子养老的实际情况。现有研究文献也用该变量测量儿子养老。该问题取值越大，我们认为受访者家庭儿子养老功能越弱。

第二，和女儿同住户数的比例。我们采用村级问卷中受访者所在村与女儿同住户数占全村户数的比例作为受访者家庭女儿养老功能的代理变量。受访者所在村和女儿同住的父母越多，一般来说，该村女儿养老的氛围也越浓厚，受访者家庭受女儿养老的影响也越大。因此，如果该比例越高，我们认为受访者家庭女儿养老功能越强。

（三）控制变量

参照现有的研究文献，本研究的控制变量有两类，一类是受访者个体特征变量，一类是受访者家庭特征变量。受访者个体特征变量包括受访者民族、年龄及其平方项、受教育年限、健康水平和视野水平。此外，考虑到外出务工经历可能会影响到生育意愿①，我们引入了受访者有无务工经历变量。兄弟姐妹数量也会对自身生育意愿产生影响②，我们在模型中控制了这一变量。社会保障政策可能会对生育意愿产生挤出效应③，模型中我们引入了新农保变量。妇女的职业状况和家庭地位在已有文献中也多次被证实对生育意愿产生影响，为了减少遗漏偏误，我们也控制住了这两个变量。受访者家庭特征变量我们引入了受访者家庭经济水平、家庭社会资本、家庭婚居模式以控制家庭层面的异质性。

---

① 尤丹珍，郑真真．农村外出妇女的生育意愿分析［J］．社会学研究，2002（6）：52-62.

② 陈字，邓昌荣．中国妇女生育意愿影响因素分析［J］．中国人口科学，2007（6）：11.

③ 王天宇，彭晓博．社会保障对生育意愿的影响：来自新型农村合作医疗的证据［J］．经济研究，2015，50（2）：103-117.

表 9-1　　主要变量含义及基本统计量

变量名称	定义	均值	标准差	样本数
生育意愿	是否要二孩，是=1，否或没想好=0	0.356	0.479	920
儿子养老评价	非常赞同=1，比较赞同=2，一般=3，不太赞同=4，完全不赞同=5	3.145	1.236	919
和女儿同住户数的比例	受访者所在村与女儿同住户数占全村总户数比例	0.171	0.282	834
年龄	受访者年龄			
民族	汉族=1，少数民族=0	0.803	0.397	920
受教育年限	受访者接受正规教育的年数	9.973	2.374	919
健康水平	健康=1，一般=2，差=3，残疾=4	1.090	0.366	920
视野水平	很低=1，较低=2，一般=3，较高=4，很高=5	3.346	0.929	920
外出务工经历	有=1，无=0	0.661	0.473	920
兄弟姐妹数量	受访者兄弟姐妹数	2.05	0.580	920
新农保	有=1，无=0	0.758	0.428	920
妇女职业状况	职业地位较高=1，职业地位较低=0①	0.203	0.402	920
妇女家庭地位	家中谁管钱，自己管或丈夫共同管或女方父母亲管=1，其他=0	0.641	0.479	920
家庭经济水平	上等=1，中上等=2，一般=3，中下等=4，下等=5	2.634	0.808	920
家庭社会资本	亲友中有无在政府部门工作，有=1，无=0	0.207	0.405	915
家庭婚居模式	和公婆同住=1，其他=0	0.480	0.499	920

二、农村家庭养老模式与育龄妇女二孩生育意愿

图 9-5 显示，育龄妇女对儿子养老的评价越低②，其想要二孩的比例也越低；

① 根据李春玲职业声望的划分，本研究中职业地位相对较高的是指政府公务人员或行政事业单位人员、企业管理人员、私营企业主、专业技术人员和个体工商户；职业地位相对较低的是指商业服务业人员、一般工人、务农、料理家务人员等。

② 在对儿子养老的评价中，我们把“非常赞同和比较赞同”合并为赞同，“不太赞同和完全不赞同”合并为不赞同。

但这一关系仅适用于相对年轻的 35 岁及以下育龄妇女人群。总体上看，对儿子养老表示赞同的育龄妇女想要二孩的比例为 41.06%；一般和不赞同的比例分别为 30.77%和 32.39%，分别低于表示赞同的育龄妇女的比例 10.29 和 8.67 个百分点。

分年龄段来看，对于 35 岁及以下育龄妇女组，表示赞同、一般、不赞同的比例依次降低，分别为 42.98%、33.33%和 31.58%。而对于 35 岁以上的育龄妇女，表示赞同、一般、不赞同的比例依次为 37.69%、20%和 35.42%，因此，是否要二孩的意愿并没有显著性差异。对比可发现，儿子养老对是否要二孩的显著影响只存在 35 岁及以下的育龄妇女中。

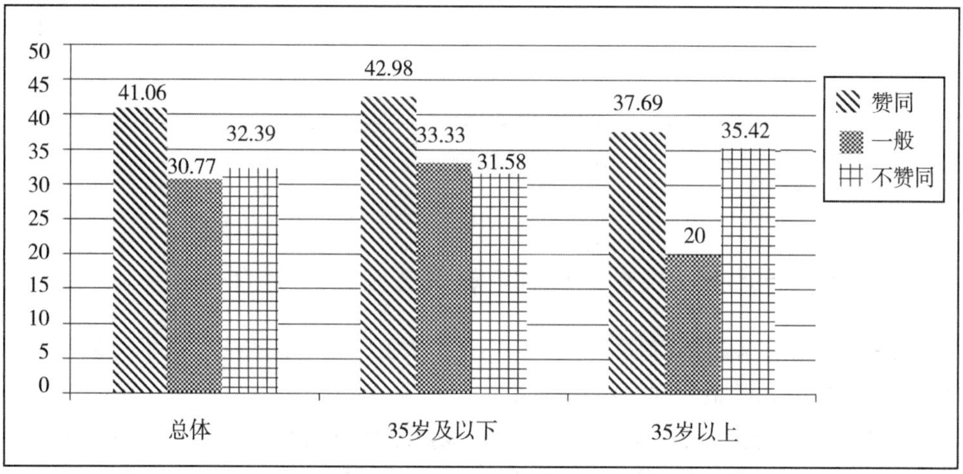

图 9-5　儿子养老评价和妇女的二孩生育意愿（%）

图 9-6 显示，与女儿同住户比例越高村落中的育龄妇女，其要二孩的生育意愿越低，并且这只适用于年龄相对年轻的 35 岁及以下的育龄妇女中。总体上看，与女儿同住户比例在 0~0.02、0.02~0.08 以及 0.08~1.0 时，育龄妇女要二孩的比例依次为 38.87%、35.37%和 31.89%。这表明，该比例越高，育龄妇女要二孩的比例越低。

分年龄段来看，在 35 岁及以下的育龄妇女中，与女儿同住户比例在 0~0.02、0.02~0.08 以及 0.08~1.0 时，育龄妇女要二孩的比例依次为 41.60%、34.24%和 31.35%，依次降低。在 35 岁以上的育龄妇女中，随着与女儿同住户比例的提高，育龄妇女要二孩的比例依次为 34.07%、38.71%和 34.69%，并没有表现出明显的线性关系。因而，与女儿同住户比例越高的村落中的育龄妇女，总体上其要二孩的意愿会更低，但这两者在35岁以上年龄组的育龄妇女中并没有显著线性关系。

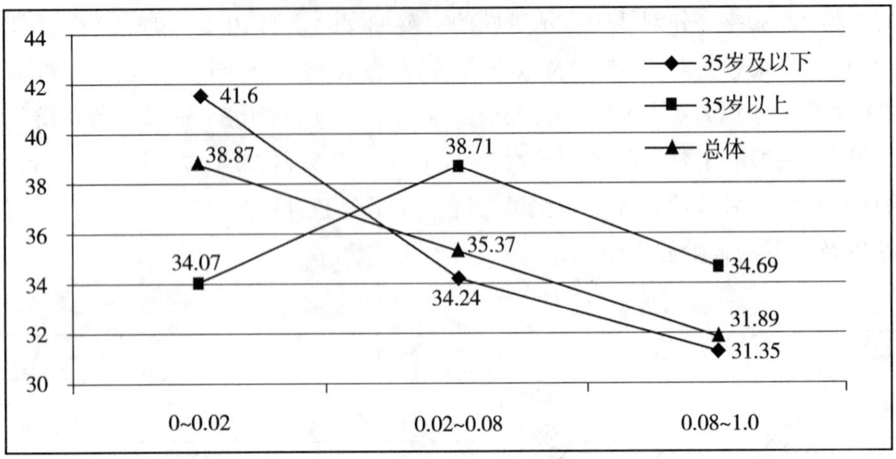

图9-6　与女儿同住户比例和育龄妇女二孩生育意愿（%）

三、农村家庭养老模式变迁对二孩生育意愿的影响

表9-2总结了家庭养老对育龄妇女二孩生育意愿的影响效应。我们分别把两个核心解释变量引入模型分别考察。

模型（1）、模型（2）考察了儿子养老功能对育龄妇女二孩生育意愿的影响。回归结果显示，儿子养老评价的回归系数在5%的水平上时显著为负，这表明育龄妇女对儿子养老越赞同，其要二孩的可能性越低。模型（2）也显示，该变量同样对要二孩产生了显著的负向影响，回归结果依然稳健。这也说明，儿子养老的功能越弱，育龄妇女要二孩的可能性就越低。

模型（3）、模型（4）考察了女儿养老功能对育龄妇女二孩生育意愿的影响。结果显示，与女儿同住户比例的回归系数显著为负，该变量对育龄妇女想要二孩产生了显著的阻碍作用。模型（4）中这一变量的回归系数依然稳健。这表明，与女儿同住户的比例越高，育龄妇女要二孩的可能性越低。这可能是因为，与女儿同住比例越高，女儿在养老中作用越强。那么，生活在该比例较高的村庄里的育龄妇女受女儿养老观念的影响越大，儿子养老的作用相应减弱，降低了要二孩的意愿。

控制变量中，回归结果表明，妇女家庭地位和家庭经济条件是影响育龄妇女是否要二孩的重要因素。家庭地位越高，要二孩的可能性越低；家庭经济水平越高，要二孩也越低。另外，在模型（1）、模型（2）中，育龄妇女的文化程度对二孩生育意愿产生了显著的负向影响，而职业地位产生了显著的正向影响。这说明较高的文化程度降低了其要二孩的意愿，而较高的职业地位提升了要二孩的意愿。

表 9-2　　　　家庭养老与育龄妇女的二孩生育意愿

解释变量	被解释变量：是否要二孩；是=1，否或没想好=0			
	（1）Probit	（2）OLS	（3）Probit	（4）OLS
儿子养老评价	−0.083** (0.036)	−0.029** (0.013)		
与女儿同住户比例			−0.333* (0.174)	−0.115* (0.062)
年龄	0.131* (0.073)	0.046* (0.025)	0.100 (0.075)	0.035 (0.027)
年龄平方	−0.002* (0.001)	−0.001* (0.000)	−0.001 (0.001)	−0.001 (0.000)
民族	−0.223** (0.111)	−0.085** (0.041)	−0.251** (0.112)	−0.096** (0.042)
文化程度	−0.032 (0.022)	−0.011 (0.007)	−0.025 (0.022)	−0.009 (0.008)
健康	−0.000 (0.125)	0.001 (0.044)	0.033 (0.129)	0.013 (0.047)
务工经历	0.174* (0.100)	0.064* (0.036)	0.104 (0.104)	0.039 (0.038)
兄弟姐妹数	0.088 (0.086)	0.030 (0.031)	0.094 (0.091)	0.034 (0.033)
新农保	0.007 (0.104)	0.003 (0.037)	−0.093 (0.113)	−0.032 (0.041)
视野水平	−0.057 (0.051)	−0.020 (0.018)	−0.062 (0.054)	−0.022 (0.020)
职业状况	0.212* (0.113)	0.078* (0.041)	0.180 (0.118)	0.067 (0.043)
家庭地位	−0.164* (0.092)	−0.057* (0.033)	−0.178* (0.095)	−0.064* (0.035)

续表

解释变量	被解释变量：是否要二孩；是=1，否或没想好=0			
	(1) Probit	(2) OLS	(3) Probit	(4) OLS
家庭社会网络	-0.089 (0.110)	-0.032 (0.039)	-0.109 (0.116)	-0.039 (0.042)
家庭婚居模式	-0.077 (0.093)	-0.027 (0.033)	-0.024 (0.097)	-0.008 (0.035)
家庭经济条件	-0.148** (0.060)	-0.053** (0.021)	-0.145** (0.063)	-0.053** (0.023)
常量	-1.304 (1.284)	0.044 (0.457)	-0.944 (1.321)	0.162 (0.479)
调整 R2 或 Pseudo R2	0.031	0.023	0.027	0.017
样本数	913	913	828	828

注：*、**、***分别表示在10%、5%、1%水平下充分显现；括号内标准误，下表同。

四、模型稳健性检验与内生性处理

（一）稳健性检验：调整被解释变量的测量方式

考虑到“是否要二孩”中回答为“没想好”的样本并不一定真实地代表最终不要二孩，进而造成回归估计的偏误，因此在稳健性检验中我们把这部分样本去掉，只保留明确回答“是”或“否”的样本。表9-3列出了回归结果。

回归结果显示，儿子养老评价与二孩的生育意愿仍然显著负相关；与女儿同住户比例也依然对二孩生育意愿产生了显著的负向影响，这表明本研究上述的回归结果是稳健的①。

（二）内生性讨论

本研究的内生性主要来自两个方面：一是育龄妇女的生育意愿可能和儿子养老评价存在因果关系。比如那些现有一个孩子并且不想再生育的家庭，可能会影响其

① 我们还把“没想好”的样本归入“是”，回归发现上述结论依然成立。

现在对儿子养老功能的评价，因为只有一个女儿（儿子）的家庭可能对儿子养老功能评价较低（较高）。而在女儿养老上，育龄妇女的生育意愿并不会影响其所在村与女儿同住户的比例，因为后者是已经发生的前定变量，不存在反向因果关系。二是模型可能遗漏了一些变量，这些变量既会影响对儿子养老评价，与女儿同住户比例又会影响生育意愿。在这里我们尽量控制住这类变量，比如已经引入模型的妇女受教育水平、视野水平、新农保等，以减少遗漏变量偏误。

表 9-3 **家庭养老与妇女二孩生育意愿：稳健性检验**

解释变量	被解释变量：是否要二孩；是=1，否=0			
	（5）Probit	（6）OLS	（7）Probit	（8）OLS
儿子养老评价	−0.088** （0.039）	−0.032** （0.014）		
与女儿同住户比例			−0.360* （0.187）	−0.134* （0.070）
控制变量	是	是	是	是
常量	−0.272 （1.384）	0.431 （0.519）	0.080 （1.417）	0.553 （0.536）
调整 R2 或 Pseudo R2	0.033	0.025	0.031	0.021
样本数	782	782	717	717

注：控制变量同表 9-2。

为了减少儿子养老评价内生性造成的估计偏误，我们选择受访者丈夫的兄弟数量作为其工具变量，这样选择的合理性在于：丈夫兄弟的养老功能的强弱可能对受访者本人关于儿子养老的认识产生重要影响，但不会对受访者本人的生育意愿产生直接影响。工具变量估计中运用工具变量显著性的 F 检验，虽然 Shea's Partial R^2仅为 0.009，但 F 统计量值为 74.392，超过 10，且 P 值为 0.000，并且第一阶段回归结果也显示，工具变量对内生变量具有显著影响，即具备较好的解释力。由此我们认为，弱工具变量问题在回归中并不明显。表 9-4 列出了这一估计结果，第二阶段回归显示，儿子养老评价的回归系数依然显著为负，为了进一步检验这种稳健性，我们运用了 GMM、LIML 的估计方法，但最终并未改变这一基本结论。

表 9-4　**儿子养老评价与生育意愿：内生性讨论**

解释变量	被解释变量			
	儿子养老评价	二孩生育意愿		
	OLS（第一阶段）	2SLS（第二阶段）	GMM	LIML
丈夫兄弟数量	7.59e-06*** (8.80e-07)			
儿子养老评价		-0.454*** (0.066)	-0.454*** (0.066)	-0.454*** (0.066)
控制变量	是	是	是	是
样本数	912	912	912	912

注：控制变量同表 9-2。

五、养老模式变迁产生影响的机制

（一）影响机制：男孩偏好弱化

前文理论分析了男孩偏好弱化可能是家庭养老影响生育意愿的作用机制。因此我们接下来利用调查数据，在经验上检验和识别这一机理。关于男孩偏好变量的设置，我们利用问卷中的问题："如果您只能生一个孩子，希望是：1. 男孩；2. 女孩；3. 无所谓。"受访者如果回答为男孩，则赋值为 0；回答为女孩和无所谓，赋值为 1。

模型（9）和模型（10）回归结果表明，儿子养老评价的回归系数显著为负，这表明育龄妇女对儿子养老的赞同度越低，其男孩偏好程度越弱。这也说明，现实中儿子养老功能的降低会减轻育龄妇女男孩偏好的思想。

模型（11）和模型（12）回归结果显示，男孩偏好的回归系数均在 5%的水平上显著为负，这说明男孩偏好弱化显著降低了育龄妇女的二孩生育意愿。

表 9-5　　**农村家庭养老影响生育意愿机制的经验检验**

解释变量	被解释变量：男孩偏好		被解释变量：是否要二孩	
	（9）Probit	（10）OLS	（11）Probit	（12）OLS
儿子养老评价	0.172*** （0.056）	0.021*** （0.007）		
男孩偏好			-0.376** （0.159）	-0.138** （0.059）
控制变量	是	是	是	是
常量	0.217 （1.726）	0.701 （0.253）	-1.181 （1.292）	0.102 （0.459）
调整 R2 或 Pseudo R2	0.045	0.007	0.031	0.023
样本数	913	913	914	914

注：控制变量和表 9-2 中相同。

（二）不同年龄段的比较

随着女儿养老功能的上升和日益普遍，我们很想知道这种影响效应会对未来年轻一代生育意愿产生怎样的影响。基于此，我们把受访育龄妇女的年龄分为 35 岁及以下和 35 岁以上两个年龄组，用前者表示相对年轻育龄妇女群体，后者表示年龄相对较大的群体。表 9-6 列出了家庭养老对育龄妇女二孩生育意愿影响的组别差异。回归结果显示，对于 35 岁及以下的育龄妇女，儿子养老评价对他们要二孩的意愿产生显著的阻碍作用；但对 35 岁以上的育龄妇女而言，这一影响效应并不存在，即儿子养老功能的强弱对年龄相对较大的育龄妇女生育意愿并没有显著性影响。

同样，回归结果也显示，对于 35 岁及以下的育龄妇女，与女儿同住户比例越高，则女儿养老功能越强，她们的生育意愿也越低；同样对 35 岁以上的育龄妇女并没有显著影响。

表 9-6　　　　**家庭养老对生育意愿的影响：不同年龄段的比较**

解释变量	被解释变量：是否要二孩①			
	年龄≤35		年龄>35	
	Probit	OLS	Probit	OLS
儿子养老评价	-0.104**	-0.037**	-0.052	-0.017
	(0.044)	(0.016)	(0.069)	(0.024)
控制变量	是	是	是	是
常量	-0.747	0.206	-19.237	-5.376
	(2.587)	(0.946)	(15.849)	(5.131)
调整 R2 或 Pseudo R2	0.031	0.017	0.065	0.022
样本数	669	669	244	244
与女儿同住户比例	-0.354*	-0.121*	-0.080	-0.013
	(0.188)	(0.068)	(0.513)	(0.174)
控制变量	是	是	是	是
常量	-1.452	-0.063	-20.614	-6.175
	(2.655)	(0.992)	(16.135)	(5.308)
调整 R2 或 Pseudo R2	0.026	0.009	0.075	0.029
样本数	609	609	219	219

注：控制变量同表 9-2。

低生育水平是我国当前人口形势的典型特征，而同时值得注意的是，我国农村家庭传统养老模式也发生了新变化。工具变量估计结果显示，变迁后的养老模式即儿子养老功能的降低以及女儿养老功能的提升，会降低育龄妇女的二孩生育意愿，并且这一结果是稳健的。女儿养老功能上升带来的男孩偏好弱化是可能的作用机制之一。此外，这种影响效应只是存在于 35 岁及以下相对年轻的育龄妇女中，而在 35 岁以上年龄相对较大的育龄妇女中并不存在。

作为日益普遍的女儿养老，不仅仅在农村，在现代化程度较高和人口转变较快的城市地区表现得更加明显。在城市，女儿在经济支持和生活照料两个方面的直接

① 据统计，35 岁及以下的育龄妇女要二孩的占 35.76%，不要二孩或没想好者占 64.24%；35 岁以上的育龄妇女要二孩的占 35.37%，不要二孩的占 64.63%。

效应都超过儿子。可以说，过去以儿子为核心的传统养老模式正在发生变化。在当代中国家庭中，女儿和儿子一样发挥着重要的养老功能，甚至比当前养老效用更大，并且这种家庭养老模式变迁在将来是一种趋势。在我国人口转变的客观背景下，未来将有越来越多的老人只有一个子女，独生子女家庭数量会增加；与此同时，大量劳动力外出务工经商，这些社会变迁都将会对中国传统的赡养制度形成强烈冲击，会进一步使得女儿养老更加普遍化，而女儿养老的这种工具性意义的提升无疑会促进我国低生育水平的进一步深化。那么，低生育水平下又将产生新的独生子女家庭，这在一定程度上会形成低生育水平的自我强化过程。本书的研究发现具有重要的理论意义，一方面，儿子和女儿养老功能的变化有助于我们理解家庭养老制度的演变规律，为我们分析父系家庭制度的变迁提供了一个突破口；另一方面，家庭养老变迁可以为我们认识中国低生育率水平提供了一个全新的理解视角，为我国当前的低生育水平提供了一种新解释，有助于我们进一步认识低生育水平背后的产生机理。

独生子女家庭的增加、劳动力流动等社会变迁给传统的“养儿防老”模式带来了挑战，家庭养老的资源重新配置，家庭养老的性别分工重新调整，女儿养老成为了一种新的社会现象，女儿养老功能的提升促进了人们养老观念的转变，进而在一定程度上促进了人们生育观念由以往多生和生男孩到少生和生男生女都一样的转变。此外，女儿赡养的出现或者说养老功能提升，一方面是在家庭养老资源匮乏的情况下，家庭进行适应性调整、开发新资源的一种家庭策略行为；同时也说明了“女性”社会经济地位的提高，折射出当代中国性别趋于平等的社会进步。

第三节　家庭分工、女性职业发展与低生育水平强化

本节根据湖北省宜昌市的农村育龄妇女抽样调查数据，建立农村育龄妇女生育意愿的影响因素模型，从家庭分工的视角分析了妇女职业发展和妇女社会地位对农村育龄妇女二孩生育意愿的影响及其作用机制。

一、家庭分工、妇女地位与生育意愿下降

随着经济社会的发展，我国妇女地位显著提高，妇女不再依附于丈夫，而是独立的个体，她们有更明确的个人意识，她们会根据个人和家庭的状况做出理性的决策。性别视角是任何一项公共政策都不能忽视的，特别是生育政策的调整和制定，更应该重视男女平等及其产生的性别效应。

近年来，在政策推动和经济社会发展的背景下，中国妇女地位得到显著改善。根据全国妇联第三期中国妇女社会地位调查结果显示，女性的健康水平和受教育水平得到明显改善，农村妇女的非农就业比重提高。妇女地位的改善带来家庭中的性别观念和权力关系发生巨大变化，影响家庭制度的变迁，如婚姻、生育、养老等。因此，从性别视角来剖析人们的生育意愿，解释低生育水平强化机制，为当前生育政策的调整提供经验支持，具有重要的理论意义和现实意义。

现有关于妇女地位和生育水平关系的研究主要表现在：一是认为妇女家庭地位提高从而降低生育孩子的数量和男孩偏好，原因在于妇女地位提高弱化了父权制下“母以子贵”的观念，妇女家庭经济价值的提高替代了孩子数量的增加。二是妇女在职业发展和家务劳动之间的时间和精力配置出现冲突，导致生育数量的降低。但是已有研究存在局限，它主要针对存在男孩偏好的地区以及职业妇女。这些研究结论都不能很好地解释像宜昌这样男孩偏好较弱，长期处于低生育率的地区的农村妇女的生育意愿。妇女的角色冲突论对农村妇女的生育意愿也缺乏解释力。在当前生育政策调整的背景下，农村妇女地位提高是否会影响她们的二孩生育意愿？妇女地位提高如何影响生育意愿的机制仍需要更深入的探讨。因此本研究将重点分析农村育龄妇女地位提高如何影响生育意愿，同时考察了影响生育意愿的其他因素。

（一）实证模型与主要变量描述分析

1. 模型的设定

本研究模型的被解释变量是二孩生育意愿，即是否要二孩。设定的回归模型为

$$F = \alpha \cdot \text{status} + X\gamma + \varepsilon$$

其中，F 代表生育意愿指标，status 代表妇女地位。X 代表其他各种可能影响生育意愿的变量，包括个人特征、家庭特征和政策因素三类变量，如妇女的年龄、文化程度、头胎年龄、家庭经济状况、符合政策类型。

2. 数据处理与变量说明

本研究采用 2015 年宜昌深度访谈调查的数据资料。从育龄妇女的角度考察生育意愿，可以更好地了解其真实意图，减少其他因素造成的调查偏误。本研究选取调查对象为已经生育一个孩子的样本，符合条件的样本数是 738 个。本研究所涉及的主要变量如下（变量的描述统计见表 9-7）：

被解释变量是生育意愿：是否想要二孩。问卷中我们直接询问“是否想要二孩”，回答选项有“想要”、“不想要”和“没想好”三种。

核心变量。妇女地位：从家庭经济资源的控制和妇女的家庭分工情况来衡量。家庭经济资源的控制：问卷中我们设置了一个问题“您家里谁管钱？”。经济资源是

重要的家庭资源，因此掌握经济资源的人，在家庭的地位就越高。家庭分工情况：家庭分工是家庭成员的劳动分配，但调查中99.9%的丈夫都参与外出工作，包括非农和农业劳动，因此要分析家庭分工，我们主要从妇女的务工情况来划分。从妇女目前的务工状态来看，我们设置了问题“有无外出务工?”。选项分为三种：一是有，目前正在外出务工；二是有务工，但已返回（判断已返回的标准是询问受访者以后没有外出打算，或者至少在近几年没有明确的外出打算）；三是从没有外出务工。

控制变量。包括个人特征变量如妇女年龄、文化程度；家庭特征变量如头胎年龄与家庭经济状况；政策变量即符合生育政策类型。

表9-7　**变量的描述统计**

变量	比率	样本数	变量	比率	样本数
被解释变量：二孩生育意愿			妇女文化程度		
想要	25.1	185	大专及以上	6.4	47
不想要	59.2	436	高中及中专	33.6	248
没想好	15.7	116	初中及以下	60.0	442
核心变量			头胎年龄		
家庭经济资源的控制			3岁及以下	32.2	238
妻子	35.5	261	3岁以上	67.8	500
丈夫	24.1	177	家庭经济状况		
夫妻共同	26.9	198	上等	6.5	48
其他	13.5	99	中上等	36.6	270
妇女务工情况			一般	46.2	341
正在外出务工	9.8	72	下等	10.7	79
已返回	56.0	413	符合生育政策类型		
从没有外出务工	34.2	252	一孩半	47.7	352
控制变量			单独二孩	13.7	101
妇女年龄			普遍二孩	38.6	285
25岁及以下	13.8	102			
26~30岁	33.9	250			
31~35岁	27.1	200			
36~40岁	16.3	120			
41岁及以上	8.9	66			

（二）结果分析

总体来看，妇女地位特别是经济地位的提高对二孩生育意愿没有显著影响，但丈夫的家庭经济地位提高对二孩生育意愿的影响非常显著，主要体现在对想要二孩的意愿上，也就是说丈夫的经济地位提高可以增加家庭生育二孩的可能。可见在夫权家庭中妇女的生育意愿会受到丈夫的主导，再生育意愿很强，而在妇女经济地位高的家庭中再生育意愿不受到家庭经济地位的主导。

妇女的家庭分工与二孩的生育意愿有显著影响。正在外出务工的妇女比没有外出务工的妇女生育二孩的意愿更强，表现为有更高比例的没有外出务工的妇女不想要二孩。主要是因为妇女没有外出务工，在家里照顾小孩与料理家务会花费很多精力，导致她们二孩生育意愿降低。这说明妇女可以根据自身需求做出理性的生育决策。

从表 9-8 中模型一可以看出，丈夫的家庭经济地位与想要二孩的意愿具有显著相关性，而妻子的家庭经济地位提高与想要二孩的意愿关系不显著。相对于“没想好”的妇女来说，丈夫控制家庭经济资源的比率比其他增加 1. 144 个单位。妇女务工情况与想要二孩的关系是负向的，但是影响并不显著。从模型二可以看出，妇女外出务工的情况与不想要二孩的意愿具有显著相关性，但是家庭经济地位对不想要二孩的影响却并不显著。相比于“没想好”的妇女来说，正在外出务工的妇女不想要二孩的意愿比从没外出务工的妇女降低 0. 920 个单位，也就是说从没外出务工的妇女比正在外出务工的妇女不想要二孩的意愿更强。外出务工已返回的妇女与不想要二孩的意愿呈负向相关，但是影响并不显著。

在影响二孩生育意愿的其他因素中，妇女年龄和头胎子女年龄的影响非常显著，但是它们影响的对象不同。妇女年龄对不想要二孩的意愿产生显著影响，而头胎子女的年龄对想要二孩的意愿产生显著影响。在 35 岁以下的妇女中，年龄越小，不想要二孩的意愿更强，生育二孩的意愿随着妇女年龄增长显著增加。表现为 35 岁及以下各个年龄组的妇女比 41 岁及以上的妇女不想要二孩的意愿降低，降低幅度分别是 25 岁及以下 2. 940 个单位，26 ~ 30 岁降低 2. 870 个单位，31 ~ 35 岁降低 2. 450 个单位。此处结果与其他研究认为生育意愿随着年龄增长而显著降低有所差异①。原因在于对于 35 岁及以下育龄妇女来说，随着年龄的增

① 陈宇，邓昌荣．中国妇女生育意愿影响因素分析［J］．中国人口科学，2007（6）：75-81；王天宇，彭晓博．社会保障对生育意愿的影响：来自新型农村合作医疗的证据［J］．经济研究，2015，50（2）：103-117.

表 9-8　　　　妇女地位与二孩生育意愿的多项 Logistic 回归结果

	模型一：想要二孩/没想好			模型二：不想要二孩/没想好		
	B	Std. Error	Exp(B)	B	Std. Error	Exp(B)
家庭经济资源的控制(参照：其他)						
妻子	0.535	0.377	1.707	0.293	0.316	1.341
丈夫	1.144***	0.415	3.140	0.496	0.368	1.643
夫妻共同	0.552	0.400	1.736	0.461	0.335	1.586
妇女务工情况(参照：从没外出务工)						
正在外出务工	-0.206	0.435	0.814	-0.920**	0.399	0.398
已返回	-0.006	0.317	0.994	-0.322	0.285	0.725
妇女年龄(参照：41 岁及以上)						
25 岁及以下	-0.863	1.150	0.422	-2.940***	1.088	0.053
26~30 岁	-1.322	1.094	0.267	-2.870***	1.046	0.057
31~35 岁	-1.586	1.091	0.205	-2.450**	1.040	0.086
36~40 岁	-0.637	1.193	0.529	-0.948	1.137	0.388
妇女文化程度(参照：初中及以下)						
大专及以上	-0.944*	0.506	0.389	-0.795**	0.402	0.452
高中及中专	0.212	0.286	1.236	-0.022	0.260	0.978
头胎年龄(参照：3 岁以上)						
3 岁及以下	-1.135***	0.337	0.321	-0.282	0.290	0.755
家庭经济状况(参照：不好)						
上等	-0.024	0.659	0.976	-0.703	0.616	0.495
中上等	0.165	0.516	1.179	-0.209	0.471	0.811
一般	-0.447	0.501	0.639	-0.507	0.454	0.602
符合政策类型(参照：普遍二孩)						
一孩半	-0.216	0.280	0.805	-0.234	0.256	0.791
单独二孩	-0.289	0.418	0.749	0.349	0.355	1.418
常数项	1.883	1.204		4.342	1.133***	
有效样本量			734			
卡方值			133.798***			
Cox 和 Snell R2			0.167			
Nagelkerke R2			0.196			

注：*、**、***分别表示显著性水平为 10%、5%和 1%。

长，第一个孩子逐渐长大，需要照顾孩子的时间和精力逐渐减少，在一定程度上使母亲得到释放，因此再生育的意愿提高；相反，年龄较小的育龄妇女，第一个孩子较小，需要花费较多的时间和精力去照顾，没有精力再要一个孩子。此外，年龄较小的育龄妇女在短期内还可能会由于怀孕、生产的痛苦而降低其再生育意愿。头胎子女年龄对想要二孩的意愿产生显著影响，头胎子女在 3 岁以上的想要二孩的意愿更高。具体表现为头胎年龄在 3 岁及以下的妇女比头胎 3 岁以上的妇女想要二孩的比率降低 1.135 个单位。

妇女文化程度与生育意愿也具有显著相关性，它对想要二孩和不想要二孩的意愿都有显著影响。从模型一、模型二中可以看到，与“没想好”的育龄妇女相比，大专及以上学历的妇女比初中及以下学历的妇女想要二孩的比率降低 0.944 个单位，不想要二孩的意愿也降低 0.795 个单位。这说明大专及以上学历的育龄妇女“没想好”要不要二孩的比例均高于其他学历。可见，随着文化程度的提高，越来越多的育龄妇女正在犹豫是否要生二孩，她们会更加理性地思考自己的生育行为，较高文化程度的育龄妇女在选择生不生二孩的问题上会有更多理性的考虑，她们会权衡家庭和个人需求，从而做出生育决策。

（三）稳健性检验

妇女地位对农村妇女生育意愿的影响效果在不同群体中具有异质性，探讨该作用对不同群体的差异有助于更精准地了解其影响机制。我们按照已婚妇女的年龄进行分样本回归。在 35 岁及以下样本中回归结果显著，而 35 岁以上的样本对变量进行回归时发现存在奇异性。

如表 9-9 结果表明，妇女地位对农村妇女二孩生育意愿的作用主要体现在 35 岁及以下的育龄妇女群体中，妇女的家庭分工对二孩的生育意愿产生显著影响。在模型中还可以看到家庭中夫妻平权会增加不想要二孩的概率。一般而言生育行为发生的高峰期是 20~30 岁，目前处于这一年龄阶段妇女的生育意愿和生育行为决定中国未来的人口结构，因此生育政策的目标群体应该主要定位于此。35 岁及以下女性的性别观念和生育观念已经发生重大改变，她们与上一辈的观念存在巨大差异，对生育意愿的分析应该更加重视性别视角。

过去几十年，我国妇女地位显著提高。妇女地位的提高对家庭产生重大影响，家庭内性别关系发生改变，传统的性别分工观念“男主外，女主内”已然弱化，女性和男性一样具有就业的权利和自由。农村家庭中劳动分工的性别差异不再是基于传统的性别分工观念，特别是对于农村妇女来说，妇女往往会根据家庭需求选择劳动分工。

表 9-9　　**按年龄分样本回归结果：35 岁及以下育龄妇女样本**

	想要二孩/没想好			不想要二孩/没想好		
	B	Std. Error	Exp(B)	B	Std. Error	Exp(B)
家庭经济资源的控制(参照：其他)						
妻子	0.397	0.384	1.487	0.376	0.319	1.457
丈夫	1.064**	0.417	2.899	0.435	0.371	1.546
夫妻共同	0.598	0.407	1.818	0.595*	0.343	1.813
妇女务工情况(参照：从没外出务工)						
正在外出务工	-0.183	0.444	0.833	-0.941**	0.409	0.390
已返回	0.031	0.335	1.031	-0.268	0.295	0.765
常数项	0.376	0.643		1.423**	0.566	
有效样本量			552			
卡方值			52.825***			
Cox 和 Snell R2			0.092			
Nagelkerke R2			0.105			

注：*、**、***分别表示显著性水平为 10%、5%和 1%。

本部分从家庭分工的视角研究了妇女地位对农村女性二孩生育意愿的影响。研究结论如下：

第一，妇女的家庭经济地位提高对二孩生育意愿没有显著影响，但是如果家庭内丈夫具有较高的家庭经济地位，表明家庭内部夫权强大，传统的家庭观念与生育观念则会在家庭内维系，想要二孩的意愿显著增强。然而，妇女家庭经济地位的提高产生的妻权或者夫妻平权的家庭，传统观念被现代的性别观念所取代，此时家庭的生育决策不再受传统的束缚，而可能更多地考虑家庭需求和家庭发展能力。

第二，妇女的家庭分工决策影响其生育意愿。妇女的务工情况是家庭分工的选择，要外出务工，或返回，还是在家里从不外出务工，都是妇女根据个人或家庭做出的决策。实证结果表明正在外出务工的农村育龄妇女比从没有外出务工的农村育龄妇女不想要二孩的意愿更低，这说明从没有外出的妇女不想要二孩的意愿更高，但不能说明正在外出务工的妇女会因为家庭经济收入的增加而想要二孩的意愿更高，其结果并不显著。

第三，妇女地位提高对生育意愿产生双重效应，即收入效应和挤出效应。收入效应影响微弱，不能显著提高人们想要二孩的意愿，对生育水平的影响有限。而妇女地位提高却可以显著提高人们不想要二孩的意愿，从没有参与外出务工劳动以及在家里带孩子的家庭主妇从事的是没有报酬的家庭劳动，她们更可能因为整日带孩子与料理家务而降低生育意愿，而在妇女地位提高的情况下她们的家庭决策权和自主权可以得到落实，因而其生育意愿得以在家庭内实现，特别体现在处于生育旺盛期的35岁及以下年轻育龄妇女群体中。最终较低的生育意愿使得地区内低生育水平得以强化。

生育政策的调整应考虑到女性的主体性。改善家庭经济条件可以提高生育意愿，但更重要的是为年轻母亲提供完善的育儿指导和婴幼儿看护以及教育服务，以缓解年轻女性抚育孩子的心理和身体的双重压力。农村地区应该加强托儿所的公益化和社会化，在保证幼儿教育质量的前提下为家庭减负，减少育龄妇女的负担，这在一定程度上可提高二孩生育意愿。

二、女性职业发展、家庭地位与低生育水平强化

关于当前持续下滑的低生育水平，已有研究大多从个体特征、家庭特征等因素进行分析，并取得了一定的成果。然而这些研究忽视了生育水平下降过程的同时城市化也在快速发展这一背景。在城市化的作用下，女性不再局限于家务劳动，开始从事有经济收益的劳动，谋求自身的职业发展，这会对传统的家庭模式产生改变，可见从女性职业发展这一视角能为当前低生育水平提供一个新的解释。那么女性职业发展是否对生育意愿存在影响？如果有影响，影响机制又是什么？这些都是本研究讨论的重点。

结合前文的理论分析，本部分重点论证，城市化使农村女性从家庭走向社会，在职业发展的过程中，提高了女性社会地位，进而又提高了女性家庭地位，从而减少了女性非意愿生育的可能。2015年宜昌调研数据检验发现，工作女性比不工作女性、非农就业女性比务农女性有更高的家庭地位，在家中管钱和给小孩取名的概率都显著增加，进而生育二孩的概率显著减少。

（一）研究设计与模型构建

1. 研究设计

由上部分的假设可以看到，接下来的实证分析关键是检验女性家庭地位是否在女性职业发展影响生育意愿中起到中介作用。检验中介效应最常用的方法是逐步检验回归系数法，温忠麟在梳理国内外多种方法后提出了一个广为实用的检验程序，我们将此方法应用到本书。首先，建立与自变量（女性职业发展，用 *Job* 表示）、中介变量（女性家庭地位，用 *Status* 表示）和因变量（生育意愿，用 *Fertility* 表

示）有关的三个回归模型，具体如下：

$$Fertility = c_1 Job + \varepsilon_1 \quad (1)$$

$$Status = a\ Job_i + \varepsilon_2 \quad (2)$$

$$Fertility = c_2 Job + bStatus + \varepsilon_3 \quad (3)$$

然后，按下列程序对回归系数依次进行分析。第一，检验系数 c_1，如果显著则进行第二步，否则检验结束。第二，依次检验系数 a、b，如果都显著，意味着女性职业发展对生育意愿的影响至少有一部分是通过女性家庭地位来实现的，继续第三步；如果 a、b 至少有一个不显著，则不能下此结论，转至第四步。第三，检验系数 c_2，如果不显著说明女性家庭地位起到完全中介作用；如果显著说明女性家庭地位只是起部分中介作用，检验结束。第四，做 *Sobel* 检验，如果显著，意味着女性家庭地位的中介效应显著，检验结束。需要指出的是，在实际分析中，上述三个方程还需要放入控制变量。

2. 变量设置

（1）生育意愿。对于生育意愿通常有两种表示方法，一种是用理想子女数表示，另一种是用现有状况下是否有再生一个子女的打算表示。前者是一种理想状态，较偏离实际生育行为；后者则是一种生育计划，接近真实生育行为，因而本研究采用后一种方法考察生育意愿。由于调查对象都是已婚且已育一孩的妇女，因此我们考察的是二孩生育意愿。选项有“打算生二孩”、“不打算生二孩”以及“没想好是否生二孩”三项，为保证结果有较强的可比性，我们将“不打算生二孩”和“没想好是否生二孩”合并为参照组，设置为0，将“打算生二孩”设置为1。

（2）女性职业发展。职业声望是对个人的综合性价值评价，体现了该职业可掌控的经济、社会和文化资本的综合，高声望职业需要一定的积累才能达到，因此本文用职业声望来表征女性的职业发展。李春玲根据我国国情测算了中国职业声望表，考虑到部分职业的职业声望差异较小，我们将调查对象的职业声望由低到高归为六个层级，1=在家料理家务；2=务农、个体养殖户；3=生产工人、商业、服务员从业人员；4=个体工商户；5=企业技术人员、中层管理人员；6=企业主、公务员、村干部。

（3）女性家庭地位。衡量女性家庭地位有“经常性管理权重说”、“重大家庭事务决定说”、“受访者客观认同说”、“多元指标综合说”以及“家庭实权测量说”等多种测量理论，其中“日常经济支配权”、“重大事务决定权”是反映女性家庭地位的重要维度。前者反映了女性对家庭日常事务的决策权，通常在家中管钱的人在家庭日常消费中具有较高的支配权，因此我们用“家庭中谁管钱”来表征该变量。后者反映了女性对家庭重大事务的决策权，给子女尤其是第一个子女取名（非小名指学名）是家中的一件大事，通常能够把第一个子女的名定下来的人是家中威望高的人，因此我们用“子女名字谁取的”来表征该变量。在指标设置上，我们借鉴吴晓瑜、李力行的方法，在“家庭中谁管钱”这个指标中，男方管钱=-1，夫妻共同管钱=0，女方管钱=1；在“子女名字谁取的”这个指标中，男方取名=-1，夫妻共同取名=0，女方取名=1。我们认为这两个指标具有同等的权重，女性家庭地位为这两个指标数值的和。

（4）控制变量。参考现有文献，方程（1）和方程（3）是育龄妇女生育意愿影响因素模型，控制变量通常包括妇女自身因素、家庭特征因素以及生育政策因素①三个方面。妇女自身因素包括女性年龄、文化程度以及流动经历。家庭特征因素包括一孩性别、一孩年龄、房屋类型以及人均耕地面积，反映了受访家庭的经济状况和抚养压力。生育政策因素即调查时受访家庭生育政策是否符合可生二孩条件。方程（2）是女性家庭地位影响因素模型，控制变量通常包括女性先赋因素、自致因素和外界冲击因素三个方面。先赋因素指基础因素，包括女性年龄、丈夫文化程度、居住类型。自致因素指女性通过个人努力而能够对个人性别观念产生影响的因素，包括女性文化程度和养老保险。外界冲击因素指能够对人口轨迹产生影响的随机事件，包括一孩性别、女方家庭三代以内的招婿情况。

3. 样本描述

由表9-10可以看到，受访女性的二孩生育意愿仅为35.8%，不到四成。其中，符合二孩生育政策的女性生育意愿为36.1%，不符合二孩生育政策的女性生育意愿为31.1%。将“否”和“没想好”选项合并后，卡方检验P值为0.207，表明不同生育政策类型的女性打算生二孩的意愿并没有显著差异。进一步的，我们发现，符合二孩生育政策的女性占总样本的64.34%，说明全面二孩政策放开前已经有大部分的女性符合二孩生育政策条件，并且二孩生育意愿较低，全面二孩政策放开后可能不会有大幅度的生育反弹。

（二）女性职业发展对生育意愿影响：计量结果

1. 家庭地位中介作用检验

表9-11的回归结果表明，女性职业发展对二孩生育意愿有显著的负向影响，女性家庭地位的上升在其中起到部分中介作用。具体来看：

① 在我们调研时，全面二孩政策尚未放开。

表 9-10 **不同生育政策类型女性的二孩生育意愿**

生育政策类型	是否打算生二孩（%）			样本数（个）
	是	否	没想好	
符合二孩生育政策	36.1	48.5	15.4	592
不符合二孩生育政策	31.1	56.6	12.3	309
合计	35.8	50.2	14	920

表 9-11 **女性家庭地位在生育意愿影响中的中介效应检验**

自变量		第一步 因变量：生育意愿		第二步 因变量：家庭地位		第三步 因变量：生育意愿	
		系数	概率比	系数	概率比	系数	概率比
核心变量	女性职业声望	−0.182***	0.872	0.089**	0.037	−0.171***	0.843
	女性家庭地位					−0.395**	0.674
控制变量	一孩年龄	0.048**	1.049			0.046*	1.047
	人均耕地面积	−0.103***	0.902			−0.101**	0.904
	房屋类型	0.347***	1.415			0.329***	1.390
	政策(不符合二孩政策)	0.051	1.052			0.017	1.017
	年龄	−0.040*	0.961	0.017*	0.009	−0.039*	0.961
	受教育年限	−0.071**	0.932	0.114***	0.025	−0.060*	0.942
	务工经历(没有外出)	0.239	1.270	0.239**	0.106	0.262	1.300
	一孩性别(男孩)	0.305*	1.356	−0.206**	0.094	0.289*	1.366
	丈夫受教育年限			−0.045**	0.023		
	招婿史			0.092	0.106		
	商业养老保险(没有)			0.455***	0.170		
	居住类型(不与父母同住)			0.588***	0.144		
常数项		0.304	1.355	1.130**	0.544	0.187	1.206
Cox & Snell R^2/ R^2		0.050		0.080		0.057	
Nagelkerke R^2/Adj. R^2		0.069		0.071		0.077	
样本量		920					

注：***、**、*分别代表在1%、5%和10%水平下显著，括号内为参照组，下同。

首先，由第一步回归结果可知，女性职业声望对二孩生育意愿的回归系数显著（c_1 =-0.182，P=0.002<0.01），说明职业声望越高的女性打算生二孩的概率越低，同时这表明可以进行下一步的检验。接下来，第二步的回归结果表示，女性职业声望对女性家庭地位的回归系数显著（a =0.089，P=0.016<0.05），说明女性职业声望的上升有利于提升其家庭地位。第三步的回归结果表示，女性家庭地位对二孩生育意愿的回归系数显著（b=-0.395，P=0.018<0.05），说明家庭地位越高的女性打算生二孩的概率越低。这意味着女性职业声望对二孩生育意愿的影响至少有一部分是通过女性家庭这一中介变量来实现的。最后，第三步的回归结果还表明在考虑女性家庭地位的情况下，女性职业声望对二孩生育意愿的回归系数依然显著（c_2 =-0.171，P=0.004<0.01），确认了女性家庭地位上升在女性职业发展对二孩生育意愿影响中的部分中介作用。至此检验结束，不需要进行 *Sobel* 检验，三个假设也得了验证。

2. 模型稳健性和内生性处理

有部分受访者对二孩生育意愿的回答是“没想好是否生二孩”，通常的做法是将其与不打算生二孩的归为一类作为参照组，为使回归结果更精确，我们剔除这部分受访者做稳健性检验。表 9-12 的回归结果表明，核心变量和控制变量的系数和显著性水平与表 9-11 的回归结果基本一致，说明表 9-11 的估计结果是稳健性的。

模型的内生性来源主要有三个：一是测量误差，这在当前的计量经济学中是普遍存在又难以处理的问题。二是遗漏变量，我们通过综述文献，尽量放入更全面的控制变量。三是联系性，即自变量与因变量互为因果。在上述分析中，女性职业发展与二孩生育意愿可能有相互影响，因此我们使用“受访者思维敏捷度”作为工具变量对表 9-11 的第一步和第三步进行估计。受访者思维敏捷度是一个数值为 1 到 5 的连续变量，数值越大，思维敏捷度越高，使用该变量作为工具变量是因为：第一，受访者思维敏捷度由调查员评估，反映的是受访者对问卷的理解能力。思维敏捷度更多的来自父母的遗传，先天形成，与二孩生育意愿没有直接关系，可以认为是一个较合适的外生变量。第二，思维敏捷度越高的人越容易在职业发展上取得较高成就。在具体估计过程中，由于二孩生育意愿是两分类变量，不能直接使用两阶段最小二乘法进行回归，只能借鉴其步骤进行估计。第一阶段，以女性职业声望为因变量，受访者思维敏捷度为自变量，得到女性职业声望的预测值，在 1%的水平下回归系数为正值，表明工具变量有效。第二阶段，以预测值代替女性职业声望对中介效应检验的第一步和第三步进行估计。表 9-13 的回归结果表明，在考虑内生性后，女性职业声望对二孩生育意愿仍然有显著的负向影响，进一步说明了表

9-11 估计结果的稳健性。

表 9-12 **女性家庭地位的中介效应检验（不含没想好样本）**

	自变量	第一步 因变量：生育意愿		第二步 因变量：家庭地位		第三步 因变量：生育意愿	
		系数	概率比	系数	概率比	系数	概率比
核心	女性职业声望	−0.158***	0.854	0.096**	0.041	−0.147**	0.863
变量	女性家庭地位					−0.354**	0.702
	一孩年龄	0.046*	1.047			0.044*	1.045
	人均耕地面积	−0.111***	0.895			−0.109***	0.897
	房屋类型	0.332***	1.393			0.314***	1.369
	政策（不符合二孩政策）	0.034	1.035			0.058	1.059
	年龄	−0.063**	0.939	0.014	0.10	−0.063**	0.939
控制	受教育年限	−0.057*	0.944	0.124***	0.027	−0.047*	0.954
变量	务工经历（没有外出）	0.295*	1.343	0.171	0.114	0.309*	1.362
	一孩性别（男孩）	0.432**	1.540	−0.241**	0.102	0.413**	1.511
	丈夫受教育年限			−0.052**	0.025		
	招婿史			0.087	0.450		
	商业养老保险（没有）			0.419**	0.188		
	居住（不与父母同住）			0.593***	0.156		
常数项		0.972	2.642	1.316**	0.594	0.882	2.416
Cox & Snell R^2		0.058		0.084		0.063	
Nagelkerke R^2		0.078		0.073		0.084	
样本量					739		

本节根据持续低生育地区宜昌市的调研数据，分析了女性职业发展、家庭地位与二孩生育意愿的关系。我们发现，即使在全面二孩政策放开前，政策已经不是约束女性生育意愿的主要原因。女性职业发展降低了二孩生育意愿，女性家庭地位的上升在其中起到了部分中介作用。原因在于女性职业发展是推动女性家庭地位上升的主要因素，女性职业发展越好，家庭地位越高。而在父权制的传统下，女性通常在家庭中处于依附地位，女性家庭地位的上升使女性可以实现自己的低生育数量偏好，减少非理性生育。

表 9-13　　女性职业发展对二孩生育意愿的影响：工具变量法

自变量		第一步 IV 估计 因变量：生育意愿		第三步 IV 估计 因变量：生育意愿	
		系数	概率比	系数	概率比
核心变量	女性职业声望的预测值	−0.725**	0.484	−0.707**	0.493
	女性家庭地位			−0.397**	0.672
控制变量	一孩年龄	0.51**	1.052	0.050**	1.051
	人均耕地面积	−0.113***	0.893	−0.111***	0.895
	房屋类型	0.313***	1.367	0.296**	1.345
	政策（不符合二孩政策）	0.072	1.075	0.036	1.036
	年龄	−0.046*	0.955	−0.046*	0.955
	受教育年限	−0.087**	0.916	−0.076**	0.927
	务工经历（没有外出）	0.255	1.291	0.279	1.322
	一孩性别（男孩）	0.287*	1.333	0.273*	1.314
常数项		2.260**	9.583	2.118*	8.315
Cox & Snell R^2		0.050		0.056	
Nagelkerke R^2		0.068		0.077	
样本量			920		

可见，第二次人口转变的影响效应已经在中国大地蔓延开来。由于社会经济发展程度差异和传统文化的影响，中国实现第二次人口转变的程度和形式都不会类同于欧洲。推动中国社会第二次人口转变的核心因素是现代化带来的人们思想观念的变化，从家庭中心走向个人中心，尤其是女性个人意识和女权意识的上升。女性希望摆脱对家庭，尤其是对丈夫的依附关系，强调男女关系平等，和男性一样去追求个人独立的生命历程。为了达到这一目的，女性会选择推迟婚姻时间，以延长个人知识积累和能力增长的时间。女性的职业发展和社会地位提高对生育水平产生双重效应：收入效应和挤出效应。收入效应提升了家庭的经济水平，但是子女养育成本也会随之升高，不能显著提高人们的多孩生育意愿。挤出效应是指女性的职业发展会提升其社会地位，同时减少她们在家庭劳务分工中的分配时间，会显著降低女性的多孩生育意愿。另外，家庭地位越高的女性，议价能力越强，减少了非意愿生育的可能。

全面二孩政策出台的本意是鼓励育龄妇女生育二孩，但随着社会的发展，会有更多的女性参加工作并晋升到更高层级的岗位，在没有外力改变的情况下生育率只会进一步低迷。因此为避免这种持续的低生育风险，二孩政策放开后，还应该立即出台相应的女性职业和家庭友好型的配套措施进行生育支持。这包括：（1）为女性职业发展提供权益保障，严惩性别歧视，消除女性因生育耽误职业晋升甚至被迫离职的顾虑。（2）政府应建立分担机制，承担部分生育成本。一方面进一步完善女性生育保险制度、扩大生育保险覆盖范围和延长享受时间，减轻企业因女性员工生育带来的营收和利润下滑。另一方面政府应该对托儿所和幼儿园给予补贴，减轻女性照顾幼儿的负担。（3）构建家庭支持政策，明确丈夫的育儿假，平衡夫妻双方的育儿责任。

第四节　学习演化与生育率降低的社会学机制

针对 Lutz 所谓的低生育率陷阱自我强化机制已有许多批判性探讨。笔者并不认同 Lutz 所提出的低生育率自我强化的人口学机制，所谓“人口负增长惯性”，人口队列萎缩只能说明低生育率国家未来生育数量难以增加，不能说明未来生育率难以提高，但生育率下降惯性与生育率稳定惯性仍可被视为一种人口学机制，笔者认为关于低生育率陷阱的自我强化机制与出生队列规模的下降则应更多从社会学与经济学角度解释方显得更为合理。

利用低生育率典型地区宜昌市的调查数据，我们检验了低生育率自我强化的社会学机制，进而检验并尝试重新阐释了低生育率陷阱假说。数据结果表明，社会学机制的自我强化效果是存在的，保证其作用发挥的理想家庭规模是通过纵横两个方向的社会化过程习得的。纵向社会化的学习来源是育龄人群的父母的子女数量，横向社会化的学习来源是育龄人群的同辈人的常见子女数量和其所处的计生政策环境。社会化过程具有退行性特征，使得育龄人群的理想家庭规模更倾向于较小的值，并在社会学机制的作用下，使其最终生育数量更倾向于小于其父辈。由此，低生育率实现了代际传递，进而实现了自我加强。但是，这并不表示这种自我强化机制是不可改变的。

一、低生育自我强化社会学机制

低生育率陷阱假说是当今西方人口学界最具学术影响力的理论之一，它的提出主要是用来解释低生育率国家的生育率持续降低并且较长时间维持低水平而难以回升的原因。

Lutz 等人借用 McDonald 的观点，将总和生育率 1.5 这一水平作为界线，并进而认为，当一个国家的总和生育率低于 1.5 这一水平时，低生育率将会通过特定机制自我强化，从而维持自身低水平并使其进一步降低，很难再回升，仿佛进入了一个不愉快而又难以摆脱的陷阱。低生育率的自我强化机制共有三个部分，分别是人口学机制、社会学机制和经济学机制。三个自我强化机制可以分为两类，人口学机制是一种宏观机制，用来解释人口总量的减少，社会学机制和经济学机制都是微观机制，用来解释一代又一代的人们为什么倾向于更少生孩子。

人口学机制的实质内容就是人口运行的惯性特征。低生育率将导致出生队列规模的缩小，这在未来将转化为进入生育年龄的妇女的数量的缩小，也就是未来的母亲将会越来越少，从而使得出生人口数量不断下降。在这一恶性循环过程中，出生人口数量逐代减少，构成低生育率的宏观自我强化机制。

经济学机制以伊斯特林的相对收入理论为基础假设，认为家庭的预期消费与预期收入之间的差距将会导致更低的生育偏好。一方面，发达的信息传播使年轻人受到更多的消费刺激，而且，由于其父辈的低生育率，其更可能在相对富裕的家庭中成长，由此形成了年轻人更高的消费预期；另一方面，由低生育率造成的快速老龄化将在经济发展中产生一系列不利于经济发展的影响，从而使得年轻人对于未来的经济形势持更加悲观的态度，两者之间的更大反差将迫使年轻人在生育问题上表现得更为谨慎。这将从两个方面对生育产生影响，一是减少生育的数量，即影响队列生育率，二是推迟生育年龄，即通过进度效应降低时期总和生育率；其中，后者的影响更为广泛。

社会学机制的核心概念是“个人理想家庭规模”，正是通过这个变量，生育偏好，或者说理想生育率得以与实际生育率发生互动。年轻人群对于理想家庭规模的认识，来自其自身所经历的家庭规模环境，这一环境由其父母的家庭或者其他对其有影响的人的家庭构成，这种环境的影响作用通过年轻人群的社会化和代际学习过程来实现。在个人理想家庭规模的形成过程中，如果亲代家庭的子女数量出现了下降，那么子代的理想家庭规模也将出现下降并落实于子代的生育行为之中，这种下降还将以相同方式传递给更年轻的一代，从而使得个人理想家庭规模逐代缩减。

低生育率陷阱假说一经提出，即受到广泛的关注，我国的人口学者对其多有援引，并利用这一假说来考察我国的人口形势。与此同时，低生育率陷阱假说也受到了尖锐的质疑，“不仅低生育率陷阱的关键值的确定有很大的主观随意性，就是构成低生育率自我强化机制的3个组成部分，也是值得商榷的”①。

在石人炳的分析中，低生育率陷阱假说的三个自我强化机制均存在逻辑问题。人口学机制，其作用发挥于出生队列的规模，但排除了年龄结构影响的总和生育率的高低并不受到队列规模的影响，换言之，“低生育率国家未来生育数量难以增加，不能说明未来生育率难以提高”。社会学机制的问题在于“不能解释西方低生育率国家为什么在1980年代后生育率出现持续下降”，因为子代理想家庭规模受到亲代实际家庭规模的影响，其更符合逻辑的结果应该是特定的家庭规模得到代际延续，而不是进一步缩小。经济学机制的问题在于不能与伊斯特林相对收入理论的第二部分相融合，更何况伊斯特林的假说本身也承受着相当大的争议。因此，“低生育率陷阱究竟是事实还是神话，还需要理论上的进一步论证和今后人口发展实践的检验”。

比理论挑战更为直接的是事实的挑战。多数低生育率或极低生育率的国家，生育率在2000年以来出现稳步回升现象，并表现出很强的国家或地区异质性②。这种回升现象“不仅发生在生育率极低的国家，也发生在生育水平较高的国家；既发生在欧洲，也发生在亚洲；生育率回升时的基点、回升的幅度及最终达到的水平各不相同”。低生育陷阱的自我加强机制无法解释这种普遍回升现象的出现。

学者们既有的分析——无论是支持还是批评——告诉我们，低生育率陷阱假说需要进一步的分析检验。从理论援引的角度，则特别需要使用我国的数据对其进行检验，惟其如此，才能说明该假说对我国情况的适用性以及解释我国情况时的可靠性。

二、社会学机制的检验与再阐述

我们将要进行的检验，以低生育率陷阱假说为标靶，但并不是对假说的整体进行检验，而是具体地对其中的自我强化机制进行检验。这样做的原因有二：一方面，我国当前的总和生育率维持在一个较低的水平，但对于我国的生育水平是否已经低于低生育率陷阱的界线水平的检验，实际上就回到了对我国总和生育率水平的讨论，而这不是本研究的讨论的初衷和重点；另一方面，我国的生育水平尚未呈现出显著的回升态势，而且有可能仍在继续下降，因此，假说整体即使存在问题，其中的自我强化机制仍然可能适用于我国的情况。

---

① 石人炳．低生育率陷阱：是事实还是神话？[J]．人口研究，2010（3）：107-112.

② 靳永爱．低生育率陷阱：理论、事实与启示[J]．人口研究，2014（1）：3-17.

在开始检验之前，有必要指出，我们认为，低生育率陷阱假说所确定的界线水平需要更进一步的理论论证。总和生育率 1.5 这一水平的确定，来自对西方国家生育水平的经验划分，何以将界线水平确定在 1.5 而不是其他水平，则缺乏理论说明。进一步地，何以只有在生育水平低于 1.5 以后自我强化机制才发挥作用也缺乏合理的解释。如此，我们将绕过界线水平的确定，而直接对自我强化机制进行检验。

自我强化机制的第一部分是人口学机制。对于人口学机制，我们赞成石人炳教授的分析。人口运行的惯性特征是队列意义的，而总和生育率——特别是去进度方法测算的总和生育率——是一个排除了年龄结构因素的值，队列规模的缩小并不能导致总和生育率相同方向的变化。这将使得人口学机制不具备检验的必要性。

（一）社会学机制的自我强化效果是存在的

社会学机制认为，年轻人群的理想家庭规模将在社会化和社会学习的过程中，受到其父辈的实际家庭规模的影响，并且会将家庭规模的缩减逐代传递下去。如果这一机制确实存在，那么，可以预期，在已经出现过家庭规模缩减的情况下，子代的理想家庭规模将小于亲代的实际家庭规模。由于假说讨论中，都是将家庭结构默认为核心家庭，因此，家庭规模的变化将主要来自子女数量的变化。换言之，要检验社会学机制的自我强化效果，只需对子女数量的代际变化加以考察即可。

我们对宜昌调研数据中的三个值进行两组配对，从而对社会学机制进行检验。第一组配对的两个值是受访者父母的兄弟姐妹数量和受访者本人的兄弟姐妹数量，用以说明实际子女数量，进而考证实际家庭规模是否曾经出现缩减。第二组配对的两个值是受访者本人的兄弟姐妹数量和受访者的理想子女数量，用以验证在实际子女数量出现缩减的情况下，子代理想子女数量是否小于亲代的实际子女数量；显然，受访者本人的兄弟姐妹数量就是其父母的实际子女数量。

统计分析结果显示（见表 9-14），受访者本人的兄弟姐妹数量的平均值为 2.43 个，其父亲、母亲的兄弟姐妹数量的平均值分别为 4.56 个和 4.84 个，且受访者本人的兄弟姐妹数量的平均值显著低于其父亲或母亲的兄弟姐妹数量的平均值。由此可以首先确认，实际子女数量曾经出现缩减。再对受访者本人的兄弟姐妹数量与受访者的理想子女数量进行配对统计分析，结果显示，受访者理想子女数量的平均值为 1.8 个，显著低于受访者本人兄弟姐妹数量的平均值。换言之，子代的理想家庭规模确实小于亲代的实际家庭规模。统计分析的结果印证了检验预期，由此，社会学机制的自我强化效果是存在的。

表 9-14　　理想子女数量比较表

本人兄弟姐妹数	父亲兄弟姐妹数	母亲兄弟姐妹数	理想子女数	配对 t
2. 43	4. 56			**
2. 43		4. 84		**
2. 43			1. 80	**

注：配对 t 检验置信区间为 95%。

(二) 横向社会化是社会学机制的重要内容

宜昌调研数据显示，受访者理想子女数量是 1. 8 个孩子，其比重占到全部受访者的 78. 2%。有理由认为，个人子女理想数量的建立是在其社会化和社会学习的过程中逐渐完成的。但是，这种社会学习的来源却并不完全在于其父母或者对其有影响的其他父辈，还可能来源于其社会化过程中的同辈人和一般社会氛围。换言之，我们可以将个体的社会化和社会学习过程分为两类，一类过程的来源是该个体的父辈，可以称之为纵向社会化；另一类过程的来源则是该个体的同辈和所处的社会环境，可以称之为横向社会化。

正如纵向社会化的具体来源不局限于父母一样，横向社会化的具体来源首先是个体周围可以直接接触的同辈，但又不局限于此，还可以包括能够以其他方式接触到的所有同辈以及由此形成的社会氛围。在今天，年轻一代所接触到的信息是其前辈所难以想象的，这得益于两个重要的变化，第一是空前规模的人口流动，第二是信息技术的迅猛发展和充分个体化。流动，使得年轻人更容易了解并接受本国更发达地区的生活观念和生活模式；互联网平台则使得特定生活观念和生活模式得到更为广泛的传播。而这些都将毫无疑问地影响年轻人对自己生活的定位与设计，其中，也包括对于理想子女数量的设计。

作为横向社会化来源之一的同辈人影响，其影响是显著的，但是作用的发挥是柔性的。与之相对照，作为横向社会化另一来源的计划生育政策，其影响作用的发挥则具有相当的刚性。两者的关键区别就在于影响作用的发挥是否具有强制性。进一步地，同辈人的柔性影响是在任何国家和地区都存在的，而计生政策所产生的刚性影响则是我国育龄人群横向社会化的一项独特因素。

基于上述分析，我们做出如下分析设计。首先，本研究的因变量是受访者现有的子女数量。对于这一做法，需要做出两点说明。第一，为什么选取实际的而不是理想的子女数量作为因变量？理由是，计划生育政策作为一种制度安排，其作用发挥只能在于人们的行为，而不在于人们的思想。的确不乏政策允许生育一个孩子而理想是两个甚至更多孩子的人群，但当我们讨论低生育率的自我加强时，我们讨论的实质内容还是人们的实际生育行为。因此，选取实际子女数量是恰当的。第二，我们对受访者现有子女数量进行二元化处理：现有子女数量为 1 个及以下的，视为“未生育第二孩”；现有子女数量为 2 个及以上的，视为“已生育第二孩”。其次，作为核心自变量，我们选取两个指标来表征横向社会化。用于反映同辈人之间影响的是“亲友中要二孩的多吗?”，该问题的选项处理为“多”、“一般”和“少”三项。用于反映计生政策影响的是“政策允许生育数量”，就宜昌市的实际情况而言，分为“允许生育一孩”和“允许生育两孩”两种情况。再次，我们选取“本人的兄弟姐妹数量”作为第三自变量，从纵向社会化的角度，“本人的兄弟姐妹数量”也就是“父母的子女数量”，是纵向社会化的学习来源。又次，我们将选取若干经常被用于解释生育意愿和生育行为的指标作为控制变量，以保证分析结果的稳定性。

基于以上分析设计，我们分别建立了三组二元 logistic 模型，具体分析结果如下（见表 9-15）。

在模型 1 中，我们仅引入了两个核心自变量。分析结果显示，周围同辈人群的生育行为和计生政策对于受访者“是否生育第二孩”都有显著影响。其中，“亲友中要二孩的多吗?”以“多”为参照类，其影响是负向的；“政策允许生育数量”以“允许生育一孩”为参照类，其影响是正向的。两者均符合预期。

在模型 2 中，进一步引入了“本人的兄弟姐妹数量”这一变量，也就是加入了纵向社会化的影响。分析结果显示，该变量对于因变量具有显著的影响，其作用方向为负。这一结果与纵向社会化的预期不一致。

在模型 3 中，又引入了受访者“年龄段”、“受教育程度”、“务工经历”、“有无养老保险”和“家庭相对经济地位”等变量。分析结果显示，横向社会化的两个自变量继续保持显著影响，而受访者兄弟姐妹数量的影响则不再显著。受访者年龄段中，相对于“24 岁及以下”组，“25 岁到 29 岁”组和“30 岁到 34 岁”组都是显著的，且系数为正数；进入生育高峰年龄段的育龄人群的再生育意愿显著高于更年轻的人群。受访者受教育程度中，相对于“大专及以上”组，“初中”组和“小学”组都是显著的，且系数为正数；这一结果符合受教育程度越高，其再生育意愿越低的一般认识。“务工经历”、“有无养老保险”和“家庭相对经济地位”三个变量的影响则都不显著。

表 9-15 **再生育意愿的二元 logistic 模型**

变量名	模型 1	模型 2	模型 3
亲友中要二孩的多吗？（以多为参照）			
一般	-0.665**	-0.635**	-0.606**
少	-0.051	-0.074	-0.163
政策允许生育数量（以允许生育一孩为参照）			
允许生育二孩	0.824**	0.919**	0.935**
本人的兄弟姐妹数量		-0.209**	-0.026
年龄段（以 24 岁及以下为参照）			
25 岁到 29 岁			1.486**
30 岁到 34 岁			0.96**
35 岁到 39 岁			0.241
40 岁及以上			-0.125
受教育程度（以大专及以上为参照）			
高中及中专			0.935
初中			1.302
小学			0.626
务工经历（以正在从事非农工作为参照）			
有务工经历但已返回			-0.095
从未外出务工			-0.265
有无养老保险（以有为参照）			
无			0.099
家庭相对经济地位（以较高为参照）			
一般			-0.453
较低			-0.512
Constant	1.623**	2.112**	1.069

注：**为在 5%水平上显著。

上述计量分析结果证实，横向社会化的影响效果是存在且显著的。进一步地，横向社会化所反映的，是包括理想家庭规模在内的生活模式选择的代际差异。而其背后的根本推动力量，是经济社会发展与特定政策对于个人和个体家庭的影响作用。值得说明的是，我们强调横向社会化是社会学机制的重要内容，是将其作为纵向社会化的重要补充，而并不是放弃了纵向社会化。

（三）社会学机制呈现出退行性特征

社会学机制实质上是给出了一个理想家庭规模的形成路径，这个路径就是个体社会化和社会学习的过程。其中的一个隐含意义是，理想家庭规模一旦形成，就成为个体人或者个体家庭努力加以实现的目标，具有客观存在的逻辑含义。现在我们知道，个体社会化有着纵横两条路径，也就是说，人们努力实现的家庭规模目标有着两个来源，第一个来源是纵向来源，也就是父辈的实际家庭规模，相对于要努力实现的家庭规模而言，可以将其具体体现为个体的理想家庭规模，进而体现为受访者的理想子女数量；第二个来源是横向来源，也就是所处的经济社会和政策背景，相对于要努力实现的家庭规模而言，可以将其具体体现为个体家庭的政策允许生育数量。

调研数据的分析结果显示（见表9-16），受访者实际拥有的子女数量的平均值为1.13个，而受访者理想子女数量的平均值为1.80个，前者显著小于后者。这说明，受访者已经实现的家庭规模要小于其从纵向社会化过程中建立的理想家庭规模。此外，受访者实际拥有的子女数量的均值也显著小于政策允许的生育数量均值1.65个，这说明，受访者已经实现的家庭规模也要小于其从横向社会化过程中建立的理想家庭规模。更进一步地，在政策允许其生育第二个子女的受访者中，有48%的人明确表示不会生育第二孩；另有14.8%的人表示“没想好”。这些分析比较结果表明，社会学机制在将理想家庭规模转化为实际家庭规模时，呈现出一种退行性特征。

表9-16　　**子女数量比较结果**

现有子女数量	理想子女数量	政策允许生育数量	配对t
1.13	1.80		**
1.13		1.65	**

注：配对t检验置信区间为95%。

我们所说的退行性，是指这样一种特征：人们在将社会学机制中的理想家庭规模转化为实际家庭规模的过程中，其所取得的效果总是以理想家庭规模为上限并小于它，而且这一效果将小于两类社会化过程所分别确立的理想家庭规模中更小的那一个。正如前段数据所示，受访者实际拥有子女数量的平均值1.13个显著小于平均理想子女数1.80个，也小于政策允许生育数量的平均值1.65个。即使我们假定，政策允许且有意愿生育第二孩的受访者都能够完成再生育，其实际生育子女数量的平均值为1.25个，仍然显著小于1.65个的政策平均值。甚至，我们假定，“没想好”的受访者将来也都生育第二孩，其实际子女数量均值为1.35个，也还是显著低于1.65个的政策平均值。

由于退行性特征的存在，我们将能够为社会学机制为什么是低生育率自我强化机制，而不是维持特定家庭规模的代际传递机制提供一种解释。我们不妨认为，纵向社会化为年轻一代设定了一个与其父辈实际家庭规模相等的理想家庭规模，但在这种理想家庭规模向年轻人的实际家庭规模转化时，一方面可能是由于横向社会化提供的理想规模更小，另一方面，由于退行性特征的存在，实现规模小于理想规模，从而最终导致子代家庭的实际规模小于亲代家庭的实际规模。这一过程的不同代际重复，形成了低生育率的自我强化效果。简而言之，社会学机制为理想家庭规模提供了一个下行变化的起点。

（四）退行性特征的形成

社会学机制的退行性是一种现象特征，那么，这种退行性特征又是如何形成的呢？换言之，相对于受访者实际拥有的子女数量，无论是理想的子女数量还是政策允许的子女数量，都还存在一定的再生育的空间，在这样的情况下，我们需要追问，为什么会留下这样的空间呢？换言之，育龄人群为什么选择不再生育下一个孩子了呢？

在本次调研中，我们追问了不想生育第二孩或没有想好是否生育第二孩受访人其不想再生育的理由，其中设计了12个涵盖各个方面因素的选项，允许多选。数据分析的结果显示，被选比例超过10%的选项有6项，依次是：“孩子的教育成本太高”，被选比例为59.4%；“子女婚嫁成本太高”，被选比例为28.7%；“没有精力带孩子”，被选比例为17.4%；“有1个孩子就够了”，被选比例为13.4%；“再生一个孩子会降低自己的生活品质”，被选比例为13.2%；“希望好好培养1个孩子”，被选比例为11.9%。

显而易见，上述6个理由，除“再生一个孩子会降低自己的生活品质”外，都是围绕孩子的。随着经济社会条件的快速发展，人们的生活水平不断提高，育龄家庭关于其子女的消费预期也日渐升高。在我国的婚姻家庭传统仍有很强的影响、父母对于子女的成长和发展仍有较多义务的条件下，育龄家庭将面对较大的经济压力。在家庭经济能力与子女消费预期之间的矛盾日趋激化的条件下，通过节制生育来加以规避，成为育龄人群的一项理性选择。概而言之，围绕子女当前及未来消费的担忧严重阻碍了育龄妇女的再生育意愿和将政策空间落实为生育行为。

无论是围绕子女还是围绕自身生活品质，悲观预期的存在告诉我们，低生育率陷阱假说经济学机制发挥作用的基本条件已经具备了。正是这种悲观预期，或者说消费和收入存在巨大反差的预期的存在，使得育龄人群减少生育。

需要指出的是，我们的分析中经济学因素的作用发挥机制与原假说不同，关键在于作用发挥的起点不同。在原假说中，经济学机制是作为一种独立的自我强化机制而存在的。其作用的发挥有两条途径，其一是悲观预期将迫使人们推迟生育，然而这条途径的问题是，生育行为并不会被无限期推迟，更何况，时期生育率的改变在去进度效应之后将会被消除。其二是悲观预期将迫使人们减少生育，然而这就回到了人口学机制难以奏效的原因上，生育总量的减低并不必然造成总和生育率的减低。而我们的分析规避了后一种情况的理论尴尬。我们认为，经济学因素作用的发挥，是建立在退行性特征之下的，解释的是，相对于其理想子女数量，为什么每一个育龄妇女会减少其实际生育的子女数量。

三、自我强化的社会化学习机制

利用低生育率典型地区宜昌的调查数据，通过对社会学机制的检验，我们检验并尝试重新阐释了低生育率陷阱假说。检验和重新阐释的立足点都不在于整个假说，而在于考察，即是否存在一种低生育率自我强化的社会学机制。

我们认为低生育率自我强化的社会学机制是存在的，具体而言是一种生育学习效应。保证其作用发挥的理想家庭规模是通过纵、横两个方向的社会化过程习得的。纵向社会化的学习来源是育龄人群的父母的子女数量，横向社会化的学习来源是育龄人群的同辈人的常见子女数量和其所处的计生政策环境。社会化过程具有退行性特征，使得育龄人群的理想家庭规模更倾向于较小的值，并在社会机制的作用下，使其最终生育数量有极大的可能小于其父辈。正是通过这样的机制，低生育率实现了代际传递，进而实现了自我加强。

低生育率可以通过社会学机制实现自我强化。但是，这并不意味着这种自我强化机制是不可改变的。首先，可以改变横向社会化的政策引导基数，也就是政策允许生育的子女数量。社会化所得的理想子女数量是退行的起点，当这个起点被升高，相同的退行性效应将产生高于原来的实际结果，从而提高每个育龄妇女的生育数量。其次，可以通过实施特定的鼓励生育政策来减小退行程度。实际子女数量与理想子女数量、政策允许数量之间的差距在很大程度上是取决于预期消费——特别是围绕子女的预期消费——与预期收入之间的反差的，如果特定的政策措施能够向育龄人群提供一定的收益引导，进而给予其一个缩小反差的可靠预期，则将有机会缩小退行性特征的实际程度。再次，退行性特征的存在，归根结蒂是预期经济条件和实际经济条件共同作用的结果，如果社会经济得到良好的发展，特别是能够施惠于育龄人群及其家庭，则有可能在根本上消除甚至扭转退行性特征，那么，低生育率的代际传递机制也就在极大程度上被阻断了。

第十章　应对超低生育率的国际比较

人口转变是一个全球化的过程。随着经济发展水平的提高，世界各国相继实现了人口再生产类型从“高出生、高死亡、低增长”到“低出生、低死亡、低增长”的转变。由于每个国家的人口特征不同，经济发展水平存在很大差别，因此各个国家实现人口转变的时间和方式并不一致。一些国家早在20世纪初就已完成了这一转变，也有一些国家在20世纪才开始实现人口转变。

经过几十年的努力，中国人口也完成了这一历史性的转变。我国的出生率从1950年的32%下降到2010年的11.9%；死亡率由1950年的18%下降到2010年的7.1%①。伴随着人口转变而来的是家庭的变迁，家庭的规模、结构和功能等都发生了巨大改变，对整个社会的发展产生了重大的影响。人口转变与家庭变迁引起了社会各界的广泛关注。本章主要通过人口转变后家庭变迁的国际比较，以总结经验和认识规律，从而为解决我国人口转变后家庭变迁中存在的问题提供借鉴。

第一节　不同国家人口转变过程的差异

人口转变描述的是人口再生产类型从传统模式向现代模式转变过渡的演变趋势。全球的人口转变大概开始于1800年，是以西方发达国家为代表，尤其是率先开始工业化革命的西欧国家。早期进行人口转变的过程一般都比较缓慢和漫长，耗时在100年左右，更多的是一种在社会经济发展推动下的“自然”转变；后期开始人口转变的国家，这一过程被大大缩短，有的用了50年，比如日本，或者30年，以中国为代表。

① 我国出生率数据来源于中国统计年鉴2011。

为了探究不同国家人口转变后家庭变迁的特征，我们首先对不同国家的人口转变过程进行一个简单的梳理和比较。

一、西方发达国家的人口转变过程

以欧美等西方发达国家为代表的是自发的人口转变模式，即人口转变的实现并不是在社会干预下形成的，而是随着人民生活水平和生产力水平的提高，人们自发地节制生育而实现的。19 世纪末的欧洲，随着生产力的发展，国家医疗水平和人民生活水平的提高，人们的健康状况得到改善，死亡率首先出现了下降。随后，在老年人晚年生活社会保障程度的提高、孩子生育抚养成本的上升、妇女就业率的提高及消费愿望的上升等一系列综合效应下，人们的生育观也发生了改变。生育意愿和生育行为又受到生育观的影响而发生了改变，由早婚多育转向为晚婚少育，最终全社会生育水平出现了自发的大幅度下降①。

分地区来看，率先完成工业化的西欧国家人口转变过程相对较早。在 1900 年，西欧国家妇女平均出生子女数为 3. 9 个，到 1930 年下降到 2. 5 个左右。随后 30 年西欧国家的生育率出现反弹，尤其是在第二次世界大战后出现的补偿式生育高峰，生育率在 1950 年上升到 2. 9 个。之后依然进入下降轨迹，在 1970 年下降到人口更替水平，随后持续下降到 1980 年的 1. 7 个，到 2000 年一直保持在 1. 7 个左右。

以美国、加拿大和澳大利亚为代表的西方分支国家的人口转变过程类似西欧国家，只是转变的幅度较为缓和。西方分支国家在 1900 年妇女平均生育子女数为 3. 6 个，稍低于同时期的西欧国家（3. 9 个）。在 1930 年时，西方分支国家和西欧国家生育水平基本相同，妇女平均生育子女数都为 2. 5 个。但是第二次世界大战后带来的补偿式生育对于这些国家的生育率影响更为明显，到 1950 年妇女平均生育子女数达到 3. 5 个。但是随着社会经济的进一步发展，西方分支国家生育率也开始下降，在 1980 年越过人口更替水平，达到 1. 9 个左右。

① 从 1865—1910 年，英格兰和威尔士、法国、德国、瑞典的人口出生率分别下降了 29%、26%、21%和 25%，进入 20 世纪，西欧人口增长放缓的趋势仍然持续，西欧 12 国的人口年增长率下降到了 0. 4%。

表 10-1　　**20 世纪世界不同地区人口转变，1900—2000 年**

Year	西欧国家(WE)	东欧国家(EE)	西方分支国家(Western Offshoots)	拉美国家(LA)	东亚国家(EA)	南亚和东南亚国家(SSEA)	中东和北非国家(MENA)	撒哈拉以南非洲国家(SSA)
1900	3.9	5.1	3.6	5.8	5.2	5.6	5	5.1
1910	3.3	4.3	3.4	5.5	5.5	5.5	5.2	4.8
1920	3	4.3	3	5.7	5.7	5.9	6.1	6.3
1930	2.5	3.2	2.5	5.3	5.6	5.5	5.3	4.3
1940	2.7	3.2	3	5.4	4.9	5.6	5.2	4.5
1950	2.9	3.7	3.5	5.9	4.7	6.4	6.8	6.5
1960	2.9	3.3	3.2	5.7	4.7	6.3	6.8	6.6
1970	2.1	3	2.2	4.6	3.5	5.5	6.4	6.7
1980	1.7	2.6	1.9	3.7	2.5	4.8	5.6	6.3
1990	1.7	2	1.9	3	1.8	4	4.2	5.7
2000	1.7	1.7	1.9	2.5	1.5	3.2	3.1	4.9

数据来源：Life expectancy at birth：Clio-Infra，www. clio-infra. eu；total fertility rates：Gapminder：Children per woman（total fertility），http：//www. gapminder. org.

二、日本的人口转变过程

日本是一种自发与政府控制相结合的人口转变模式，其主要表现为随着社会的发展，人们的生育观念发生转变，已经开始自发地控制生育。政府在此基础上，制定控制人口过快增长的相关政策，从而实现其人口的转变。在 20 世纪二三十年代，自发的节制生育活动在日本民间就已经较为活跃，到 1934 年日本的人口出生率已由 1920 年的 36. 2‰下降到 29. 9‰，随后又降到 26‰~27‰之间。但这一进程被二战打断，加上日本战后经济的崩溃，战后所产生的补偿性生育使得出生率猛增，到 1947 年人口出生率又上升到 34. 3‰，人口问题已成为日本当时严重的社会问题①。为此，日本政府开始推行节制生育的活动，并实行了控制人口增长的政策。这样，

① 吕荣侃. 人口理论概要［M］. 南京：江苏科学技术出版社，1990：169.

群众早期形成的自发性节育要求与政府推行节育的措施结合起来，导致日本的出生率迅速下降，最终在亚洲第一个实现了人口转变。

从生育水平和生育政策来看，作为亚洲国家，日本的人口转变过程相对较早，也是较早实施计划生育政策的国家。二战后，大量出生在中国、韩国、马来西亚等国家的日本人被遣返回国，日本总人口迅速超过1亿，加上战争结束后的补偿性生育高峰，1947年日本妇女平均生育的孩子数为4.54，到1950年为4个。日本政府提出2个小孩的计划生育政策，但初期只是简单的宣传，没有形成确切的法律来执行计划生育法令或者是政策，到了1950年以后，才开始形成了相应的法令要求计划生育，并且大量发放节育和避孕工具。随后十年生育率快速下降，到1960年，日本妇女平均生育子女数为2个。

受人口结构变动的影响，19世纪60年代中期日本生育率有小幅度上升，在1967年达到最大值2.23个，随后一直保持下降趋势。到1966年以后，日本取消了相关降低生育率的法律，甚至开始宣传生育，但是情况依然是急剧恶化，到了1977年，日本开始鼓励生育，但是事情并没有得到任何的好转。1990年为1.57个，2000年为1.36个，到2005年达到历史最低点为1.26个。2003年，日本通过《少子化社会对策基本法》，采取鼓励性生育政策。安倍政府又提出应对人口减少的五年计划，力求创造有利于产子育儿的社会环境，鼓励日本民众增加生育。生育率开始缓慢上升，但依然保持在极低生育水平。2014年日本总和生育率为1.42个。

三、中国的人口转变过程

我国是在政府强力控制下实现的人口转变的典型模式，主要表现在社会生产力在客观上还没有发展到使群众的生育意愿和生育观念自发转变的水平，是国家制定各种措施、政策，来强制性控制人口增长，实施生育行为的干预，从而促成人口转变。中国人口转变的过程表现为：首先由新中国成立前的高出生、高死亡、低增长，转变为新中国成立后的高出生、低死亡、高增长。到了20世纪70年代，随着中国计划生育人口政策的有效实行，加上经济社会的发展引起的人们生育观念的转变，中国的人口转变进而再向低出生、低死亡、低增长发展。

在短短30年间，中国实现了欧洲国家经历100多年的人口转变过程。妇女平均生育子女数量从1965年的6.16个下降到1980年的2.71个，在1992年下降到更替水平左右，随后继续下降到2000年的1.51个。

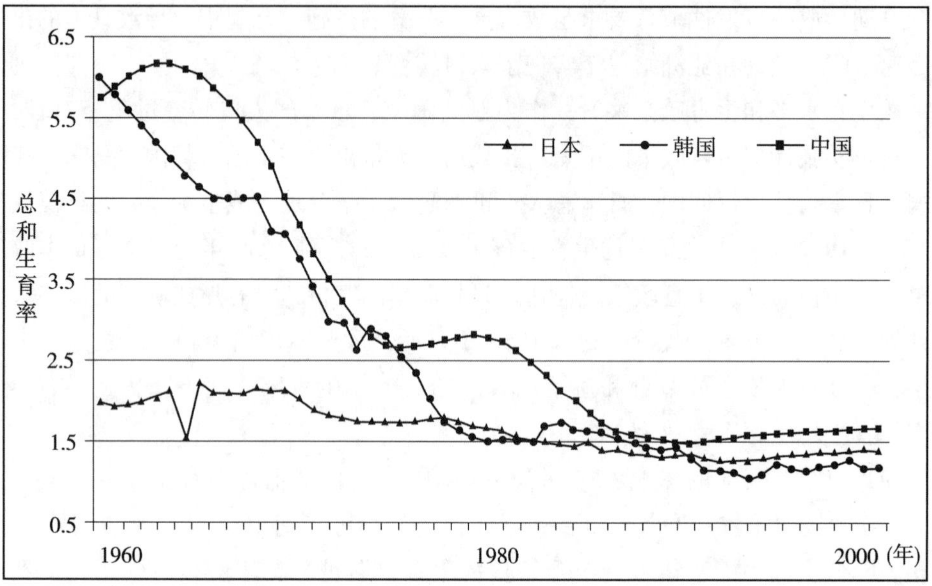

图 10-1　中国、日本、韩国人口转变过程

数据来源：*OECD*（2016），*Fertility rates*（*indicator*）. *doi*：10. 1787/8272*fb*01-*en*（*Accessed on* 06 *May* 2016）。

第二节　生育率下降后家庭变迁的国际比较

家庭是人类社会最基本的组织单位。与其他社会组织相比，家庭对人类社会生活变化的反应最为敏感，也最为迅速，各种微小的人类活动都会引起家庭组织发生相应的变化。随着人口转变的发生，人口从高生育率、高死亡率转变为低生育率和低死亡率，这种人口数量及增长率的变动必然会引起家庭规模和家庭结构发生变动，家庭成员之间的相互关系也会随之发生明显的变化。也就是说，人口转变必然会带来家庭的变迁。社会学家关于家庭变迁的理论有一点共识，即多成员家庭变为少成员家庭是一种普遍的趋势，家庭结构在人口转变后正逐步走向“核心化”。但在人口转变完成后，不同国家的家庭变迁进程和方式都存在较大差异性，总结起来有以下几种模式。

一、人口转变下的西方发达国家的家庭变迁

20 世纪 30 年代，欧洲人口的出生率和死亡率都降到了一个很低的水平。伴随

着生育率下降是一系列婚姻家庭和生育行为的变迁。美国完成人口转变的时间与欧洲各国大致相同，都是在20世纪30年代。在人口转变之前农业经济占主导地位时那种令人满意、舒适的扩展家庭是美国19世纪初典型的传统家庭模式。到了20世纪30年代，随着人口转变的完成，美国社会的婚姻家庭也发生了巨大的变化，整个转变过程可以概括为：先从功能繁多的田园牧歌式的传统型家庭转变为现代化核心家庭（这种现代化核心家庭的功能已经弱化，主要功能是为家庭成员提供情感依托和促进儿童社会化，再由现代化核心家庭转变为更强调伴侣间亲密关系的后现代化家庭模式）。具体来看，这种家庭变迁主要表现在以下几个方面：

1. 家庭生育功能和教育功能开始弱化

随着生育率的不断下降，甚至越来越多的夫妇选择不要孩子，在西方一些发达国家，家庭的生育功能不断弱化，家庭作为生育单元的重要性也在下降。家庭曾经是儿童社会化的主要机构，而今天家庭的这种教育功能越来越多地被各种社会机构所代替。一些学者甚至认为，与家庭相比，电视和其他大众传媒，还有学校和国家，对孩子的社会化产生着更为重要的影响。

2. 家庭中对称性夫妻关系成为主流，但离婚率也开始上升

在对称型夫妻关系中，婚姻中的角色尽管并不相同，但夫妻双方在维护家庭生活所作的贡献方面是相似的。已经改变了传统的单独强调男主外、女主内的家庭分工。进入20世纪，在多数欧洲国家，婚姻的经济意义下降了，夫妻关系中个人情感的因素上升到首位。从20世纪60年代中期开始，欧洲大多数国家的离婚率一直在上升。自1963年到1973年的十年间，瑞典和荷兰的离婚率增加了一倍，英格兰和威尔士的离婚率增加了两倍。随着离婚率的增加，再婚家庭和单亲家庭的比例也不断增长。到了20世纪90年代，在欧洲家庭中，再婚家庭的比例甚至超过了50%，单亲家庭占家庭总数的比例也在5%左右①。

3. 从以家长绝对权威为基础的亲子关系过渡到民主的亲子关系

传统的欧洲家庭是一种集生产与生活于一体的集体组织。因为密切的家庭关系有利于组织生产，所以他们都非常重视在家长权威支配下的亲子关系。但到了现代工业社会，家庭的生产功能与生活功能逐渐分离。产品已不再是亲属关系团体协作的结果，家庭的维系不再像过去那样依靠家产的多寡，而取决于成员之间关系的质量。在这种新型的家庭关系中，子女也不再被视为物质财产的继承人，而是父母感情凝聚的结晶。

---

① 吕亚军．欧洲层面家庭政策研究［M］．北京：经济科学出版社，2009：139-263.

4. 传统家庭的去制度化的倾向日益明显

在20世纪70年代中期，瑞典和丹麦大约有30%的未婚妇女同男人生活在一起。从1972—1990年，联邦德国婚前同居的人数大约增加了7倍。20世纪下半叶，欧洲各国未婚同居家庭在数量上也几乎都呈上升趋势。在其他欧盟成员国，未婚同居者的人数也逐年增加。随着未婚同居现象的常态化，欧洲社会对同居家庭的接受度也日益提高。除了未婚同居家庭增多之外，随着高效、无副作用避孕药具的开发，丁克家庭也日益成为一些欧洲人的生活选择。个人主义使他们这种生活方式日益正常化，而生育控制手段的普及与合法化则为其实施这种生活方式提供了技术保障。同时，人均寿命的延长加上平均生育年龄的提高，使得生育阶段在妇女的整个生命周期中只占据很小一部分，给妇女提供了更多的时间和精力去追求自我价值。

二、人口转变下的日本家庭变迁

20世纪50年代末，日本完成了人口转变。在走向现代化的过程中，日本的家庭结构和家庭功能发生了重要变化。日本家庭的变化既有与西方发达国家家庭演变一致的方面（家庭小型化、核心化，功能趋于简单化、专一化），同时又保留了传统的民族特色，保留了特有的直系家庭制度，“家”的意识较之其他各国还相当浓厚。日本的家庭变迁特征主要表现在以下几个方面：

1. 扩大家庭与核心家庭并存，单亲家庭异军突起

日本的扩大家庭1955年有635万余户，到1960年略有增加，达到约700万户，此后一直到90年代，其总量维持在这一水平，基本保持不变。在20世纪50年代，日本核心家庭虽然增长迅猛，但并未取代扩大家庭。日本在形成大量核心家庭的同时，仍保存了传统的直系家庭制度。这与西方不同，欧美各国在现代化过程中，在核心家庭增加的同时，扩大家庭在不断地减少。另外，单亲家庭规模不断扩大，增长势头强劲。1955年单亲家庭仅占3.4%，比扩大家庭少33.1个百分点，1970年突破10%，90年代初单亲家庭已反超扩大家庭，成为仅次于核心家庭的第二大类型的家庭形态①。

2. 日本家庭逐渐从生产中心转变为消费中心，日本家庭的生育功能也日益弱化

---

① Yuzawa Yasuhik. *An Illustrated Study of Family Issues in Modern Japan* [M]. Tokyo: Japan Broadeasting Publishing, 1987: 67-72.

日本家庭逐渐由生产中心转变为消费中心，生产职能被大大削弱，消费职能得到增强，并且家庭消费向着高级化、多样化、复杂化方向发展。其中饮食费用在家庭开支总额中所占的比重不断下降。20 世纪 50 年代前，日本恩格尔系数高达 62.5%，之后逐年下降，1992 年降至 23.7%，其平均生活消费水平接近最富裕程度。其次穿衣的地位仅次于吃饭，家庭耐用消费品的拥有量不断增加，旅游也成为一种时尚，50 年代日本国内有 2000 多万人次出去旅游，1989 年则多达 5870 万人次①。

20 世纪初，日本以农业为主，家庭是重要的生产单位，需要更多简单的劳动力。因此，每个家庭拥有较多的孩子是与农业社会的生产方式相适应的。而在工业化的日本，家庭主要作为消费单位存在，子女成为长时期的消费者。在这样的情况下，少量的孩子更加适应工业社会的需要，弱化生育功能成为了家庭适应社会发展的理性选择。1955 年以来日本家庭的生育功能日益削弱，这主要表现在婴儿出生率下降、人口增长减缓和家庭生育力削弱等几个方面。人口出生率由高峰期的 34%，下降到 1990 年的 10%②。

3. 日本的家庭教育发生了改变，但是家庭赡养依然占据重要地位

首先，家庭教育的角色逐渐由父亲转移到了母亲身上。与美国母亲相比较，日本母亲花在孩子身上的时间多得多。父亲成了一种观念性的存在，从而形成现在日本家庭教育中的母爱过剩而父爱缺乏现象。其次，家庭教育的手段也发生了变化，由利用家长权威，采用“灌输式”方法使孩子被动接受教育，转变为建立在亲子互爱基础上的主动接受。最后，家庭子女的素质不断提高。到 20 世纪 60 年代，64.7%的子女接受了中等教育③。

20 世纪 50 年代前，日本社会文化的基础是家族。当时，要求对父母绝对恭顺和孝敬的儒家思想，是日本家庭道德的核心。但随着核心家庭观念的严重冲击，长辈的权力被不断削弱，使得日本家庭赡养老人的功能有所减弱。但是，与欧美国家比较起来，在日本仍然有 72%的老年人与成年子女生活在一起，这一比例大大高于美国和西欧各国的相应数值。因此，日本家庭的赡养功能在家庭功能中仍占据重要地位，家庭赡养仍然是日本家庭的特色。

---

① Yuzawa Yasuhik. *An Illustrated Study of Family Issues in Modern Japan* [M]. Tokyo: Japan Broadeasting Publishing, 1987: 67-72.

② 王伟. 日本人口结构的变化趋势及其对社会的影响 [J]. 日本学刊, 2003 (7): 129.

③ 万峰. 日本资本主义史研究 [M]. 长沙: 湖南人民出版社, 1984: 216.

三、人口转变下的中国家庭变迁

随着计划生育政策的有力实施和经济社会的发展，在20世纪90年代末，我国实现了人口转变，家庭模式也发生了整体性的全面变化。这些变化整体趋势和西方国家的家庭变迁类似，如家庭规模小型化、家庭结构核心化、简单化等。据统计，1964年第二次全国人口普查时，我国家庭户平均人数为4.43人，经过20世纪70年代的计划生育政策，到1990年第四次全国人口普查时，家庭户平均人口下降到3.96人；到了2010年第六次全国人口普查时，平均每个家庭户的人口下降到3.10人，比1964年第二次全国人口普查时减少了1.33人①。从21世纪初开始，“四、二、一”结构的家庭在我国（特别是城市）逐步成为一个较为普遍的现象。中国自古以来都有着自己的传统，中国的家庭模式也有着自己独特的生活方式和价值观，虽然中国社会发展的整体路线遵循着西方国家城市化和工业化的发展之路，但中国的家庭结构变迁依然能够表现出自己独有的变迁路径和现代化家庭模式。

1. 独生子女家庭比重上升，家庭风险增大

中国推行的计划生育政策在城市和部分农村采取的是独生子女政策，这导致中国家庭中，独生子女家庭的比重快速上升。在2000年第五次全国人口普查时，在全国的家庭户中，独生子女家庭户已经达到29.30%。在北京、上海、天津这些大城市中，独生子女家庭所占的比重更高，分别达到53.46%、58.34%和52.98%。独生子女家庭比重的上升，在某种程度上会带来一定的家庭风险。因为独生子女这个人口群的人口损失和伤残，必然会给整个家庭带来巨大的创伤。

2. 亲属网络依然非常活跃

随着人口转变，中国家庭趋向于核心化，核心家庭已成为我国家庭的主体模式，但核心家庭并没有散落成为一个个孤立的分子，而是通过姻缘、血缘、地缘等关系结成了一个个密切的亲属网络。在这个亲属网络中不仅流动着感情，还流动着各种物质的非物质、经济的非经济的资源。核心家庭网络化是当前中国亲属制度最为明显的特征。这种亲属网络是对家庭核心化的重要补充，它可以为核心家庭提供必要的支撑，弥补家庭功能的缺失。在中国5大城市的家庭调查中，发现有63.27%的家庭能提供交往亲戚情况，没有提供任何交往亲戚情况的仅占调查家庭的36.7%②，它反映出亲属网络在中国家庭中依然比较活跃。

---

① 我国家庭户人口数来源于中国统计年鉴及人口普查数据。

② 潘允康. 中国城市婚姻与家庭［M］. 济南：山东人民出版社，1987：163.

3. 单系偏向（丈夫）逐渐转为夫妻双系的主干家庭

随着中国社会的发展，单系偏向的家庭制度正在逐渐被双系并重的新型家庭制度所替代。婚后的实际居处在很大程度上已经是婚姻当事人的一种主动选择，是婚姻当事人根据自身和双方家庭的实际情况做出的一种策略化选择。住男家已不是婚姻当事人对婚后居处的唯一选择。调查数据显示，与丈夫的父母同住的比例都高于与妻子的父母同住的比例，但与妻子父母同住的人数已达到了相当的比例，在主干家庭中有1/3左右是妻系主干家庭。

4. 强制性生育政策下人口老龄化，导致家庭赡养压力骤增

在强制性人口转变和经济转型共同作用下形成的家庭规模的小型化和家庭类型的核心化，将导致中国家庭养老功能和家庭保障功能的弱化，使家庭赡养压力骤增。根据第六次全国人口普查数据，在2010年，全国家庭户中有60岁以上老年人生活的家庭户达到了30.95%。这就是说，在全国所有家庭户中，有30.95%的家庭户需要至少赡养一位60岁以上的老年人，这对我国核心家庭的养老提出了很大挑战。此外，新出现的家庭结构的变化，例如家庭财富逐渐向年轻人转移、代际关注的重心不断下移、可利用土地资源缩小、宗族制度瓦解或丧失等现象，使得老一辈的家庭权利不断衰落。再加上家庭人向社会人转变、家庭小规模式的社会生产方式逐步被社会化大生产所代替等因素都导致了传统养老方式的瓦解。这些都会增加我国家庭的赡养压力。

第三节　国外超低生育率带来的问题及应对策略

一、超低生育率带来的家庭问题

1. 人口老龄化加重了家庭赡养压力

人口转变后死亡率的下降，人们的平均寿命不断提高，不可避免地导致了人口老龄化的产生，老年人对家庭及社会养老资源的需求量就会增加。人口老龄化现象始于19世纪中后期法国、挪威和瑞典等国家，如今已成为一个普遍的人口趋势，影响着绝大多数国家和地区。按照65岁以上老人占全部人口的7%为进入老龄化社会的标志来计算，1960年美国65岁以上老人占总人口的比重为9.23%，1990年上升为12.52%，到2013年达到14.13%。人口转变过程中日本的老龄化速度相对更快，日本65岁及以上老年人占全部人口的比重由1950年的4.9%，上升到2013年的25.1%，增长幅度超过4倍（图10-2）。

我国自2000年开始进入老龄化时代，到了2010年第六次全国人口普查的时候，我国65岁及以上老年人口为1.19亿人，占总人口的比重已经达到8.87%。但伴随着人口转变后的家庭变迁，新出现的家庭子女人数减少、家庭结构核心化，使得家庭成员之间的抚养情况发生根本变化，被抚养人口的增多使家庭养老不堪重负。此外，家庭小型化再加上越来越多的双职工家庭的存在，客观上带来了“空巢家庭”的不断增加，使得家庭的养老保障功能不断减弱，传统的单纯以家庭为主要依靠的养老模式已经不能适应现代养老保障的需要。由此可见，养老问题已经成为我国必须紧急应对的重大社会问题。

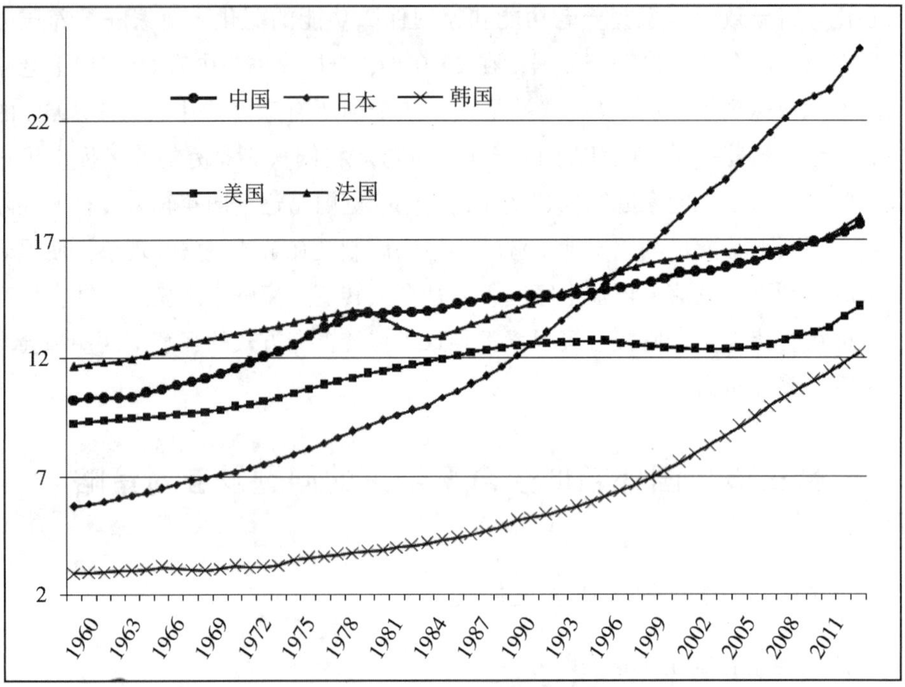

图10-2　不同国家老年人口占总人口的比重：1960—2013年（单位:%）

注：本图数据来于 *OECD*（2016），*Elderly population*（*indicator*）. *doi*：10.1787/8*d*805*ea*1-*en*（*Accessed on* 07 *May* 2016）。

2. 婚姻和家庭的稳定性下降

婚姻关系是家庭关系的前提，但是目前离婚率上升是各个国家家庭变迁的一个共同特征。首先，随着家庭模式的变迁，现代人们的婚姻观念也发生了重大转变，婚姻对家庭的约束力不断减小，婚姻家庭的稳定关系也随之发生变化，离婚率不断上升。从 20 世纪初开始，离婚已从美国人婚姻生活的补充转变为主流现象。美国的离婚率从 1900 年的 3‰，到 1960 年增长到 9‰，到了 20 世纪 70 年代增长到 20‰。到目前，半数以上在 80 年代建立的家庭解体了。日本的离婚件数也由 1960 年的 6. 9 万件增加到 2002 年的 28. 9 万件，增长了 4 倍多。粗离婚率也从 1970 年的 0. 8‰，上升到 2007 年的 2. 2‰，上升了将近 3 倍。随着社会经济的快速发展，韩国的离婚率也在快速上升，从 1970 年的 0. 4‰，上升到 2007 年的 2. 5‰，离婚率上升幅度超过 6 倍（图 10-3）。

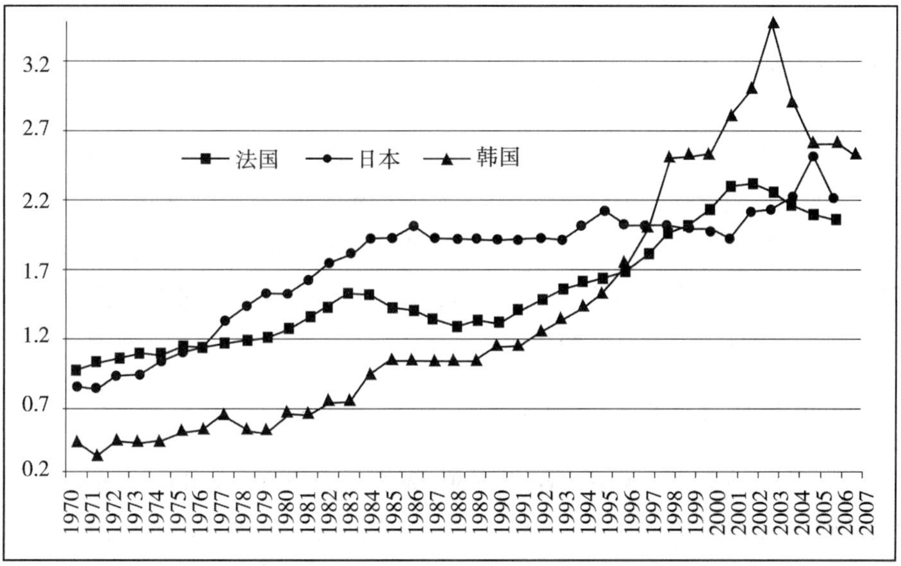

图 10-3　不同国家的离婚率及其变动趋势（单位:‰）

注：图中数据为粗离婚率，数据来源于 OECD，2015。

2006 年我国民政部登记的离婚总数为 191. 3 万对，与 1978 年的离婚总量 28. 5 万对相比，增长了 162. 8 万对①。此外，自 20 世纪 60 年代以来，西方国家社会经济发生了巨大的变迁，这使得作为传统的养家糊口的男性的收入增长速度大幅度下降；相反，女性劳动力的市场参与度越来越大，经济收入也增长迅速。很多学者因此把离婚率上升等各种婚姻家庭关系的变化归因于女性的经济独立。家庭离婚率的不断升高，导致家庭关系的稳定性不断降低，严重影响了整个社会的稳定性。

① 侯建明，周英华．日本人口老龄化对经济发展的影响［J］．现代日本经济，2010（4）：56.

3. 儿童和青少年成长问题突出

家庭是青少年赖以生存、接受早期社会化的重要场所，在青少年的成长过程中扮演了非常重要的角色。人口转变后的家庭模式出现了一系列的变化，特别是离婚率的上升带来的单亲家庭的增加，给青少年的成长带来了巨大的影响。美国人口调查数据表明，从1950年到1998年，单亲母亲家庭占家庭总数的比例从9%上升到18%。这种家庭模式已成为美国家庭体系中的重要组成部分。一般来说，单亲家庭在抚养儿童方面承受更大的压力，父母离异后的家庭教养大多数是不良的。美国研究结果证明，单亲家庭的子女的贫困化程度要明显高于完整家庭的子女。1959—1988年间，来自单亲母亲家庭的贫困儿童占贫困儿童总体的比例从20%增长到57%①。还有研究指出，父母离婚或单亲家庭的孩子比父母一方死亡或父母婚姻完整的孩子更易于出现心理失调和社会适应不良的问题，包括：逃学、酗酒、吸毒以及更易于产生攻击性和反社会行为等。另外，对于我国来讲，随着家庭规模的减小，同时双职工家庭又在不断增加，尤其是在农村一些家庭，父母外出打工造成留守儿童的不断增加，未成年儿童的健康、教育、成长都面临巨大问题。这些家庭变化都对儿童的抚养提出了新的挑战。因此，在面对人口转变、家庭变迁的情况下如何抚养这些儿童成为一个重要的社会问题。

二、国外应对低生育率的政策

为了应对人口转变后家庭变迁带来的一系列家庭问题，国外制定和实施了多种家庭发展及其他相关的家庭福利政策，并将其作为现代公共服务和社会政策得以落实的着力点。这些政策的实施对于维护家庭的稳定和发展起到至关重要的作用。相关的家庭政策涉及养老、婚姻家庭、儿童福利几个方面：

1. 积极的养老政策

面对严峻的养老问题，各国纷纷制定一系列积极的养老政策，以保障老年人的生活权益。美国政府设立了管理老龄问题的机构，包括老人问题管理署、政府老龄问题顾问委员会和社会保障总署。考虑到社会养老存在的诸多问题，美国逐渐开始关注居家养老问题。如美国的“全面照顾老人计划”就是以社区为依托，通过社工和其他部门的合作完成对老年人的全面照顾计划，在节省预算的同时，使其在一所社区的服务机构中享受到所需的全部服务。为了保障老年人的收入，

① Hernandez J. *America's Children：Resources from Family，Government，and the Economy*［M］. New York：RussellSage Foundation，1993.

日本建立了公共年金制度。这种“全民皆年金”的强制性保险措施，能够使老年人的基本生活水平得到保障。因为它通过使所有连续 25 年以上参加社会保险的人，都能够在 65 岁以后领取一定金额的养老年金来维持生计。为了平衡好老龄化与社会经济发展的相互关系，日本政府将对老年人的照顾工作纳入社会经济发展规划中，并制定了相关的法律。为提高老年人的福利待遇，1963 年日本政府制定了《老人福利法》。在 20 世纪七八十年代，日本政府为开发老年人力资源，颁布了促进老年人雇佣与就业的法律法规，这使得老年人的权利在很大程度上得到了维护。

2. 婚姻家庭政策

近年来，美国政府和国会先后出台了一系列促进“健康家庭计划”的婚姻政策，以应对单亲家庭问题，防止贫困在代际之间发生恶性循环。为了推进“健康家庭计划”的组织和实施，联邦政府组建了卫生服务机构（ACF），授权该组织支配财政拨款，并在全国范围内对婚姻促进项目开展实验和研究工作。与此同时，政府财政还单列项目，用于激励各州与地方参与支持“健康家庭计划”。2002 年 2 月，布什政府颁发政策，建议对贫困家庭进行临时援助，设立 1 亿美元的“健康家庭项目”基金，该国家基金具有竞争性，以鼓励各州参与到婚姻促进项目上来，各州要获得基金还必须每年报告它们在促进婚姻方面的进展。

3. 儿童福利政策

欧洲国家的社会福利相对比较完善，由于单亲母亲和非婚儿童现象的流行，欧洲国家制定了其早期的家庭儿童政策。丹麦在 1948 年通过了针对 16 岁以下儿童的福利计划。挪威在 1946 年立法通过了儿童福利计划，这一计划为每个家庭内的第二胎及以后生的孩子提供津贴。瑞典自 20 世纪 20 年代起就开始为儿童提供儿童津贴，并且为小学生提供学校午餐和衣物资助，并在 1948 年进行了儿童津贴立法工作。芬兰也进行了儿童津贴的立法工作，并在 1949 年设立生育津贴。在英国，法律特别强调父母对其子女的照顾责任不应因夫妻离婚或再婚而改变。日本则实施普及性的家庭津贴制度，以保障众多子女家庭的最低生活水准。1947 年，日本正式颁布了关于儿童及儿童福利的第一部基本法《儿童福利法》；1961 年，实施《儿童抚养津贴法》，地方政府广泛兴建儿童福利机构，如儿童之家等；1970 年儿童津贴制度创立；1971 年公布《儿童津贴法》。日本通过这一系列法律法规，向生活贫困的家庭和儿童提供最低生活标准援助，以帮助他们自立。

第四节　国外的家庭发展政策对我国的启示

由于家庭在社会生活中基础性的地位，家庭变迁已经成为我国社会变迁过程中最重要的内容，它关乎每个社会成员的生存和发展，并将会对社会和经济的发展产生更深层次和更广范围的影响。因此，积极应对家庭变迁带来的家庭问题，满足家庭发展对社会政策的需求，构建完善的家庭发展政策对维护社会稳定，促进经济发展至关重要。

然而，目前在中国，由于社会管理发展滞后于人口转变，相对于计划生育政策要求民众所承担的计划生育义务而言，政府有关家庭的社会发展政策及行动却严重滞后甚至缺位。中国妇联于 2010 年发布的《中国和谐家庭建设状况问卷调查报告》显示，对国家现行的家庭支持政策，有超过一半（56. 4%）的家庭认为力度不够；有 8. 6%的家庭认为“基本没有政策支持”，另外约有 20. 3%的被访者“不清楚哪些政策跟家庭有关”，这从一个侧面反映出中国的家庭政策基本上处于缺位状态。人口转变后中国家庭变迁带来的家庭规模不断缩小、养老压力增大、家庭稳定性下降等众多家庭问题，将会给我国经济社会的发展带来许多问题和挑战。因此，为了应对家庭功能的弱化，我国有必要吸取国外发达国家的经验，为家庭提供更多的政策支持。虽然，中国与西方国家在制度和文化等方面存在着很大区别，但人口转变和家庭变迁的过程和影响有很多相似的地方，西方国家发展型家庭政策对我们完善家庭发展政策有着重要的启示。

一、社会管理政策从个人转向家庭

从人口转变带来的家庭问题来看，我国与发达国家面临的问题和挑战有很多相似之处，但由于社会福利和保障制度背景和发展水平不同，家庭政策发展的方向存在本质上的差异。我国以往的以个人为主体的社会管理模式存在诸多弊端，家庭甚至成为儿童、老人以及其他生活在家庭中的弱势群体获得政府和社会支持的障碍，因为一个拥有结构完整家庭的社会成员就意味着得不到政府或社会的直接支持，这在很大程度上削弱了社会政策的效率。而家庭化的社会政策要求政策制定应该以家庭为单位，从家庭的整体状况考虑政策适用的条件，并基于家庭责任的前提构建福利保障体系，通过支持家庭功能的发挥来实现为公民提供福利和保障的目标。

二、家庭政策从“补偿型”转向“支持型”

对家庭的福利性支持是西方发达国家实施家庭政策的重点，而我国早期的家庭政策主要是弥补家庭功能的不足，缺乏对家庭的支持。早期的“补偿型”家庭政策的对象主要是贫困家庭、特殊儿童家庭等功能不完整的家庭。这种家庭政策虽然能在一定程度上缓解家庭问题，但具有一定的滞后性，只能在家庭出现问题时给予扶持，不利于家庭平稳持续地发展。而建立“支持型”家庭政策可以预防家庭问题的产生，强化家庭功能，支持家庭成员承担尽可能大的家庭照顾责任，这不仅有利于家庭问题的解决，促进家庭稳定、和谐，提高家庭发展能力，而且能够缓解人口老龄化等社会问题对政府产生的压力，进而对经济发展起到积极的推动作用。因此，政府应该在一些基本社会服务领域采取支持性措施，对承担照料家庭成员的家庭给予支持，包括补贴、减免税收等，从而降低家庭在发挥赡养老人、抚育子女等家庭功能上的成本。

三、实行系统化的家庭政策

系统化的家庭政策体现在两个方面，一方面，要建立国家层面上统一的政策机制，来满足家庭结构快速变迁及其所产生的需求。以往我国的家庭政策呈现出碎片化特征，表现为制定家庭政策的政府部门分散化，以及部门之间的分散性导致政策内容趋于碎片化。这使得部门之间缺乏有效的整合与协商机制，资源难以实现整合并进行最有效的配置。另一方面，应实行多元化供给主体的政策体系。为了降低政府的财政负担，在制定家庭发展政策时可以借鉴日本推行的多元化供给主体的制度模式。即对家庭的政策支持由国家和地方政府，同时也包括企业、民间社会团体等共同来完成。国家并不直接承担供给的业务，只限于对委托事务的指导、监督、咨询以及一部分国家福利部门的规划和行政管理。从而通过构建多元化供给主体的家庭政策，形成一个政府、市场组织、社区及公民社会组织等都有责任、动机和行动来支持家庭、帮助家庭更好地行使其责任的制度框架。这种系统化的家庭政策可以充分地利用有限的社会资源，减轻政府的财政负担，具有较强的操作性，有利于保障家庭政策的有效实施。

第十一章　构建生得起、生得好的生育导向政策

通过前文的研究我们得知，特定的低生育率自我强化机制确实是存在的，低生育率陷阱也会存在。一个国家或者地区低生育率水平如果长期持续下去，在未来的养老和医疗体系、经济和文化影响力等相应领域都面临巨大挑战。但是，如何走出低生育率陷阱，改善局部地区持续的超低生育率现状，才是目前我们最为关心的。政府及相关部门应该意识到长期的累积效应必将对人口长期均衡发展构成巨大的潜在威胁，政策的积极干预已经势在必行。

第一节　二孩生育政策调整及其社会影响

2015 年 10 月 29 日，中共十八届五中全会在京闭幕，此前关于“全面二孩”的预期落地。五中全会公报指出：促进人口均衡发展，坚持计划生育的基本国策，完善人口发展战略，全面实施一对夫妇可生育两个孩子政策。这是继 2013 年十八届三中全会决定启动实施“单独二孩”政策之后的又一次人口政策重大调整。但是，生育新政的实施有怎样的意义？能否达到政策预期效果？国家相关社会经济政策需要怎样的配套措施，来响应生育政策的调整？这些都将是一个新课题。

一、二孩政策与未来人口长期均衡发展

普遍二孩政策的实施在短期内不会增加劳动力的供给，更难以缓解人口老龄化；对于人口发展的意义在于能够优化人口结构，有利于人口的长期均衡发展。

首先，有利于改善出生人口性别比失衡。进入 21 世纪后，我国出生人口性别比始终在 119~121 高位间徘徊，远超出 103~107 的正常范围。男女比例失调是性别偏好、生育数量限制和胎儿性别鉴定三个因素共同作用的结果，缺一不可。我国农村地区性别偏好并不绝对地表现为只想要男孩而不想要女孩，最理想的情况是在有男孩的基础上能儿女双全，一儿一女的孩子结构诉求是主流，这意味着农村家庭存在着要二孩的意愿即生育空间的释放效应。二孩政策全面放开后，生育率提高，

性别偏好基本能得到满足，出生性别比失衡问题将得以缓解。

其次，有利于缓解人口老龄化压力。我国的老龄化不同于发达国家的自然发展过程，是生育政策和经济发展的双重作用下的产物，在经济发展水平尚低，养老保障体系尚不完善的情况下较早地迎来了这一挑战，“未富先老”的特征明显。二孩政策全面放开虽然不能改变老龄化的长期趋势，但将带来一定时期内生育水平回升和出生人口增加，改善人口年龄结构，缓解人口老龄化。随着出生人口逐渐成长为劳动年龄人口，这也将改善劳动力供给状况，有利于实现平衡合理的人口和家庭结构。2015 年底实施全面二孩，当这些孩子进入劳动年龄时，正好可以大大减轻 2035 年前后开始的劳动力资源快速萎缩与老年比例及照料成本迅速增加的“人口负债”压力。

再则，有利于优化家庭结构。在工业化、城市化以及计划生育政策的共同影响下，我国家庭模式逐渐趋于简约化、核心化和少子化，父母和子女不再居住在同一屋檐下，子代无论是经济还是精神上也缺少了兄弟姐妹的支持，传统的家庭功能逐渐弱化和消失，随之而来的是空巢家庭、失独家庭等问题的增加。全面二孩的放开，一定程度上可以改善家庭结构，有利于家庭经济社会功能的发挥，也有利于子女教育。

二、二孩政策实施后的效果与社会影响

（一）二孩政策实施的释放效应和诱导效应

二孩政策实施后部分符合政策人群会选择响应政策生育二孩，近期内年出生人口预期会有小幅反弹，我们将其界定为二孩政策的释放效应。不同于单独二孩的目标人群只有 1000 万人左右，全面放开二孩的目标人群至少在 1.2 亿人左右。但是由于生育成本的上升、社会保障的完善以及近年来政策的逐步放宽，全面二孩放开后，并不会带来不可控的生育释放，但是近期会出现生育小高潮。根据我们的测算，十三五期间每年新增出生人口估计最高有 500 万，加上目前 1600 万左右的年出生人口，年出生人口峰值在 2100 万左右，峰值年份总和生育率在 1.9~2.0 左右。在 2020 年之后生育堆积逐渐释放完毕，生育水平会恢复到 1.6 左右。

政策调整存在“诱导效应”，部分区域“放二控三”存在风险。生育政策调整具有诱导效应，20 世纪 80 年代中期生育政策微调过程中曾经出现过农村妇女抢生、总和生育率大幅上升和计生工作滑坡等情况。1984 年“开小口子”的生育政策引发了生育率的巨大波动：1985 年之后 15~20 岁年龄段累积生育率与 1984 年之前相比陡峭上升；与 1980 年相比，1987 年农村出生总数增加了 41.78%，农村妇

女总和生育率高出 0.252，达到 3.27，大幅高于 1984 年前的生育水平。现在允许普遍二孩生育可能会出现以下情况：（1）被从严生育政策压抑的生育潜能在短时间内释放；（2）在部分人生育二孩行为的示范和推动下，形成新的二孩生育群体，一些意外怀孕者顺其自然地加入二孩或多孩生育的行列；（3）因不再征收二孩生育的社会抚养费，降低了生育成本，激起农村人口生育潜能的释放；（4）部分有重男轻女思想的人在允许二孩生育后可能还会再生第三孩；（5）担心生育政策多变，短期内出现一定的抢生现象；（6）党政部门放松人口计生工作，出现工作滑坡。

全面二孩政策的放开意味着生育二孩不再是超生行为，但这会使诱导效应转移到理想子女数为 3 个及以上的家庭，这部分家庭超生意愿会急速上升。同时当前基层治理和政策对超生的约束逐步下降，使诱导效应引致的超生意愿容易实现。调查结果显示，单独二孩政策的放开导致城市和农村三孩超生水平均出现小幅度上升。

（二）生育结构性堆积与妇幼卫生资源的均衡服务能力冲突

由于生育结构性堆积，打算在 2016 年和 2017 年生育的、现在符合二孩政策家庭比重相对较高，近两年出生人口将会有所增加，特别是选择 2017 年生育的家庭比较集中，从而形成一个生育高峰。持续低生育率是总体趋势，生育堆积是结构性风险，两者不冲突。调整生育政策后，增加出生的人口可能对医疗卫生机构分娩接纳能力产生影响，尤其是对北京、上海、武汉等特大城市地区优质医疗资源可能会产生结构性堆积需求风险。

可见，随着“二孩”政策累积生育势能的释放，妇幼卫生事业的发展需要经受更大的挑战，从 2015 年开始，实际面临的考验已经逐渐显现。由于东部省份在“单独”二孩的申报中居于主体，申报者又以城镇的户籍人口居多，从这个意义上来说，应对“普遍二孩”政策带来的出生“小高潮”更要关注本就“僧多粥少”的东部地区和城镇地区，适当对其予以政策倾斜。与此同时，母婴产品需求也会因此变得异常旺盛，特别是对于婴儿奶粉等国内生产能力相对不足的产品，未来可能面临更为严峻的局面，不过，如果能够因势利导，抓住“改革红利”，母婴产品的发展也会在“普遍二孩”政策的影响下焕发新的生机。

以湖北省为例，普遍二孩政策实施后湖北省新出生人口形成的生育堆积，特别是在个别年份形成的生育高峰严重考验现有的妇幼卫生资源。生育堆积及其波动对妇幼卫生资源的冲击是多种因素的叠加冲击，一是生育政策调整本身带来的新出生人口对妇幼资源的正常需求。二是单独二孩、全面二孩政策调整后高龄育龄妇女生育数量增加，高龄育龄妇女为规避高妊娠风险必然相应提高保健、分娩等医疗需求。三是生育一孩中较高比例育龄妇女选择剖宫产，为降低二孩生育风险，也会提高医疗保健需求。单独二孩政策实施前五年，宜昌各县区选择剖宫产的育龄妇女占比均超过了 30%。四是强调普遍卫生服务与优质妇幼资源在各地中心城市发生冲突，武汉等中心城市的优质卫生资源将面临可能的结构性生育堆积与医疗卫生需求叠加冲击，服务能力有限的乡镇妇幼卫生资源可能存在一定的闲置与浪费。宜昌市某县每个乡镇卫生院都设有 1~2 名计生服务专业工作人员，但根本无法承担分娩等生殖健康服务。

从妇幼卫生资源的供给看，医生、床位、医疗设施平稳增长，过去 5 年医生数年均增长 7%，整体上与居民正常的卫生需求增长相吻合。由于妇幼卫生资源供给所追求的均衡服务与群众需求结构性错位，育龄产妇特别是高龄育龄产妇对优质卫生资源的争夺将使得现有妇幼卫生资源产生结构性供给紧张。当前妇幼卫生资源的利用率非常高，过去 5 年病床年平均工作日超过 355 天，在如此高利用率背景下，通过分级导流、挖掘现有卫生资源的潜力非常有限。普遍二孩政策实施每年带来约 12 万的新增出生人口，相当于每年新增婴幼保健卫生需求增长 15%以上，短期内从总量上也会造成一定的冲击。

（三）生育结构性堆积对未来教育资源供给形成压力

湖北省每年 12 万的新出生人口必然直接拉升未来一段时期的教育需求。从幼儿教育供给看，公立幼儿园数量增长缓慢，2014 年较 2013 年只增长了 8%，难以满足幼儿的入园需求；公办机构服务能力有限，社会资本进入受到限制。武汉市某区共有幼教机构 117 所，其中公办 6 所，其他都是民营，目前总共接纳幼儿 23341 人，而 2015 年该区有入园需求的 3~6 岁儿童达 33900 人，普遍二孩后每年预计新增 2000 名新出生人口，新增入园需求的儿童达 36000 人，供需矛盾进一步加剧。幼教市场的分级服务尚未真正落实，但较高的市场服务价格大大增加了家庭的养育成本。从幼儿师资看，每个幼儿园专任教师负担的学生数过去 5 年平均在 28 人左右，幼儿园专任教师个人工作强度大，收入与付出不匹配又导致队伍的稳定性较差。同期，家庭对幼儿教育越发重视。过去五年，每万人中的幼儿园学生数由 195 人迅速增加至 264 人，幼儿教育需求旺盛。

新出生人口分布与教育资源分布不匹配又加剧了城市教育资源紧张。教育数据显示，2014 年较 2013 年城市小学招生数增长了 7.68 %，而农村小学招生数降低了 15%，县镇基本保持稳定，农村人口向城市转移、县城向大城市转移的趋势越发明显。在农村教育资源不能及时转移至城市时，在生育堆积冲击下城市的基础教育资源将更加紧张。

（四）政策衔接空隙风险

全面二孩政策是继“单独二孩”政策后生育政策的又一次重大调整。国家卫计委也基本明确要按照“老人老办法，新人新办法”的原则，做好政策调整前后各项计划生育政策的衔接。但由于政策调整力度大，涉及多方面利益诉求，政策衔接中一些可能的空隙都会引发重大风险。

一是前期生育政策执行中的一些遗留问题。调研发现，重点涉及如下几个问题。第一，前期为落实生育政策，很多育龄妇女在政府号召下接受了上环手术。其中，部分育龄妇女由于上环时间长，在生育政策调整后有生育意愿时取环难度大，必须通过手术才能完成。这部分育龄妇女提出由政府补偿手术费用将对财政支出造成压力。宜昌市某县符合全面二孩政策的育龄妇女共 3.05 万人，其中采用上环节育的有 2.24 万人，上环时间超过 5 年的八千多人大部分只能通过手术取环，地方财政根本无力承担这笔费用。第二，部分已经生育一孩、尚未领取独生子女光荣证的育龄妇女可能由于上环、年龄增大等多种原因造成生育能力丧失，她们可能将这一责任归结为政府前期的计划生育政策，希望政府对其不能生育做出补偿。第三，前期超生人口的社会抚养费征收问题。在五中全会公布生育政策调整后，对前期超生、尚未缴纳社会抚养费的育龄妇女家庭继续征收的难度加大，但如果不再征收，则形成社会抚养费征收政策事实上的不公平，部分群众可能会提出退还社会抚养费的诉求，增加基层工作难度。第四，超生人口的户口补登记工作。由于超生导致一些超生人口至今没有获得户口，是否必须缴纳社会抚养费，以及以何种方式实现户口补录等是生育政策调整后必须尽快解决的难题。第五，响应计划生育政策造成的失独家庭、独生子女伤残家庭等特殊家庭，在生育政策调整后对政府补偿的标准预期提升问题。生育政策调整后，使得上述计划生育特殊家庭与可以生育二孩家庭的人口差距进一步扩大，前者可能会希望政府给予更多、更高的补偿。

二是生育政策调整后的三孩超生风险。从“单独二孩”到全面二孩，本属于生育政策的正常调整，但在部分媒体不负责任的炒作下，导致部分群众理解为计划生育政策即将取消，家庭将自主决策生育数量。这种对计划生育政策的理解偏差，加上部分家庭较高的生育意愿，导致三孩超生比例快速上升。宜昌市某区的两个乡镇，在“单独二孩”政策实施前一年，分别只有 1 例和 2 例意外怀孕导致的三孩计划外超生，而 2014 年主动怀孕的三孩计划外超生迅速上升至 10 例和 11 例，政策的诱导效应十分突出。当地计生工作人员调查发现，超生群众将生育政策调整视为全面放开，放松了对政策的遵从意识。在全面二孩政策实施后，这种诱导效应可能会引发三孩超生风险进一步提升。此外，全面二孩正式实施后，部分追求儿女双全的家庭可能出现“两非”情形，三孩超生与新的性别选择还可能交织在一起同时发生。

三是户籍制度改革等对计划生育工作的负面影响。自 2014 年公安部与卫计委联合发文，禁止超生罚款与落户挂钩，户口对超生子女的入学、求职等约束不复存在，使得基层计划生育工作对超生行为的约束力度显著下降。自 2006 年农村税费改革以后，大量农业人口进入城市，人口的快速流动使得户籍地基层政府对流动人口在户籍管理外缺少有效的工作抓手。

四是晚婚晚育及其政策兑现问题。全面二孩实施后，政策应有之义是按政策生育，那么是否继续鼓励晚婚晚育、晚婚晚育是否继续奖励等必须正面回答。为避免集中高龄怀孕，理想情形是育龄妇女根据自身身体条件、家庭状况合理安排婚育时间。继续鼓励晚婚晚育与全面二孩政策存在隐含的冲突可能。如果取消晚婚晚育奖励，现有已进入晚婚年龄但尚未婚育的未婚人士可能会提出相关诉求。

（五）基层计生工作转型与效能提升

从“单独二孩”到全面二孩政策调整给基层计生工作带来了直接的巨大冲击。在以约束群众生育意愿与生育行为为主的计划生育政策阶段，基层计生工作的工作目标和重点突出，一票否决制使得计划生育工作成为地方政府的一把手工程，长期的政策实践也表明政策执行效果良好，为控制人口快速增长发挥了重要作用。以实现人口长期均衡为主要目标的全面二孩政策实施后，基层计生工作的目标和重点开始分散，既包括约束政策外生育，更包括重视育龄妇女健康咨询与服务、重视群众家庭发展。实现基层计生工作由约束型向服务型转变，既需要基层计生工作人员不断学习、更新知识结构、提升服务能力，也需要一系列的考核体制、财政体制等制度变革以支撑上述转型。

同时，在以约束群众生育意愿的计划生育工作阶段，计生部门目标单一，往往可以依赖一个部门的力量完成主要工作。而现今生育政策带来的服务转型和计生管控，依靠计生部门一己之力往往势单力薄，难以提供高质量的计生服务，需要教育、卫生、社会保障、民政等多个部门共同参与才有可能完成。也就是说，全面二孩政策实施的效果如何，必须建立在多个部门积极响应政策号召、协同努力的基础之上，需要多个部门联动，如果让计生部门单打独斗，则存在很大的难度。

（六）妇女权益保护与儿童健康、发展问题

全面二孩政策实施，意味着育龄妇女将更多的时间和精力放在生育和养育子女当中，这可能给育龄妇女的健康、权益带来直接和间接的负面影响。直接的负面影响主要指：高龄育龄妇女如生育二孩，成为高龄孕产妇，将面临更高的妊娠风险，在生育过程中和生育后抚养子女都可能对健康造成更大不利影响。2014 年数据显示，湖北市县孕产妇住院分娩率已达 100%，在大量新生儿对妇幼保健机构保健需求的强力冲击下，现有妇幼保健机构能否在不降低服务质量的同时确保孕产妇安全生育与健康生育值得思考。间接的负面影响范围更广。比如，允许生育二孩政策给用人单位造成一种印象，女职工可能要花费更多的时间和精力用于养育子女上，企事业单位可能在招聘过程中增加对女性歧视的内容，女性就业更加困难，女性职业发展受到压制。更多女性回归家庭，意味着女性经济独立程度下降，女性的家庭依附性更强。对再婚家庭来说，已有生育政策规定再婚家庭如一方没有子女可再生育一孩，全面二孩政策实施后，再婚家庭可能再生育两孩，部分有高生育意愿的男性不断再婚的可能性提升，加剧女性在婚姻市场上的弱势地位。

全面二孩政策实施也可能对儿童的健康与发展产生负面影响。实施新生育政策后，2005 年前结婚、只有一个孩子的夫妇都有可能加入再生育行列，他们的生育年龄将超过 30 岁甚至 35 岁，这必然引起高龄孕产妇的增加。

高龄孕产妇导致的出生缺陷率要显著高于低龄产妇，儿童出生伊始就面临更大风险。生育数量增加后，国家和家庭对孩子的教育投资、卫生服务投入都会受到相应影响。对此需要大力采取社会和医学措施保护妇女、儿童的身心健康。对少数贫困家庭来说，孩子出生人数增加，每个孩子的营养投入和日常照料都会面临资源摊薄的风险，可能对儿童的身心和生理健康产生负面影响。如果因为部分家庭多生育子女造成教育质量下降，则偏离了调整总量、优化结构的人口长期均衡发展目标。

（七）生育意愿持续下降与局部区域的超低生育率风险

一般经验表明，人口变化趋势往往带有巨大惯性，甚至暗含自强化机制。一旦总和生育率降至 1.5 水平，扭转生育率下降趋势将会变得极为困难，所有已经步入这一“陷阱”的国家，尚无重新达到更替水平的先例。通过生育政策调整后居民的生育行为来看，我国居民生育率水平总体不高，并有一种持续走低的趋势。政策放开后，该政策适用人群并没有明显的二孩生育意愿，有超过 60%的符合政策家庭依旧只希望生育一个孩子，明确表示愿意生育二胎的夫妇在 28%左右。我们真正应该担心的不是政策放开后的短期反弹，而是长期的不反弹。政府不仅仅只考虑短期内的生育堆积，还应该考虑部分群众的生育需求，不能由于担心短期反弹，而丧失了生育率长期稳定在适当水平的机会。

在过去，我们总是认为高生育率地区和农村地区是生育抑制性反弹的潜在地区，因此对于是否调整生育政策以及怎么调整生育政策犹豫不决。还有一部分学者甚至认为必须更加严格现有的生育政策，因为农村地区的超生意愿会拉升全国整体的低生育水平，从而让总和生育率维持在更替水平左右。然而我们的研究表明，在当前的低生育水平背景下，放开生育政策限制后，全国家庭的总和生育率也不可能达到更替水平，并且局部省份或地区还会长期维持在超低生育水平状态，这显然有悖于人口的自身发展规律。在过去的30年，计划生育政策很好地完成了控制人口过快增长任务，但是政策带来的惯性会导致即使放开生育政策限制，生育率仍一直持续下滑，甚至部分区域有掉入“低生育陷阱”的可能。因此当前应该让人口发展恢复到自身的规律上来，这除了全面放开二孩政策外，还应该建立一个以稳定政策生育水平为导向，鼓励人们按照政策生育的公共服务体系。

湖北省内不同地市经济社会结构差异较大，各地生育水平也存在显著差异。“六普”数据表明湖北全省已经进入低生育水平，其中武汉市、宜昌市、荆门市、荆州市进入极低生育水平，本报告称为低生育率地区；襄阳市、鄂州市、孝感市、随州市进入很低生育水平，本报告称为中生育率地区；黄石市、十堰市、黄冈市、咸宁市、恩施州、省直辖县级行政区（包括天门市、潜江市、仙桃市、神农架林区4个地区）生育水平超过全省平均水平，本报告称为高生育率地区。

根据前文预测，全面二孩政策实施后的新增人口仅仅能够在3~5年内缓解人口增长下降的势头，超低生育率风险从长期来看并没有改变。但超低生育率风险在各个地市的表现程度存在一定差异。不论是从“单独二孩”政策放开后的实际效果，还是已有“双非”家庭的生育状况看，全面二孩政策的实施还将进一步强化区域生育水平的非均衡状况。

（1）从“单独二孩”政策来看，政策实施后一年多时间各地符合政策家庭二孩出生数相对有限，没有切实改变各区域生育率下降趋势。“单独二孩”政策满足了部分家庭的生育意愿和生育要求，但从省内符合政策家庭的申请生育数与实际生育数来看，群众的政策响应偏离了通常所理解的预期水平。调研发现，经济压力和无人照料是制约符合政策家庭放弃生育二孩最主要的原因。具体到各个区域，高生育率地区的单独二孩出生率明显高于其他地区，即生育政策调整后高生育率地区符合政策家庭的实际生育水平也越高。高生育率地区的基础生育水平叠加相对较高的二孩生育水平，将进一步强化各区域生育水平的非均衡状态。

（2）从已有“双非”家庭的二孩生育水平看，各区域“双非”家庭中已生育二孩及以上的育龄妇女占比存在显著差异。分城乡看，高生育率地区“双非”家庭已经生育二孩及以上的育龄妇女占比在城市和农村均依次高于中、低生育率地区。假定全面二孩政策正式实施后，三类地区“双非”家庭的二孩生育水平呈同

表 11-1　　湖北省单独家庭二孩生育状况（截至 2015 年 3 月）

区域	单独家庭已婚育龄妇女数	单独家庭已婚育龄妇女生育数	占比（%）
低生育率地区	256475	15889	6.195
中生育率地区	131160	7198	5.488
高生育率地区	78342	6286	8.024

比上升速度，由于高生育率地区较高的生育基数，高生育率地区的二孩出生数将继续显著高于其他两类地区，区域二孩生育非均衡状态继续得以强化。如果假定低生育率地区“双非”家庭二孩生育率水平较低，新增生育二孩的增长空间较大，那么有可能缩小三类地区的二孩生育水平差距。但从现实看，越是较低生育率的地区，政策放开后的二孩生育意愿越低。

表 11-2　　湖北省“双非”家庭中已生育二孩及以上的育龄妇女占比（%）

区域	农村	城市	平均
低生育率地区	32.29	7.56	20.78
中生育率地区	46.30	12.56	37.03
高生育率地区	52.56	18.68	44.06

注：数据采集时间为 2015 年 10 月。

第二节　生育政策调整的总体目标和未来方向

政策的简单化逻辑对于人口生育这一对象并不适用，如果一味简单化地强调启用宽松性的人口政策，而忽略人们生育行为的选择、政策的正确导向、公共资源的负担等各方面需要平衡的问题，那么人口与社会经济发展间的失衡必将引发新的矛盾。因此，及时调整完善生育政策，利用政策工具的激励方式对生育水平进行恰当干预，鼓励人们按照政策生育，将低生育地区的生育率提高至适当代际更替水平，并且促进人口长期均衡发展，确保人口安全，达到人口发展与经济社会发展的高度契合，是目前生育政策调整的基本目标。

一、未来生育政策调整的总体目标

综合考虑各种现实因素和可行性，低生育水平下引导人们按照政策生育的总体目标可以补充归纳为以下四点：生育总值平稳递增、人口结构长期均衡、公共服务应对到位和新旧政策衔接顺畅。在具体方式上，应以控制人口萎缩现象和促进人口结构均衡为重点，将公共服务到位作为政策手段，区分不同地区、不同群体，有序推进。

（1）生育总值平稳递增。鼓励人们按照政策生育不是简单地促进生育、短期提高生育率，而应是使得总和生育率维持在较为合适的水平。这将是新政策刺激下的长远目标，即短期内达到总量的平稳升温，长期内生育总值依然趋于稳定。

（2）人口结构长期均衡。经过30余年的计划生育政策的施行，已顺利实现从高生育率向低生育率的生育转变，生育控制的目的已经实现。但低生育率下人口老龄化、出生人口性别比持续偏高等人口结构和人口质量问题，却是长期以来影响经济转型升级、社会持续健康发展的重要因素。

（3）公共服务应对到位。如果公共服务不先行、不到位，即使生育政策放开，很多家庭也不敢轻易生育二胎。因此政府要重新梳理现有的人口政策，从优生优育、教育、医疗、保障妇女儿童方面做出具体的实施方案。

（4）新旧政策衔接顺畅。对于积极完善“新政策”与原有独生子女政策的整合与对接，需要落实两个到位：一是政策细则尽快调整到位；二是政策传递到位。对于群众而言，国家要通过宣传增加政策的社会认同感和社会公信力，起到新政策对生育的正面刺激作用。

二、生育政策调整的“四步走”战略

显然，在人口调整周期较长的情况下，“一刀切”政策的简单化逻辑已然失效，因此需要更加强调政策的阶段差异性与灵活性，从而在不同时期满足不同阶段的战略维度的需求。在此背景下，本书提出人口政策调整的“四步走”战略：

第一步，2003年实施“双独二孩”政策，人口政策初步放开。

政策重点在于：夫妻双方均为独生子女要求生育的，经批准可以生育第二个子女；如果夫妻双方均为农村居民，夫妻只生育一个女孩，要求生育的，经批准也可以生育第二个子女。此为战略第一步，政策目的在于独生子女政策长期实行下，对于传统的生育观念进行初步破冰，促进优生优育。目前全国各省均已放开双独家庭生二胎政策，战略第一步已经实现。

第二步，2013 年稳步推进“单独二孩”政策，政策导向逐渐转变。

政策重点在于：夫妻一方为独生子女的夫妇，经批准可以生育第二个子女。此为战略的第二步。政策目的在于人口形势出现变化，生育率持续低于更替水平，为了及时规避过重的家庭养老负担与劳动力“刘易斯拐点”等风险，需要及时调整完善生育政策，以有利于改善人口结构，增强家庭养老功能，保持合理劳动力规模，延缓劳动力老化趋势。同时，此项政策目的也在于作为全面放开“二孩政策”的预热政策，避免短期生育高峰的形成，减缓婴儿潮出现对我国教育、医疗等公共服务造成的过重压力。此时政策认识、政策宣传导向应该逐步转变，衔接性政策、优惠性政策、公共服务的扩张等也应及时到位，并且为下一步全面放开二孩政策作好准备，及时进行全面放开政策的调研和讨论等初步工作。目前此阶段随着 2013 年 12 月中共中央、国务院印发的《关于调整完善生育政策的意见》，正稳步推进。

第三步，2016 年逐步推行“普遍二孩”政策，政策正式全面放开。

2015 年 10 月 29 日，十八届五中全会决定实施普遍二孩政策。在这一刻，历时 35 年的城镇人口独生子女政策宣告终结。

政策重点在于：2016 年初开始推行“普遍二孩”政策，全国家庭可自由选择是否生育二孩。此项政策的实施背景在于人口形势的转变，人们生育意愿持续降低，“单独二孩”政策的先行试点。在此背景下二孩政策正式全面放开趋于成熟化与合理化，既可以足够规避宽松人口政策带来的生育反弹、公共服务饱和等风险，亦可适当转变现行人口形势。此时政策实施在于生育政策的落实与衔接，并且逐步颁布二孩优惠性政策的激励措施，适当引导人们按照政策生育。

第四步，2018 年实施不同区域差异化政策，政策趋近灵活化与合理化。

政策重点在于：2018 年中央和国家卫计委制定基本方针（比如鼓励按照政策生育，制定人口基本目标），各地区根据各自不同区域的生育水平和特殊性，制定相应的差异化政策或条例。政策的目的在于让人口政策趋近于灵活化与合理化，差异化政策的实行，是根据不同地区的实际情况，运用不同的政策手段，达到按照政策生育的干预目标，强调政策的合理性和适用性。目前，虽然全国整体处于稳定低生育水平阶段，但不同地区的社会、经济发展与生育意愿存在较大的差异性：在经济较为发达而生育率水平过低（如在 1.3 以下）的地区，一孩化已经深入人心，变成常态，劳动力欠缺和老龄化负担成为限制经济发展的重要瓶颈，“二孩政策”已经很难有显著的效果，但这些地区公共服务资源较为充足，适当的优惠性政策能够进一步刺激人们的生育意愿。而在生育水平较高、生育意愿较强的区域，人口政策可以适当从紧，出台适合地区实际情况的“放二控三”政策，并且不宜再实行强制性的生育政策。

总之，全面放开二孩只是第一步，想要达到政策的预期目标，让大家敢生二孩，实现长期稳定适当的生育率，下一步需要考虑如何鼓励和引导人们按照政策生育。

第三节　生育政策调整与公共政策配套

实施全面两孩政策是从我国战略全局出发做出的重大决策部署，此举既满足了群众的生育意愿，又可增加劳动力，减缓人口老龄化带来的压力，是促进经济持续健康发展和人口均衡发展的重大战略举措。但将生育权部分让渡给家庭自主选择生育水平，新旧政策衔接面临许多困难和冲击，必须从政策调整的真正内涵与要求出发，鼓励按政策生育与控制政策外生育并重，做好生育政策衔接与计生队伍转型，以构建家庭发展型政策为抓手和目标推动家庭发展。

一、转变人口发展理念，实施区域差异化生育政策

现行人口形势下，低生育地区生育率持续走低，虽然人口还将持续十几年的惯性正增长，但是由于生育率远低于更替水平，积累起来的人口负增长惯性已经难以维持人口更替的需要。控制人口数量已经不再是未来人口发展的主要任务，遏制人口的萎缩趋势、确保人口均衡必须作为下一阶段的新思路。

在实施普遍二孩生育政策的前期，以往行之有效的计生管控措施，可以应用于二胎以上情形；在调整完成并稳定之后，政策着眼于引导人们按照政策生育，完善相关服务体系；随后逐渐过渡到生育自主的政策取向上；在总人口达到峰值之后，政策目标则应转向鼓励生育。改变过去各个省份“一刀切”的人口政策，根据不同地区人口规模和综合承载力，制定差别化的人口生育政策，分类有序地完成“按照政策进行生育”的目标。在 2015 年，全面放开二孩政策，低生育率地区生育率由 1 左右向 1. 5 靠近；2018 年，中央和国家卫计委制定基本方针，各地区根据各自不同区域的生育水平和特殊性，制定相应的差异化政策或条例，低生育率地区保证人口代际衔接稳定，高生育率偏高地区逐渐向 2 靠拢；2020 年政策全部衔接，各地根据自己的社会和经济需求制定合理化的人口政策，并且为当地人们所接受，相应的优惠性政策完全落实，人口结构趋于合理化。

二、以二孩生育政策实施为契机，转向家庭发展政策构建

目前我国仍以补缺型家庭福利政策为主，较多关注那些亲属支持不力的鳏寡孤

独等弱势群体；而那些承担赡养或抚养重负的家庭，则必须首先依靠家庭来维持其生活与发展需求，只有面临个人不可抗拒的严重生存风险时，政府才会加以危机应对。这样的政策安排不仅缺少对非问题家庭普遍而形式多样的支持，而且忽视了家庭在养老、抚幼等方面的经济与社会成本，从某种意义上讲，这种政策取向其实是对家庭承担社会责任的惩罚，即拥有家庭的人反而得不到政策的直接支持。

在人口转变和社会经济变迁的背景下，当代中国家庭发生了巨大的变迁，尤其是随着普遍二孩生育政策的实施，家庭发展政策也需要进行相应的匹配和完善。首先，需要创建专门的家庭发展机构，为了减少资源浪费，建议基于计划生育部门构建家庭发展机构，在统筹行政资源的基础上有效推动中国家庭政策体系的重构；其次，明确将家庭整体作为基本的福利对象，并将不同类型家庭（尤其是正在承担抚幼和养老责任的家庭）的福利需求考虑在内；再次，在扩大对家庭直接经济援助的基础上，以促进家庭能力为目标进行家庭投资，以“人的全面发展”解决家庭的可持续发展；最后，着力推进家庭政策的适度普惠性，尤其要为独生子女家庭、残疾人家庭和有抚幼或养老责任的中低收入家庭提供普遍的支持，并尽量避免其他政策安排与家庭政策的相互制约乃至冲突。

由“管理型政府”向“服务型政府”转变是政府职能转变的主要内容之一。“管理型政府”是把人民看做管理的对象，而“服务型政府”是把人民作为服务的对象，为人民群众提供公共服务。与此相似，计划生育也应由“管理型”转变为“服务型”，也就是由“计划生育”转变为“家庭发展计划”。将过去利用行政强制手段，转为通过推进城市化进程、加快经济发展、提高教育文化水平、健全社会保障体系，从而从根本上解决生育率过高的问题。

三、加快推进公共服务扩容，建立二孩抚育公共成本分担机制

在生育意愿与生育行为趋于理性的情况下，经济压力、教育成本、婚嫁压力等生育、抚养成本等家庭经济能力必然会取代其他因素成为主导家庭二孩生育选择的主要因素。在家庭经济能力与子女消费预期之间的矛盾日趋激化的条件下，通过节制生育来加以规避，成为育龄人群的一项理性选择，围绕子女当前及未来消费的担忧严重阻碍了育龄妇女将再生育意愿落实为生育行为。

虽然人口发展走向了低生育水平，但是长期以来公共资源的高饱和度，不仅仅出现在贫困地区，经济发达地区的情况尤其严重：教育资源的缺乏、产房的紧张、交通的拥挤、就业的紧张，频繁出现“许多家庭为了一所幼儿园深夜排队”、“许多家庭为了学区房不堪重负”等相关报道。如果公共服务不先行、不到位，即使

生育政策放开，很多家庭也不敢轻易生育二胎，“生下来就是给社会添堵，然后在社会受苦”成为家庭放弃二孩生育行为的重要原因。

政府应该在重新梳理和调整现有人口政策的同时，要加快推进公共服务扩容机制，并且加紧政策宣传。对于基本公共服务项目最少提高5%～10%左右的财政支持，确保能够稳定承接开放性人口政策放开的公共负担。首先，对教育、医疗、社会保障等公共资源根据当地的实际情况进行相应的“扩容”，并且提高公共服务的质量水平，减轻公共服务资源的高饱和风险；其次，建立信息反馈体系，对于学前教育、义务教育等公共资源负担较重的问题要及时重视并且及时扩容；最后，建立完善的信息管理系统，落实准生手续的效率化办理，改变目前办理“准生证”的繁琐手续和拖沓现状，将相关手续和流程简洁化，更大程度上方便市民。

借鉴发达国家采取鼓励生育的相关政策，建立二孩抚育成本分担机制，利用优惠政策的引导进行相应的刺激。对于超低生育水平地区，应出台二孩的补贴政策，第一，对于生育二孩的家庭给予相应补助，例如对生育二孩的每户家庭每月发放100元，直到孩子年满18周岁，以此缓解二孩抚育经济压力；对第二个孩子，由国家提供20000元的婚嫁保险，而对未按照政策生育的家庭取消相应补贴。第二，政府扩大医疗扶助政策，不仅在农村地区并且在其他地区全部提供免费产检等政策，保证优生优育。第三，针对前文的补贴激励模拟效果，政府应对早期教育补贴政策进行大幅度倾斜，建立学前教育等公共服务资源，采取少部分幼儿园实行入托或入幼儿园免费的优惠政策。第四，针对教育程度较高的家庭对缺乏时间抚养孩子的担忧，政府也可考虑延长二孩育龄妇女带薪孕产假等假期奖励政策。

政策实施目标：到2018年，基本健全学前教育、义务教育、社会保障、公共卫生、计划生育等基本公共服务项目，防止生育高峰时期对公共服务产生的压力风险；到2020年，优惠性政策对生育行为起到良好的导向激励作用，缓解部分障碍对于生育意愿的影响，确保人们按照政策生育。针对各地实际情况，进行差异性政策干预，进行合理政策引导，有序建立公共成本分担机制。

四、健全新人口政策的制定与衔接体系

在政策的制定阶段，新人口政策的制定必将涉及现有《计划生育条例》的重大修订，修订内容涉及生育调节、奖励与保障和法律责任等章节众多条款，此外，还涉及生育政策由控制生育向鼓励生育的重大政策转向问题，必定需要组织政府部门、实际工作者、专家以及育龄人群等不同层次群体经过长期的政策制定时间，进行反复讨论，达成共识。在政策实施阶段，亦需要完成整体工作的上传

下达，政策的完全覆盖推行也会难以很好衔接。这一过程非常复杂，过程会比较长，面对准生证的繁琐手续和政策的滞后性，也将打击观望家庭的生育激情。根据“四步走”战略稳步调整和完善现行生育政策，国家应提前做好阶段性安排，及时保证政策的衔接与阶段的有序推进。以过渡性政策的实施为契机，对普遍二孩政策实施效果进行分地区评估，根据各地政策的实施情况，在2017年底进行全面放开二孩政策的分地区政策效果模拟，及时启动政策的试点或者调研程序，做好政策调整的预案准备，为2018年实现差异性人口政策奠定基础，确保政策顺利衔接。

计生政策和谐衔接必须处理好两大问题：一是新旧政策涉及群众的利益诉求，二是计生队伍适应新政策后的转型。对新旧政策涉及群众的利益诉求，核心在于处理好“老人”与“新人”的边界界定。本报告建议，界定“老人”与“新人”的标准要从政策对象的利益最大化角度出发，减少政策衔接中可能出现的利益诉求冲突，促进政策和谐落地。对纯粹的“老人”与“新人”，政策处理相对简单。难点在于一些“老人”，他（她）既有可能成为纯粹的“老人”，也有可能生育二孩成为“新人”。政策的重点应该在于减少这种不确定性，主要包括对不能生育二孩、没明确表达是否放弃二孩的家庭，要尽快普及一孩的奖励和扶助政策，避免因政策传达不到位造成放弃“新人”资格，将来又无法享受“老人”政策的情形发生。

全面二孩政策对计生队伍提出从“管理型”向“服务型”转变的内在要求，传统的“计划生育”也必须向“家庭发展计划”转型，计生部门必须承担起孕前健康与避孕、生殖健康等服务内容。为实现这一要求，现有计生队伍必须不断充实自身知识结构，通过继续学习充实提高一批基层计生人员的服务能力，通过计生卫生联动，通过政府购买服务等方式提高服务能力和服务水平。比如，改变过去指定医疗机构提供生殖健康服务的传统模式，向符合政策对象发放免费生殖健康服务卡，持卡者可以在任意医疗机构享受同等价值的健康服务，引入竞争可以有效提高生殖健康服务水平；打通搜集计生服务对象信息的制度性瓶颈，构建计生、卫生、公安、义务教育等多部门共享、联动的“一卡通”平台，既降低基层计生工作人员的工作强度，也有利于更好地服务政策对象，避免部分政策对象游离于服务体系之外；要通过调整考核方式将全面二孩的服务要求落到实处，增加计生队伍服务内容的考核，比如考虑将新生儿出生缺陷率作为计生工作人员服务群众，引导群众合理、负责任生育的重要指标，将上述免费生殖健康服务卡领卡率作为计生政策考核的重要指标。

五、性别比治理与生育政策再完善

简单依靠控制性别鉴定技术的滥用等方法并不是治理性别比失调的根本之策，其实质是末端治理而非源头控制。从根本上解决出生性别问题，需要把握好两个视角，一个是家庭生命周期视角，另一个是社会性别视角。家庭生命周期视角关注的是“完善生育政策、健全社会保障”。社会性别视角是“赋权女孩、提倡性别平等”。

完善生育政策是近期降低出生性别比的重要举措。生育制度作为出生性别比治理制度的源生制度，对出生性别比治理的影响最为直接，也最为显著。现行生育政策的政策挤压和政策诱导间接加剧了性别失衡。如果把“单独二孩”政策看做是我国生育政策历史进程中的一次实验，那么实验的结果对我国未来人口调控具有一定的政策导向性。从现有的分析可以看到：单独政策放开后，家庭不会在孩子性别选择上都选择男孩，稀释效应会降低出生性别比；同时，我国家庭理想子女数已经进入了低生育状态，新生的孩子数量也是一种适度释放。在当前高性别比与低出生率的背景下，政府有必要根据人口形势逐步放开二孩政策，这不仅有利于解决因性别比失调造成的婚姻失衡、社会治安等问题，还可以在一定程度上缓解老龄化、失独家庭等社会问题。

构建完善的社会保障机制才是治本之策。从上文的分析中可以看到，“单独”政策有助于出生性别比的缓解，但这是以男孩偏好弱化为前提的。政府应该进一步完善城乡社会保障体系，降低家庭对养老的后顾之忧。尤其应大力宣传党和政府对计划生育家庭的经济帮扶政策和社会保障措施，引导广大群众少生快富奔小康；大力宣传农村妇女在发展经济、建设文明幸福家庭中的重要作用，宣传男到女家落户，“好公婆、好媳妇”等典型事迹，提高独女户家庭的社会地位和养老保障。

治本措施还应该包括通过利益导向来改变人们重男轻女的观念和行为，如改善女孩生存环境，建立有利于女孩家庭发展的利益导向政策体系；深入开展关爱女孩行动，加强宣传倡导，引导群众“生男生女顺其自然”，倡导社会性别平等；设立促进社会性别平等的政府专门机构，进行性别分析与评估，调查和纠正在就业、教育、资源分配、设施和服务等各领域的性别歧视等，根除对妇女的暴力；制定促进社会性别平等的政策法规，比如修订《刑法》第 336 条，取消犯罪主体的资格限制，并明确非法胎儿性别鉴定行为的定罪量刑；国务院制定《促进出生人口性别比结构平衡管理条例》等。

参考文献

[1]ASHESH DAS GUPTA. Culture and Fertility：Son Preference and Reproductive Behaviour[J]. Sociological Bulletin，2003，52(2)：186-197.

[2]CAPO-CHICHI V，F. JUAREZ. Is Fertility Declining in Benin? [J]. Studies in Family Planning，2001，32(1)：25-40.

[3]CHOE M K，PARK K A. Fertility decline in South Korea：Forty years of policy-behavior dialogue[J]. Korea Journal of Population Studies，2006，29(2)：1-26.

[4] EICHENGREEN B，PERKINS D H，SHIN K. From miracle to maturity：The growth of the Korean economy[M]. Harvard University Press，2012.

[5] JOHN BONGAARTS. Fertility and Reproductive Preferences in Post-transitional Societies[M]. Population and Development Review，2001：260-281.

[6]KIM，TAEKIL，JOHN A. Worth. The Korean Family Planning Program[C]. New York：Population Council，1972.

[7]KWON，TAI-HWAN. Exploring Socio-Cultural Explanations of Fertility Transition in Korea[M]. The Revolution in Asian Fertility，1993.

[8] LUTZ W，SKIRBEKK V，TESTA M R. New Empirical Evidence on the Low Fertility Trap Hypothesis [C]. Presented at the Population Association of America 2007 Annual Meeting，New York，2007(3)：29-31.

[9]LUTZ W. The Future of Human Reproduction：Will Birth Rates Recover or Continue to Fall[J]. Ageing Horizons，2007(7)：15-21.

[10]LUTZ W，SKIRBEKK V. Policies Addressing the Tempo Effect in Low-fertility Countries[J]. Population and Development Review，2005，31(4)：699-720.

[11]LUTZ W，SKIRBEKK V，TESTA M R. The Low-fertility Trap Hypothesis：Forces That Mary Lead to Further Postponement and Fewer Births in Europe[M]. Vienna Yearbook of Population Research，2006：167-192.

[12] MARIANNE BERTRAND，EMIR KAMENICA，JESSICA PAN. Gender Identity

and Relative Income within Households[J]. The Quarterly Journal of Economics, 2015, 130(2): 571-614.

[13] MCDONALD P. Low Fertility in Singapore: Causes, Consequences and Policies [J]. Paper Presented at the Forum on Population and Development in East Asia, Beijing, 2005(6): 16-17.

[14] RANIA TFAILY. Do women with higher autonomy have lower fertility? Evidence from Malaysia, the Philippines and Thailand[J]. Genus, 2004, 60(2): 7-32.

[15] ROBERT FENGE, VOLKER MEIER. Pensions and Fertility Incentives[J]. The Canadian Journal of Economics / Revue canadienne d'Economique, 2005, 38(1): 28-48.

[16] HELMUTH CREMER, FIROUZ GAHVARI, PIERRE PESTIEAU. Pensions with Heterogenous Individuals and Endogenous Fertility [J]. Journal of Population Economics, 2008, 21(4): 961-981.

[17] SANJUKTA CHAUDHURI. The Desire for Sons and Excess Fertility: A Household-Level Analysis of Parity Progression in India[J]. International Perspectives on Sexual and Reproductive Health, 2012, 38(4): 178-186.

[18] USHMA D, UPADHYAY, DEBORAH KARASEK. Women's Empowerment and Ideal Family Size: An Examination of DHS Empowerment Measures In Sub-Saharan Africa[J]. International Perspectives on Sexual and Reproductive Health, 2012, 38(2): 78-89.

[19] WOLF, A. The predominant role of government intervention in China's family revolution [J]. Population and Development Review, 1986, 12(2): 255 -276.

[20] YANG J M. Family Planning Program in Korea[J]. Yonsei medical journal, 1977, 18(1): 64-74.

[21] YANG, HOMGQIU. The Distributive Norm of Monetary Support to Older Parents: A Look at a Township in China[J]. Journal of Marriage and the Family, 1996, 58 (2): 404-415.

[22]曾毅，顾宝昌，郭志刚．低生育水平下的中国人口与经济发展[M]．北京：北京大学出版社，2010：181.

[23]陈俊杰，穆光宗．农民的生育需求[J]．中国社会科学，1996(2)：126-137.

[24]陈卫，高爽．中国生育率转变中的数量和进度效应[J]．人口研究，2013(3)：11-28.

[25]陈卫，杨胜慧．中国 2010 年总和生育率的再估计[J]．人口研究，2014(6)：16-24.
[26]陈卫．2000 年以来中国生育水平评估[J]．学海，2014(1)：16-25.
[27]陈卫．基于广义稳定人口模型的中国生育率估计[J]．人口研究，2015，39(6)：35-43.
[28]陈卫．性别偏好与中国妇女生育行为[J]．人口研究，2002，26(2)：14-22.
[29]陈卫．中国的极低生育率[J]．人口研究，2008(3)：31-34.
[30]陈友华，苗国．意料之外与情理之中：单独二孩政策为何遇冷[J]．探索与争鸣，2015(2)：48-53.
[31]陈友华，陆建新．中国生育率的地区差异及其政策选择[J]．人口与经济，2003(4)：14-20.
[32]陈宇，邓昌荣．中国妇女生育意愿影响因素分析[J]．中国人口科学，2007(6)：75-81.
[33]崔红艳，徐岚，李睿．对 2010 年人口普查数据准确性的估计[J]．人口研究，2013，37(1)：10-21.
[34]董延芳，刘传江．低生育率时代的中国生育政策调整——基于对低生育率社会经济负效应的分析[J]．中国地质大学学报：社会科学版，2009，9(6)：14-19.
[35]范成杰．农村家庭养老中的性别差异变化及其意义——对鄂中 H 村一养老个案的分析[J]．华中科技大学学报：社会科学版，2009，23(4)：104-109.
[36]风笑天．青年个体特征与生育意愿——全国 12 城市 1786 名在职青年的调查分析[J]．江苏行政学院学报，2009(4)：62-68.
[37]郭敏，强始学．基于 VAR 模型的我国人口增长与经济发展关系的实证研究[J]．统计与咨询，2011(5)：20-21.
[38]郭志刚．从近年来的时期生育行为看终身生育水平——中国生育数据的去进度效应总和生育率的研究[J]．人口研究，2000(1)：7-18.
[39]郭志刚．关于生育政策调整的人口模拟方法探讨[J]．中国人口科学，2004(2)：2-12.
[40]郭志刚．关于中国 1990 年代低生育水平的再讨论[J]．人口研究，2004(4)：16-24.
[41]郭志刚．孩次递进比的计算与调整生育指标的理解[J]．中国人口科学，2006(5)：84-88.

[42]郭志刚．中国的低生育水平及其影响因素[J]．人口研究，2008(4)：1-12.

[43]郝娟，邱长溶．2000年以来中国城乡生育水平的比较分析[J]．南方人口，2011，26(5)：27-33.

[44]郝娟，邱长溶．对去进度效应总和生育率的检验与讨论[J]．人口研究，2012(3)：81-88.

[45]贺雪峰．农村家庭代际关系的变动及其影响[J]．江海学刊，2008(4)：108-113.

[46]黄步云．家庭生育选择行为的经济学分析[J]．西北人口，2005(1)：61-64.

[47]黄小燕，陈卫．中国的生育率下降：世纪末的回顾[J]．南方人口，1999(3)：4.

[48]蒋耒文．"欧洲第二次人口转变"理论及其思考[J]．人口研究，2002(3)：45-49.

[49]金一虹．流动的父权：流动农民家庭的变迁(英文)[J]．中国社会科学：英文版，2011(1)：26-43.

[50]靳永爱．低生育率陷阱：理论、事实与启示[J]．人口研究，2014，38(1)：3-17.

[51]李建民．后人口转变论[J]．人口研究，2000，24(4)：9-13.

[52]李建民．中国的人口转变完成了吗[J]．南方人口，2000(2)：4-9.

[53]李建新，彭云亮．我国实际低生育水平的影响因素分析——邦戈茨低生育率模型应用[J]．人口与经济，2012(4)：13-20.

[54]李建新．"后人口转变论"质疑——兼与于学军、李建民博士商榷[J]．人口研究，2000，24(6)：1-7.

[55]李建新．生育政策与出生性别比偏高[J]．中国农业大学学报：社会科学版，2008，25(3)：68-76.

[56]李树茁，李卫东．出生人口性别比偏高问题治理及展望[N]．中国人口报，2010-08-09(3).

[57]梁宏．广东人口意愿生育数量的影响因素分析[J]．南方人口，2007，22(3)：5-10.

[58]刘启明．中国妇女家庭地位研究的理论框架及指标建构[J]．中国人口科学，1994(6)：1-9.

[59]刘爽．对中国人口转变的再思考[J]．人口研究，2010，34(1)：86-94.

[60]刘爽．山西翼城"晚婚晚育加间隔"二孩生育政策试点实践的启示[J]．人口研

究，2008(4)：37-41.
[61]陆铭．建设用地使用权跨区域再配置：中国经济增长的新动力[J]．世界经济，2011(1)：107-125.
[62]罗玉峰，孙顶强，徐志刚．农村“养儿防老”模式走向没落？——市场经济冲击 vs 道德文化维系[J]．农业经济问题，2015(5)：22-30.
[63]吕红平．论子女成本——效用理论在中国的应用[J]．人口与经济，1998(2).
[64]马瀛通，王彦祖，杨书章．递进人口发展模型的提出与总和递进指标体系的确立[J]．人口与经济，1986(2)：40-43.
[65]穆光宗．以“人口安全”引领计划生育综合改革——来自宜昌市的调查[J]．中国人口科学，2005(2)：90-94.
[66]聂焱．农村劳动力外流背景下女儿养老与儿子养老的比较分析[J]．贵州社会科学，2008(8)：114-118.
[67]彭希哲，黄娟．试论经济发展在中国生育率转变过程中的作用[J]．人口与经济，1993(1)：25-30.
[68]钱楠筠．丢失的女人与茶叶价格——与特定性别有关的收入对性别失衡的影响[J]．中国劳动经济学，2006(2)：3-36.
[69]乔晓春．从韩国取消生育政策看中国加快生育政策调整的必要性[J]．东南大学学报：哲学社会科学版，2015(4)：21-27.
[70]秦芳芳．中国计划生育对生育率影响的评估[J]．中国人口科学，1987(2)：12-30.
[71]石人炳．低生育率陷阱：是事实还是神话？[J]．人口研究，2010，34(2)：107-112.
[72]石人炳．人口转变：一个可以无限拓展的概念[J]．人口研究，2012，36(2)：11-18.
[73]石智雷．多子未必多福——生育决策、家庭养老与农村老年人生活质量[J]．社会学研究，2015(5)：189-215.
[74]石智雷．计划生育政策对家庭发展能力的影响及其政策含义[J]．公共管理学报，2014(4)：83-94.
[75]石智雷，徐玮．计划生育利益导向政策对家庭发展的影响效应分析[J]．南方人口，2014，29(1)：11-20.
[76]石智雷，杨云彦．符合“单独二孩”政策家庭的生育意愿与生育行为[J]．人口研究，2014，38(5)：27-40.

[77]宋健，陶椰．性别偏好如何影响家庭生育数量？——来自中国城市家庭的实证研究[J]．人口学刊，2012(5)：3-11.
[78]宋璐，李树茁．劳动力外流下农村家庭代际支持性别分工研究[J]．人口学刊，2008(3)：38-43.
[79]谭远发，曾永明．我国低生育水平稳定机制的时空演变及空间差异研究[J]．人口学刊，2014(2)：5-18.
[80]汤梦君．中国生育政策的选择：基于东亚、东南亚地区的经验[J]．人口研究，2013(6)：77-90.
[81]汤兆云．生育政策对出生性别比升高影响及未来生育政策的走向[J]．江苏社会科学，2011(6)：55-60.
[82]唐灿，马春华，石金群．女儿赡养的伦理与公平——浙东农村家庭代际关系的性别考察[J]．社会学研究，2009(6)：18-36.
[83]陶涛．中国农村妇女家庭重大决策参与权的影响因素研究[J]．妇女研究论丛，2012(5)：4.
[84]佟新，濮亚新．研究城市妇女职业发展的理论框架[J]．妇女研究论丛，2001(3)：4-10.
[85]涂肇庆．生育转型、性别平等与香港生育政策选择[J]．人口研究，2006，30(3)：10-15.
[86]王金营，戈艳霞．2010 年人口普查数据质量评估以及对以往人口变动分析校正[J]．人口研究，2013(1)：22-33.
[87]王军，王广州．中国育龄人群的生育意愿及其影响估计[J]．中国人口科学，2013(4)：26-35.
[88]王良健，梁旷，彭郁．我国总和生育率的县域差异及其影响因素的实证研究[J]．人口学刊，2015，37(3).
[89]王天宇，彭晓博．社会保障对生育意愿的影响：来自新型农村合作医疗的证据[J]．经济研究，2015，50(2)：103-117.
[90]韦艳，张力．“发展型”或“政策型”生育率下降——基于翼城“农村二孩”试点的分析[J]．人口研究，2012(6)：13-26.
[91]邬沧萍，穆光宗．低生育研究——人口转变论的补充和发展[J]．中国社会科学，1995(1)：83-98.
[92]吴帆，林川．欧洲第二次人口转变理论及其对中国的启示[J]．南开学报(哲学社会科学版)，2013(6)：8.

[93]徐安琪．夫妻权力和妇女家庭地位的评价指标：反思与检讨[J]．社会学研究，2005(4)：134-152.
[94]徐映梅，瞿凌云．基于调研数据的总和生育率发展趋势及影响因素分析——来自湖北鄂州、黄石、仙桃的调查数据[J]．南方人口，2011，26(5)：34-42.
[95]许琪．儿子养老还是女儿养老？[J]．社会，2015(4).
[96]薛君，石人炳．湖北省“单独两孩”政策下的生育行为分析[J]．中国人口科学，2015(4)：14-22.
[97]杨成钢，张笑秋．中国婚姻结构与生育控制对生育水平的影响分析——基于简化的邦戈茨中间变量生育率模型[J]．人口学刊，2011(2)：14-20.
[98]杨凡，赵梦晗．2000 年以来中国人口生育水平的估计[J]．人口研究，2013(2)：54-65.
[99]杨云彦．改革开放以来中国人口“非正式迁移”的状况[J]．中国社会科学，1996(6).
[100]叶明德．低生育稳定期：中国特色的人口转变阶段[J]．人口与发展，2008(6)：47-52.
[101]叶文振．“单独二胎”生育政策的女性学思考[J]．中共福建省委党校学报，2014(12)：58-63.
[102]尹文耀，等．生育水平评估与生育政策调整——基于中国大陆分省生育水平现状的分析[J]．中国社会科学，2013(6)：109-128.
[103]尹银．养儿防老和母以子贵：是儿子还是儿女双全？[J]．人口研究，2012(6)：22-30.
[104]尤丹珍，郑真真．农村外出妇女的生育意愿分析[J]．社会学研究，2002(6)：52-62.
[105]于学军．中国进入“后人口转变”时期[J]．中国人口科学，2000(2)：8-15.
[106]于长永．农民“养儿防老”观念的代际差异及转变趋向[J]．人口学刊，2012(6)：40-50.
[107]喻晓，姜全保．低生育水平下我国生育率转变影响机制的地区差异——来自 90 年代省级面板数据的经验研究[J]．南方人口，2010(2)：59-64.
[108]袁蓓，郭熙保．韩国计划生育政策演变及对我国的启示[N]．光明日报，2015-04-29(16).
[109]原新，石海龙．中国出生性别比偏高与计划生育政策[J]．人口研究，2005，29(3)：11-17.

[110]翟振武，陈佳鞠，李龙．现阶段中国的总和生育率究竟是多少？——来自户籍登记数据的新证据[J]．人口研究，2015，39(6)：22-34.

[111]翟振武，李龙．“单独二孩”与生育政策的继续调整完善[J]．国家行政学院学报，2014(5)：50-56.

[112]张翠娥，杨政怡．分歧与妥协——农村女儿的分离式养老[J]．人口与经济，2015(5)：50-60.

[113]张为民，崔红艳．对中国 2000 年人口普查准确性的估计[J]．人口研究，2003，27(4)：25-35.

[114]赵锋．生育率下降的经济分析理论框架[J]．人口与经济，1998(2).

[115]郑真真，李玉柱，廖少宏．低生育水平下的生育成本收益研究——来自江苏省的调查[J]．中国人口科学，2009(2)：93-102.

[116]周俊山，尹银，潘琴．妇女地位、生育文化和生育意愿——以拉萨市为例[J]．人口与经济，2009(3)：61-66.

[117]周爽，黄匡时．中国铁定会掉入低生育率陷阱吗[J]．人口与计划生育，2015(5)：15-16.

[118]朱明宝，石智雷．“单独二孩”政策有助于出生性别比的平衡吗？——来自湖北省家庭调查的证据[J]．人口与发展，2015，21(5)：105-112.

[119]朱勤．2000—2010 年中国生育水平推算——基于“六普”数据的初步研究[J]．中国人口科学，2012(4)：68-77.

[120]庄亚儿，姜玉，等．当前我国城乡居民的生育意愿——基于 2013 年全国生育意愿调查．人口研究，2014(5)：3-13.

后　　记

我和人口学的正式结缘，是从 2011 年参与杨云彦教授主持的国家社科基金重大项目研究开始的。自诩是经济学出身，后又任教于管理学院，我一直以来都刻意回避纯人口学问题的研究，尤其是讨厌学者们对生育率到底是多少的死磕。后来，为了推动重大课题的研究，2011 年下半年召开了开题会，2012 年初又召开了课题研讨会。邀请了人口学界的李建民教授、叶文振教授、陈友华教授和吕红平教授等知名学者，就生育政策与生育行为问题进行研讨。一次次深入的研讨，让我对人们生育行为转变这个领域有了更多的认识和兴趣。和以往研究的农村劳动力迁移主题结合在一起，我忽然发现它们其实指向了同一个核心的社会命题——社会变迁。对于中国来说，过去 40 年最主要的社会变迁就是人口转变和城市化，两条主线同时聚焦在中国农村家庭，给传统农村家庭带来的冲击超过了以往任何时代的总和。这是我一直关注的学术命题，但是现在，视野比原来更为宽阔，对中国农村社会变迁的认识也更为深刻。

在重大课题推进中，我主动承担了子课题二“计划生育利益导向政策与生育意愿、生育行为的关系研究”，重点关注计划生育政策对人们生育行为的影响。2012 年，我同时还承接了湖北省卫计委委托的重点课题“宜昌市人口与社会经济协调发展研究”，这两个课题合并在一起，促使我到宜昌进行实地调研。我发现，长期以来，宜昌市人口出生率和自然增长率一直维持在非常低的水平，甚至在 2008—2010 年连续 3 年出现人口负增长，全市妇女总和生育率从 2000 年开始下降到 1.0 以下。到居民家中进行深入访谈，才知道中国的生育水平和生育文化并不都和山东、河南等地区一样，认为“多子多福”，“养儿防老”。在 20 世纪 90 年代宜昌地区的城乡生育水平就已经降了下来，平均每个家庭不到两个孩子，即使在农村地区也出现了大量的独女户。由此想到，中国地域之广，人口之多，地域间文化差异之大，都是西方发达国家不可比拟的。中国的人口转变也不可能像西欧国家那样全国统一推进，而是不同区域有着自己的传统积累和文化特征，人口转变也有着自己独特的步骤。

2015年初，宜昌市卫生计生委多次和我联系，希望我能领衔筹建人口与发展研究中心课题组，对生育政策调整过程中宜昌城乡居民生育行为变动进行研究。但是我正在进行社科重大项目的计生家庭生计状况研究，同时还承担了国家卫计委基层指导司委托的“放开二孩生育政策，防止人口大幅变动”课题，担心自己时间和精力不济，以免做不好误了别人的事。宜昌市的课题研究就一直推脱着，没有接下来。这年的6月，宜昌市卫生计生委孔福生主任到武汉来开会，邀了杨云彦教授和我坐在一起仔细谈了一次宜昌生育研究课题事宜。孔主任是一位有思想、有远识的领导，至今还记得他当时谈到：“人口多是大问题，人口下降快也是大问题，像宜昌现在的超低生育率，对社会经济发展都带来了困扰。计划生育不只是让人不生，也需要引导人们适当生育，宜昌市能否在生育激励上做些探索，未雨绸缪。”这次谈话后，杨老师就有意在宜昌市开展一次大规模问卷调查。但是在此之前，根据社科重大项目进展的需要，杨老师已经安排7月，在甘肃和宁夏两省进行计划生育利益导向政策与生育行为的调查。7月5日我率先带着4名师生，到甘肃进行试调研，以完善问卷并为后期大规模调查作准备。7月15日返回武汉，与北京大学社会调查中心联合在湖北四个地市做了农民工返乡创业调查。到8月初才有时间组织以博士生和硕士生为主的15名调查队员开赴宜昌。调研工作得到了宜昌市卫计委的大力支持，尤其感谢计划生育基层指导科陈天明科长的全程陪同，以及对调研行程的周到安排。从调查点选择到完成入户调研，用了大概一个月时间，共走访了宜昌地区的4个县、15个乡镇、30个行政村、920个农户。预先随机抽取的调查点有平原、丘陵，也有偏远的山区。宜昌村庄分布相对比较分散，有时住在镇上，开车到所选的村庄，也需要接近两个小时的路程。为了节省调查时间，队员们白天大多是就近在农户家里吃饭。这也让我们和宜昌居民生活有了更多、更为深入的接触。宜昌农村家庭对子女教育的重视以及女性家庭地位的提升给我留下了深刻的印象。

中国的超低生育率研究从2012年起步，至今已有五年时间，这五年间虽然时有穿插着其他领域的研究，但是对于低生育率问题的思考与写作一直贯穿始终。为了更为全面地了解生育选择问题，我还特意到不同生育文化和生育水平的地区进行走访、调研，比如2013年到江西、2014年到重庆、2015年到甘肃等。难以想象江西的生育性别失衡如此严重，甘肃等地的生育水平如此之高，和宜昌地区相比它们都有着自己独特的生育文化和家族传统。一边调研，一边思考，我发现它们也有其共性的规律：越是开放和高流动性的地区，生育率越低。也就是说，现代化的生活方式带来了现代性的生育模式。但是对于这个命题的证明和澄清，绝不是这一本书能够实现的。本书的写作只是这个命题研究的开始。

本书是课题组所有成员共同思考和集体辛劳的结晶。首先要感谢国家社科基金重大项目首席专家杨云彦教授，没有他的悉心指导和运筹设计就没有本书的写作和出版。其次重点感谢课题组核心成员们在本研究的调研、数据分析和报告初稿撰写中所做出的重要贡献，他们是中南财经政法大学人口资源环境经济学专业的博士生赵伟锋，区域经济学专业的博士生田瑞靖、曹立斌、尹秀芳、徐玮、朱明宝，区域经济学硕士生吕琼、施念、刘康妮，人口学硕士生刘曦、舒施妙。感谢宜昌市卫计委孔福生主任、陈天明科长，他们是课题组的重要成员，在过去的几年中也为我在宜昌的研究工作提供了诸多的指导和大力的支持。感谢桂林理工大学褚清华博士在课题调研中提供的帮助。感谢研究生张勇、彭慧和本科生刘然在课题参与和书稿格式整理中的辛苦工作。

最后要感谢妻子詹书杭和女儿石墨白，能够理解和支持我长时期的外出调研和深夜的加班写作。

石智雷

2016 年 5 月 21 日

于香港科技大学清水湾校区